面向新时代的知识产权法治

中国社会科学院知识产权中心
中国知识产权培训中心　编

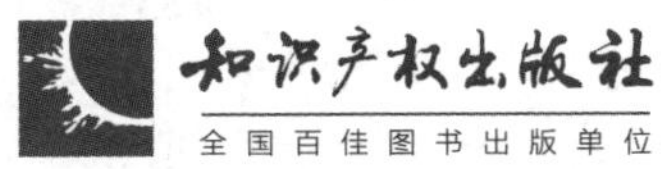

图书在版编目（CIP）数据

面向新时代的知识产权法治/中国社会科学院知识产权中心，中国知识产权培训中心编. —北京：知识产权出版社，2019.10

ISBN 978-7-5130-6485-9

Ⅰ.①面… Ⅱ.①中… ②中… Ⅲ.①知识产权法—研究—中国 Ⅳ.①D923.404

中国版本图书馆 CIP 数据核字（2019）第 212058 号

内容提要

由中国社会科学院知识产权中心组织、中国知识产权培训中心承办的“知识产权上地论坛”，自始注重推动对国家知识产权战略实施过程中重大理论和现实问题的研究。历年论坛的精选论文均结集出版，取得了一系列学术成果。“2018 知识产权上地论坛”围绕“面向新时代的知识产权法治”这一主题进行了研讨。本书收集本届论坛收到的部分论文予以结集出版，内容涉及知识产权领域的各个方面，可为相关领域研究者提供借鉴与参考。

责任编辑：王祝兰　　**责任校对**：王　岩
封面设计：麒麟轩设计　　**责任印制**：刘译文

面向新时代的知识产权法治

中国社会科学院知识产权中心
中国知识产权培训中心　编

出版发行：	知识产权出版社有限责任公司	**网　　址**：	http：//www.ipph.cn
社　　址：	北京市海淀区气象路 50 号院	**邮　　编**：	100081
责编电话：	010-82000860 转 8555	**责编邮箱**：	525041347@qq.com
发行电话：	010-82000860 转 8101/8102	**发行传真**：	010-82000893/82005070/82000270
印　　刷：	三河市国英印务有限公司	**经　　销**：	各大网上书店、新华书店及相关专业书店
开　　本：	880mm×1230mm　1/32	**印　　张**：	10.5
版　　次：	2019 年 10 月第 1 版	**印　　次**：	2019 年 10 月第 1 次印刷
字　　数：	285 千字	**定　　价**：	60.00 元

ISBN 978-7-5130-6485-9

面向新时代的知识产权研究
（代序）

改革开放以来，为适应社会主义市场经济发展的需要，促进中国与全球知识经济的接轨，我国迅速建立并不断完善知识产权法律制度，明确了知识产权是一种基本的民事权利，基于发明创造、产品外观设计、科学和文艺作品、商业标识、商业或技术秘密等无形智力创造和经营成果之合法权益依法受到保护。相应地，知识产权研究作为一门学科，在我国自改革开放以来从无到有，发展迅速，特别是 2008 年国家知识产权战略实施以来，我国的知识产权研究围绕着创新驱动发展战略之法治保障机制的各个层面全面展开，取得了丰硕成果。党的十八大以来，创新型国家建设提速，知识产权保护的重要性和相关法律制度和规则的完善也更加受到重视。2017 年 10 月，党的十九大报告在作出“加快创新型国家建设”这一重大战略部署时提出了“倡导创新文化，强化知识产权创造、保护、运用”的决策。这不仅为新时代党和国家制定完善知识产权领域的重大政策和法律提供了基本依据，也为我国的知识产权研究指明了方向。像所有的哲学社会科学一样，新时代的知识产权研究既面临着千载难逢的机遇，也肩负着历史赋予的责任。

2018 年是贯彻党的十九大精神、全面进入新时代的开局之年，我们看到，中国全方位的深化改革正稳步进行，知识产权事业也正沿着十九大描绘的新蓝图、新愿景、新目标稳步推进。这一年，也是我国改革开放之路走过 40 年、《国家知识产权战略纲要》实

施10周年的特殊年份；值此历史节点，中国社会科学院知识产权中心和中国知识产权培训中心于2018年10月27日至28日在北京举办了“2018知识产权上地论坛”。主办方将此次论坛的主题命名为“面向新时代的知识产权法治”，意在借此一年一度的学术盛会，与知识产权界各位同仁共同回顾我国知识产权事业的发展历程，同时展望未来，面向新时代、迎接新挑战、解决新问题，求真务实，研究和思考中国特色知识产权事业发展道路中的重要理论和实践问题，服务于创新型国家建设和法治中国建设。

本次论坛得到了多方部门一如既往的大力支持。开幕式上的主题发言内容直击我国知识产权制度在新时代面临的新问题。国家知识产权局知识产权保护司司长张志成以大量的数据和实例说明了国家知识产权战略实施10年来我国知识产权保护体系建设取得的显著成效，即知识产权立法基本完备，司法保护水平明显提升，行政执法保护进一步加强，多元化纠纷解决及预防机制初步形成，公众知识产权意识和对知识产权保护的满意度稳步提升。张司长同时指出，新时代在新形势新任务下，要推动实现知识产权“严保护”，推动在知识产权领域全面引入侵权惩罚性赔偿制度，加大对故意侵权的惩治力度；要努力健全具有中国特色的知识产权“大保护”工作模式，通过行政执法和司法保护两条途径优势互补、有机衔接，充分利用行政资源和司法资源，拓展仲裁、调解等多种维权渠道，建立健全社会共治机制；要持续创新知识产权的“快保护”工作机制，继续调整审批流程期限设置，优化专利审查流程，创新工作机制，推动建立知识产权保护中心，实现快速审查、快速确权、快速维权的协调联动；要坚持推动实现知识产权“同保护”，即坚持国内国外同保护、各类产权性质的企业同保护，健全“一带一路”沿线国家知识产权审查注册结果的互认共享制度；要大力倡导知识产权文化，全面构建知识产权“大宣传”工作格局，统筹用好各类宣传载体，做好知识产权宣传，通过知识产权的教育普及知识产权知识，推动知识产权进学校、进社区、进企业，为知识产权保护提供良好的社会“土壤”。国家知识产权局条法司副司长吕志华回顾了商标评审委员会设立和发展的历史，介绍了2018年国家机构改革实施之后商标评审委员会机构和职能的变更，指出改革后的商标评审委员会的职能主要有：处理商标争议事宜、参加评审案件行政诉讼、审理商标注册程序性争议的行政复议案件、研究拟定商标评审规章制度和案件审理标准、参与商标领域国际交流与合作等。她通过统计图表展示了商标注册申请和商标评审案件申请的数量关系，并统计了2016年、2017年商标评审案件的应诉情况，重点分析了商标评审委员会败诉的原因，即在行政复审阶段和法院审判阶段掌握事实证据的不同、对商标共存协议的认可程度不同、权利转让过程中的情势变更以及对于商标近似和商品类似的观点差异是导致商标评审委员会败诉的主要原因。此外，吕志华副司长还重点讲解了商标评审案件审理的一般原则，她认为鼓励正当竞争、坚决制止不正当竞争是必须遵循的原则，应当重视使用行为，坚决打击不以使用为目的的注册行为；应当重视商誉，加大对有独创性、高知名度商标的保护，禁止恶意抢注；在实践中对恶意注册因素的考量应当综合以下三个方面：商标的显著性强弱、商标标识的近似程度和商标指定商品或者服务之间的关联程度。最高人民法院民三庭庭长宋晓明介绍了近期我国知识产权司法改革的有关情况以及有关部门下一步工作方向。他结合全国人大常委会刚刚通过的《关于专利等知识产权案件诉讼程序若干问题的决定》，回顾了我国知识产权法院体系构建的进程，特别指出，“四年前我们在上地论坛所讨论的是北京、上海、广州知识产权法院的设立情况，今天我们看到知识产权法院体系的重大进展，即技术类案件的上诉审理机制改革即将展开。知识产权司法保护体系的完善和专门法院建设的推进离不开在座与会专家学者的共同努力；在目前阶段，社会重点关注的也是知识产权专门法院建设中最重要的是技术类案件（其中主要是发明专利与实用新型案件）裁判尺度的统

一问题”。宋庭长梳理了近年来最高人民法院知识产权审判庭在推进司法体制改革方面所做的主要工作，并区分了知识产权法庭和知识产权审判庭的区别，确认在上诉审理机制改革方案落地后，各地高级法院的知识产权审判庭职能仍然保留。宋庭长表示，在下一个阶段，最高人民法院将围绕知识产权法庭，贯彻全国人大常委会的决定出台具体方案，并将出台相关司法解释，重点涉及案件管辖、审判流程以及技术调查官。针对目前审判实践所面临的问题，宋庭长指出了在行为保全、商业秘密、反垄断法、商标法以及专利授权确权等议题内推出司法解释的必要性。最后宋庭长回应了吕志华副司长的发言，指出商标领域仍存在比较严重的恶意注册问题，希望理论和实务界的专家未来共同讨论，为共同打造诚信社会、贯彻社会主义核心价值观、构建和谐的商标制度、发挥行政与司法功效献计献策。

在为期一天半的研讨会上，来自全国各地知识产权界的资深专家学者、学术中坚和青年才俊，以及实务界的精英，通过发言、与谈、主持评议或即时问答对话等形式，针对不同主题发表见解、互动交流，真知灼见时有闪现。学界同仁在共聚一堂分享最新学术研究成果的同时，对新时代中国知识产权事业的愿景、对今后知识产权研究的方向、对理论和现实中亟须讨论和解决的问题，都有了不同层面不同程度的新认识。作为十八大以来在我国知识产权学术界有重要影响的三大学术论坛之一，由中国社会科学院知识产权中心组织、中国知识产权培训中心承办的“知识产权上地论坛”，自始注重推动对国家知识产权战略实施过程中重大理论和现实问题的研究，历年论坛的精选论文均结集出版，取得了一系列学术成果。2018 知识产权上地论坛收到论文 50 多篇，内容涉及知识产权领域的各个方面，此文集将其中尚未正式发表的研究成果结集出版，作为纪念。

知识产权法律制度的本质是一项保障创新者和经营者基于无形智力成果之合法利益的财产权制度，由于天生与科技文化的创新紧密结合在一起，知识产权制度始终处于如何在新技术环境下更恰当地设立或更准确地适用各项基本法律规则、以尽可能合理调节和平衡相关各方利益和解决纠纷冲突的状态。因此，在知识产权研究中，基础理论研究是必不可少的，比如与信息产权、无形财产权的区别与联系，以及知识产权特有的通用规则等；但另外，对基础理论进行研究的目的最终仍应当是如何设立和适用知识产权法律规则来解决新问题，比如如何简化优化确权和诉讼程序以加强保护、如何应对知识产权国际保护趋势、如何制定和适用法律规则以促进产业升级、如何建立和完善国内传统资源信息的保护等诸多知识产权战略实施中的具体问题研究。在这个意义上，知识产权研究的主要任务是对策研究，知识产权法学主要是一门应用法学。读史以明智，温故而知新。梳理学科的发展史，有助于致力于知识产权研究的同仁纵观全局，更好把握中国知识产权制度的发展方向。笔者长期以来关注中国知识产权法学研究的发展进程，此次文集中选登的邓仪友先生的《我国改革开放以来的知识产权学术研究》一文，从不同角度拓宽和加深了学界对此议题的了解。

近年来，围绕中美贸易摩擦，国际贸易中的知识产权问题再次成为全球关注的焦点。事实上，这次美国又一次把知识产权问题搅入所谓的“贸易战”并不出乎意料：自中国改革开放后引入知识产权法律制度以来，每次中美之间重大的经贸谈判都少不了就知识产权保护问题进行交锋。这是知识全球化时代高新技术创新成果的运用和保护日益成为一国经济发展的动力和国际竞争利器之事实使然。在实践中，凡科技领先的国家，均不约而同采取了将知识产权强保护与国际贸易谈判相捆绑以扩张其经济利益的决策；在今后可预见的相当长时期内，美日欧等发达国家和地区仍将继续领跑世界核心科技和经济文化创新，知识产权国际保护的强化趋势是不可逆转的。关于国际贸易中的知识产权问题，中国社会科学院知识产权中心在 2018 年 5 月曾专门组织了一次小型

研讨会，其间对美国发动此次贸易摩擦的基础文件——“301调查报告”中涉及的知识产权争议，特别是指称中国对美国公司在中国实行不公平技术转让制度的问题进行了充分讨论。多位参会者指出，该报告指称的中国知识产权保护不力内容其实很少，而且缺乏充分的证据支持，为此发动的贸易冲突实质上是指向多边贸易体系下的市场经济制度差异问题。为进一步研究这一该年度知识产权和国际贸易领域最令人关注的议题，本文集选编了马忠法教授等的《中国改革开放40年技术转让法律制度的演进及未来进路》一文。另外，在前述召开的小型研讨会中，海牙《外国民商事判决承认与执行公约（草案）》（以下简称《判决公约（草案）》）也是来自司法实务界、国际私法界研究者关注的内容。为学习和了解这一与知识产权国际保护协调机制相关的制度规则，本文集也选编了邱福恩先生和樊婧博士关于该公约（草案）知识产权问题的解读。

正如我国研究者和决策者均已经认识到并多次明确指出的，加强知识产权保护在目前的中国已经不再是外界压力所致，而是基于我国本身社会经济发展的需要。我国自2008年实施国家知识产权战略以来，在知识产权创造、管理方面取得了长足进步，知识产权的运用和保护水平也不断加强。党的十八大以来，面对新一轮以信息、人工智能、新能源、新材料、生物等新技术和智能环保等关键词来描述的产业革命，我国确立了创新驱动发展战略。为此，我国高度重视知识产权制度的促进和保障创新作用，正全方位地拟定升级版的国家知识产权战略，并完善相关法律制度。比如，即将迎来修改的《专利法》将确立侵权赔偿额判定中的举证妨碍制度，大幅提高法定赔偿额，增加惩罚性赔偿制度，这些方面在学界已基本形成共识；但对于为何在最新的修订草案中增加关于适当延长药品专利保护期以弥补审查和上市许可造成的延误的规定，张永华先生的《论药品专利领域利益平衡制度之构建》或许能解答一些疑问。在商业竞争领域，商标的注册与使用、未注册商标的保护、电子商务平台在侵权中的责任、驰名商标保护等问题长期为我国学界所关注。尽管2013年修正的《商标法》明确了申请注册和使用商标应当遵循诚信原则，但由于长期以来整个市场经济中的诚信机制尚未健全，商标注册和使用中的不正当抢注和侵犯他人合法权益的现象仍未得到有效遏制，国内注册商标的巨大存量和不当注册引起的诸多纠纷已经占用了过多的公共信息资源，也耗费了大量的司法行政公共资源。值得关注的是，国家知识产权局目前正采取严厉措施遏制非正常申请，禁止商标恶意注册，化解商标囤积现象，加强对驰名商标保护，并积极启动了《商标法》的新一轮修改，竭力改善有利于促进新时代我国社会经济发展的营商环境。本文集选编的多篇论文，均分别回应了新时代专利和商标领域值得学界和业界探讨的诸多理论和现实问题，希望能推动更多的研究和思考。

值得一提的是，十八大以来，我国知识产权界对知识产权侵权损害赔偿及举证责任问题进行了较为深入的探讨。这一议题的集中探讨也是在党和国家一再强调加强产权，特别是知识产权保护的政策背景下，学界针对知识产权领域长期以来存在的“举证难、赔偿低”顽疾作出的诊疗分析并尝试提出药方。事实上，知识产权侵权案件中的“举证难、赔偿低”是世界性难题，这首先是知识产权本身的特性使然。知识产权的客体均是无形信息，其受专有权保护的内容及与其他信息的边界范围本来就不容易划定，尤其是著作权网络侵权和商业秘密侵权案件，权利人很难举证说明侵权的严重程度和自己的损失。正因为知识产权案件中能否证明侵权行为、侵权人和相关责任人，赔偿额的证据之获得、保存和披露，对法律的最终实施效果具有重要影响，各国家或地区在实践中都会有相应的措施来减轻传统民事诉讼中由原告承担主要举证责任的做法。比如欧盟在《知识产权民事执法指令》中要求成员国为权利人提供某种便利措施，包括申请法院命令被告披露相关证据材料（如侵权样品、财务记录文件等）、申请临时证据保全措施、从侵权人或牵涉制造和销售的第三人处获取某一信息，

等等。又如，《日本民法》第709条对一般侵权责任的规定是原告要证明被告故意或过失侵害自己的权利，但《日本特许法》第103条则明确了"推定过错"原则，即侵害他人专利权或专有实施权的，推定该侵权行为有过失；这样权利人就不必证明被告是否故意或过失而侵权，而只需证明自己有合法权利、权利的范围、被告的侵权行为及责任、自己受到的损失等，反之被告需要证明自己没有故意或过失，或有其他不构成侵权或承担责任的理由（《日本特许法》第104条之二）；此外，《日本特许法》第105条及其之二、之三，还对原告为证明侵权或损失的相关证据在他方时可申请法院颁发文书提交令或作出相应说明，相关当事人无正当理由不得拒绝，若无法查清事实，法院可依据现有证据材料酌情判定。我国台湾地区则在"智慧财产案件审理法"和"智慧财产案件审理细则"对知识产权案件审理中的证据保全及其强制措施举证责任等作了规定。作为判例法国家，美国十分重视程序的正当性和程序性操作规则等具体问题，各州法院都有自己的证据法；而专利等知识产权侵权案件通常由联邦法院管辖，因此适用美国联邦证据法。在专利侵权案件审判中，美国法院通过长期的司法实践确立了"优势证据原则"，比如赔偿额判定时专利权人应当证明专利实施的市场规模、合理的使用费以及基于"若无则"标准（but for test）所受的损失，即证明损害时，权利人的举证责任负担并非为确定的损害，而是合理的可能性（reasonable probability）。我国一般民事诉讼中采用"高度盖然性"证明标准。这一来源于德国等大陆法系国家的举证规则之运用强调法官的心证，而这一要求在知识产权这一无形财产的相关证明义务中对原告显得过于严苛，对法官的心证也造成困难。我国2013年修正的《商标法》和即将修订的《专利法》均设置了类似欧洲各国和日本先后在知识产权诉讼中采取的举证妨碍制度，但相关细则还需要进一步完善，以有效化解知识产权保护"举证难"带来的不利于我国知识产权保护形象的弊端。此外还有拟在知识产权领域全面实施的惩罚性赔偿制度，其相关适用标准、实施效果和利弊等分析也需要进一步研究。本文集选编了俞风雷、张正的《美国专利侵权惩罚性赔偿制度研究》，以推动学界今后对此议题进行更深入的研究。在保护机制方面，目前最高人民法院已经设立了专门的知识产权法庭，集中审理专利侵权等技术性案件的二审，为今后进一步简化专利确权程序、统一裁判尺度和打造知识产权专业化审判国际形象，最终服务于科技创新奠定了基础。与此同时，研究制定针对知识产权案件审理的特别程序法也宜尽快提上日程，包括完善相关证据规则和审判辅助制度，建立多元化的事实查明机制和多渠道的法律问题辅助解释机制，统一疑难知识案件的裁判尺度，为创新产业的发展提供有力的司法保护。本文集选编了东京大学政策前景研究中心古谷真帆研究员的《近期日本国内对专利纠纷处理机制的探讨》一文，以了解日本近期相关领域的改革和讨论动向。

在知识产权领域，还有大量有待深入研究的议题。比如，在版权法领域，新的信息传播技术给现有制度带来的冲击最为明显。目前来看，依托网络技术滋生的互联网产业已经在国民经济中占有明显优势，而以生产内容为主的传统版权产业因体制和机制的限制在商业模式创新方面尚无法与互联网产业竞争。这使得包括原创性版权客体在内的所有具有商业价值的信息内容之生产者和提供者无法控制其信息产品的网络传播，也无法就此获得相应的利益回报。再加上产业链的延伸和分工的细化，越来越多的第三方中介服务也参与到利益分配中。而《著作权法》在技术不断翻新的网络环境下的适用规则不明，甚至某些规则的缺失、歧义等，都会导致相关产业的利益冲突。版权领域争议问题十分繁多，从受保护客体，包括对独创性的理解，到权利体系的整合与协调，从权利限制与例外规则的设定与阐释，到集体管理等特殊运营模式，再到网络环境下的侵权判定规则，从技术措施与信息管理相关问题到新技术带来新商业模式涉及的不正当竞争与版权保护的关系，以及大量推陈出新的版权许可模式和纠纷……很多问题难

以达成共识，是《著作权法》第三次修改进程缓慢的原因之一。知识产权法律制度是调整人与人之间法律关系的规则，技术的发展迫使版权制度的某些具体规则在适用解释新问题时进行与时俱进的调整，但对法律规则设立或调整的建议也须考虑版权法为鼓励作品的创作和传播而保护作者、传播者的合法利益之宗旨。简言之，深受技术影响的版权制度在我国也与维系健康有序的网络环境相关，因此研究作品网络传播中各方的权利义务并尽量以立法或司法解释、典型案例等方式公示和引导十分必要。需要特别指出的是，对于商业秘密这一近些年来备受瞩目的主题，各界研究者也在寻求良方，比如合理减轻商业秘密持有人的举证负担，或通过案例指导、合同指南等提高企业的保密意识，加强商业秘密保护。另外，我国知识产权界还应当研究如何尽快理顺和加强地理标志保护、制定传统资源利用和保护制度，以充分发挥我国知识产权领域的长项，服务于传统产业升级和科技文化创新。期待通过今后的知识产权上地论坛，向社会各界提供更多有价值的研究成果。

回顾我国 40 年来的知识产权事业发展历程，我们看到，尽管目前公众已逐渐接受知识产权应受到尊重和保护的观点，但知识产权领域仍然存在一些问题；知识产权法律规范完善本身当然是首要的，另外还须积极营造良好的知识产权法治环境、市场环境、文化环境。只有创新文化成为中国人民的自觉意识，人们才能将知识产权法律规则转化为知识经济时代人们自觉遵从的交易习惯和日常生活行为准则，为创新型国家的建设奠定坚实的基础。要完成这一历史使命，中国的知识产权事业可谓任重而道远；如何为知识产权制度完善和创新文化培育提供理论依据和应用对策，中国的知识产权研究者也大有可为。

管育鹰

2019 年 3 月

目　录

我国知识产权法律制度体系建设40年回顾

崔　宁　管育鹰*

摘　要： 我国改革开放40年来知识产权法律制度体系的发展可划分为与国际知识产权制度接轨的形成阶段和实施国家知识产权战略的完善阶段。我国知识产权法律制度体系从无到有，再到逐渐完善，在构建过程中体现了中国特色。目前我国知识产权法律制度体系涵盖了专利、商标、著作权、反不正当竞争和其他知识产权法律制度，从基本情况、重点问题和发展方向看，这一法律制度体系已经能够满足知识产权创造、保护、运用的基本需求，也得到了国际社会的认可。为服务于创新型国家建设，未来的知识产权法律制度完善应更加关注制约我国知识产权事业发展的重大问题，尤其是体制机制性问题，改变现行的部门立法方式，并更加关注知识产权审判程序立法，形成实体与程序立法并重的局面。

一、概述

20世纪70年代末至80年代的改革开放之初，由于商品经济观念与机制的引入，知识产权法律制度作为规范无形知识财产归

---

* 作者简介：崔宁，中国社会科学院研究生院法学系博士生。管育鹰，中国社会科学院法学研究所研究员。

属和交换关系的基本规则被提上了立法日程。同时，国务院组建了商标局、专利局作为专门的知识产权主管机构，负责推动包括起草知识产权法律规范在内的相关事务，各级人民法院也开始依法受理知识产权纠纷案件，开启了中国知识产权法律制度体系的构建进程。

我国的知识产权法律制度并非随经济社会的发展而自发形成，而是在改革开放的前提下和外来压力的推动下由立法机关直接通过制定法律条文加以规范而形成的。这一构建过程与发达国家的知识产权法律制度体系形成和完善进程有较大区别。在这一背景下，我国近40年来知识产权法律制度体系的发展和完善，总的来说可以划分为与国际接轨的形成阶段（1978～2008年）和实施国家知识产权战略的完善阶段（2008～2018年）。前一阶段主要是为了履行参加的相关国际公约的义务而制定和修改知识产权相关法律；后一阶段主要是为了服务于创新型国家建设的需要而进一步完善知识产权法律制度体系，此阶段正在进行中且仍将持续相当长的时期。据此，我国现行知识产权法律制度的构建过程呈现以下主要特点。

一是以国际条约的要求为立法的基础和导向。为了适应改革开放后国际贸易的需要，我国在知识产权法律制度构建之初就自觉向知识产权国际保护制度设立的基准靠拢，并对加入相关公约始终持积极态度。我国在1980年就加入了《建立世界知识产权组织公约》，成为世界知识产权组织（WIPO）成员国，此后的国内立法及修改也在很大程度上以WIPO管理的知识产权相关国际公约中的要求作为启动的契机和文本的重要内容。另外，在加入世界贸易组织（WTO）的过程中，我国政府严格遵循WTO《与贸易有关的知识产权协定》（TRIPS）的有关规定对国内知识产权立法进行了修改和完善，扩大了权利保护的范围，增强了对权利人的保护力度并增加了司法审查的有关内容，从而完善了我国的知识产权保护法律制度。至2001年末加入WTO时，我国的知识产权法律制度已经初步形成并同TRIPS保持一致。

二是借鉴其他国家在知识产权保护立法方面的先进经验。我国缺乏知识产权发展的历史根基，系根据改革开放的要求建立相应的制度，这就必然要大量借鉴国外的法律制度。例如，在《专利法》[1]制定之初，专利法起草小组不仅参照国际条约文本，还曾收集了几十个国家或地区的专利法，研究考察了十几个不同类型国家的执法情况，然后结合中国改革开放初期的基本国情，反复讨论和修改，才形成了供立法机构审核、批准的中国专利法文本。[2]又如，鉴于国际社会通过20世纪60～80年代的探索，已经形成了采用版权法保护计算机软件的潮流，我国政府在1989年也决定把计算机软件列为受当时正在制定中的《著作权法》保护的对象，且在1990年9月颁布《著作权法》后紧接着于1991年6月颁布了采用著作权制度保护计算机软件的《计算机软件保护条例》。[3]

三是知识产权立法和完善积极回应我国经济、科技、文化发展的需求。一般来说，作为一种明确普遍的行为规范，法律应当具有稳定性，在一定的社会关系内容和性质发生变化之前，法律尽可能保持不变；但知识产权的权利内容和侵权行为样态很容易随着新技术的发展而发生变化，立法的滞后和制度的疏漏在所难免。为此，我国的知识产权法律制度一直处于不断的修订完善进程中以便回应现实需求。例如，加入WTO后，特别是国家知识产权战略实施10年来，我国科技、经济和文化发展迅速，产业日益重视自主创新和诚信经营，在知识产权的创造和运用方面取得令人瞩目的成果，对严格的知识产权保护需求更加明显；针对法律

---

[1] 本文的知识产权法律及其实施条例或细则的完整名称都应包括“中华人民共和国”，以下同。

[2] 赵元果. 中国专利法的孕育和诞生［M］. 北京：知识产权出版社，2003：47－48.

[3] 应明，孙彦. 计算机软件的知识产权保护［M］. 北京：知识产权出版社，2009：32.

实施过程中的赔偿低、举证难问题，立法机关在2013年的《商标法》修订中大幅提高了法定赔偿额的上限，引入了惩罚性赔偿制度，建立了关于侵权获利的举证妨碍制度。可以相信，在即将完成的《专利法》修改和正在进行的《著作权法》修改中也会引入类似制度。

总而言之，我国知识产权法律制度体系的建设，在初始阶段就显示了面向世界、面向国际保护水平的高起点。在改革开放的推动下，我国不断提升立法水平，提高立法质量，根据实际需要制定和修改知识产权相关法律法规。经过长期的努力，我国已经逐步形成了比较完善的知识产权法律制度体系。

二、知识产权法律制度的基本范畴

TRIPS序言中宣示“知识产权为私权”，这也是我国各界均将知识产权归类于民事权利范畴的基本依据。从立法框架看，早在1986年通过的《民法通则》中，知识产权即已作为一项基本民事权利得以体现。在历次民法典编纂的进程中，知识产权法与民法的关系始终是知识产权学界的关注焦点。2017年3月15日通过的《民法总则》第123条就民事主体依法享有知识产权及知识产权的客体进行了规定，即以作品，发明、实用新型、外观设计，商标，地理标志，商业秘密，集成电路布图设计，植物新品种作为权利人可以享有专有知识产权的客体，并增加了“法律规定的其他客体”之兜底弹性条款，有利于必要时根据社会经济和科学技术的发展水平通过立法扩大对相关客体的保护。《民法总则》对知识产权的规定明确了其作为民事权利的基本法律地位，是对各知识产权单行法律法规的统领。目前，我国知识产权法学界普遍期待在民法典中制定“知识产权编”，或者编纂统一的“知识产权法典”以彰显知识产权作为信息时代主要财产权的重要性和中国知识产权法律制度体系化建设的成果。但也有反对意见认为把因技术发展不时需要修订的知识产权法纳入民法典会破坏其作为市民生活基本法应有的稳定性，而且知识产权在行政确权程序和侵权判定规则方面的特殊性使其一定程度上自成体系，很难与传统的民法体系兼容。由于我国学界、立法机关和实务界就此尚难以达成共识，我国将知识产权编纳入“民法典”或者编纂“知识产权法典”在一定时期内尚难以付诸实践。

除了《民法总则》及各知识产权单行法律法规外，关于知识产权保护最重要的法律是《反不正当竞争法》。该法不仅是目前我国商业秘密保护的主要法律依据，也是各种类型的有一定影响的字号、名号、商业外观、特有名称等未注册商标的保护，以及制止以各种不正当手段侵害他人合法经营成果的法律依据。此外，民法领域中的《侵权责任法》明确了侵害专利权、著作权、商标专用权的，依照该法承担侵权责任；《合同法》第十八章关于技术合同的规定涉及技术合同中知识产权的归属等问题。在刑法、行政法[1]、对外贸易法等部门法中均涉及关于知识产权保护的专门规定，而对于知识产权许可协议中可能存在的限制竞争行为，则主要通过《反垄断法》予以规制。从知识产权法律规范的层级进行区分，包括法律、行政法规、地方性法规、部门规章；此外，我国法律虽然没有明确国际条约的位阶，但不可否认，我国加入的国际条约也是我国知识产权法律体系中的重要法律渊源。

我国的知识产权法律制度在建立之初，从现实的国情出发，在专利、商标和版权及其他知识产权相关法律中都规定了知识产权保护的行政途径，即对于既侵害权利人合法权益、又损害社会经济和文化秩序等公共利益的侵权盗版等行为，各主管行政机关有权追究侵权行为人的行政责任，如罚款、没收主要用于侵权活动的材料、工具、设备等，从而防止侵权行为的再次发生，保证知识产权法律在实际生活中得到贯彻和执行。这一知识产权保护

---

[1] 既包括各知识产权主管机关制定和执行的法规和规章，也包括《知识产权海关保护条例》。

的“双轨制”是我国知识产权法律制度体系区别于其他国家和地区的特殊之处。另外，鉴于知识产权法律保护规则随技术发展需要及时调整和立法不可避免具有滞后性的矛盾，我国的司法机关在知识产权保护领域始终处于核心角色，这主要体现在我国知识产权法律制度体系从广义上说还应包括大量的司法解释、司法政策等。2014 年 8 月 31 日，全国人民代表大会常务委员会通过了《关于在北京、上海、广州设立知识产权法院的决定》，决定设立专门的知识产权法院管辖有关专利、植物新品种、集成电路布图设计、技术秘密等专业技术性较强的一审知识产权民事和行政案件，并由北京知识产权法院专属管辖知识产权授权确权一审行政案件。随后，最高人民法院相继发布了包括建立技术调查官制度、案例指导制度等在内的一系列意见和办法，建立和完善符合知识产权案件特点、针对知识产权案件的专门证据规则和诉讼制度。2018 年 10 月 26 日全国人大常委会通过的《关于专利等案件诉讼程序若干问题的决定》，从 2019 年 1 月 1 日起，当事人对发明专利、实用新型专利、植物新品种、集成电路布图设计、技术秘密、计算机软件、垄断等专业技术性较强的知识产权民事和行政案件第一审判决、裁定不服提起上诉的，由最高人民法院审理；2019 年 1 月 1 日，最高人民法院知识产权法庭揭牌成立，统一审理全国范围内专业技术性较强的专利等上诉案件。这一举措的重要性不言而喻。2008 年通过的《国家知识产权战略纲要》为激励和保护科技创新，明确了“完善知识产权审判体制，优化审判资源配置，简化救济程序”的目标，而“研究设置统一受理知识产权民事、行政和刑事案件的专门知识产权法庭”和“探索建立知识产权上诉法院”是实施这一目标的两个举措。10 年来，我国各界围绕如何完善知识产权专业化审判体制以更好地促进和保护科技创新作了充分的探讨，尤其是如何优化简化专利授权确权程序解决专利侵权诉讼与无效程序交叉带来的周期长问题、如何化解专利等案件举证难赔偿低的问题，等等。其中，针对“探索建立知识产权上诉法院”，各种改革模式的讨论一直没有结果，主要的障碍是我国的国家权力结构、特别是人大与法院的关系与设立专门的高级法院审理专利上诉案件的国家不同，由北京市高级人民法院或在北京设立专门管辖全国专利案件上诉审理的高级法院模式无法实行。十九大后我国进入新时代以来，大力提升我国的科技创新能力，进一步强化知识产权保护、营造良好营商环境更是成为举国共识。最高人民法院知识产权法庭的设立，无疑是我国激励和保护创新、加强知识产权保护的又一里程碑。这一上诉机制回应的正是长期以来困扰我国科技创新领域各方当事人的需求：一是减少发明专利等授权确权行政案件的一个审级，大大缩短确权周期，同时将此类案件的上诉管辖与全国专利等技术类侵权民事案件的上诉管辖集中在一起，能实现权利效力和侵权判断两大诉讼程序的对接和裁判标准的统一，比如权利要求的解释和创造性标准的把握；二是将分散在全国各个省高级人民法院的技术类民事案件上诉审理权集中，有利于解决制约科技创新的各地裁判尺度不统一及其可能带来的择地诉讼问题，比如侵权判定和赔偿范围及额度标准的差异。在实际操作方面，置于最高人民法院的架构下，新设立的知识产权法庭能够平息将此审判权交由任何一个省级高级人民法院可能引起的争议，对提高我国疑难知识产权案件的审判质效，加大知识产权司法保护力度，切实提升司法公信力大有裨益。随着社会主义市场经济制度的发展和法治环境的逐渐完善，目前在知识产权执法方面我国更加强调司法保护的主导性，知识产权保护力度也随着专业化审判机构制度的建构和完善得到加强。可以预见，围绕知识产权专门审判机构的法院组织立法，围绕知识产权诉讼制度及具体程序规则的立法和司法解释工作将进一步加强。

综上所述，目前中国知识产权法律制度体系体现出自身的特色：

一是立法覆盖范围全面。我国知识产权法律制度体系已经全

面覆盖了 TRIPS 列举的八种知识产权类型的保护，形成了不同层级的规定，并且针对不同领域的保护需要在不同部门法中均有涉及。这为我国提高知识产权保护水平提供了基础，当然，立法覆盖范围全面不能等同于立法内容和体系的健全，我国知识产权法律制度体系将处于不断完善中。

二是行政机关在立法中作用较大。如上所述，我国长期实行知识产权保护的司法与行政“双轨制”，因此与其他国家相比，我国知识产权法律制度体系的一个重要特点是立法由行政机关启动、主导，这使得立法进程中某些具体条款难免带有行政色彩、引发关于行政执法权扩张的争议而导致后续立法程序推进艰涩。知识产权主管行政机关出于规范性需求力主在法律法规的制定中明确和加强行政执法工作的依据，这种“部门立法”因素即使在 2018 年国务院机构改革重组国家知识产权局之后也不可能立刻消除。

三是司法解释地位突出、司法政策和案例指导制度作用明显。由于法律的概括性、滞后性和知识产权保护实践的飞速发展，尽管立法机关适时修订法律，但远远不能满足实践中对法律适用的需求。知识产权领域的司法解释在我国知识产权法律制度体系中的地位凸显，成为司法机关作出裁判的重要法律依据。此外，知识产权领域新法律问题层出不穷，统一裁判尺度的呼声越来越高，亟须及时出台比司法解释更为灵活的指导性标准。司法政策多见于最高人民法院在重大会议上发布的文件[1]，案例指导制度在知识产权领域适用最为广泛[2]，这些制度成为我国知识产权法律制度体

---

[1] 典型的如 2011 年 12 月 16 日发布的《最高人民法院关于充分发挥审判职能作用推动社会主义文化大发展大繁荣和促进经济自主协调发展若干问题的意见》、2016 年 11 月 28 日发布的《最高人民法院关于充分发挥审判职能作用切实加强产权司法保护的意见》等。

[2] 据北京知识产权法院统计，自最高人民法院知识产权案例研究指导基地在该院建立以来至 2016 年 10 月，该院在 168 起案件审理中通过“遵循先例”有效实现了“同案同判”。

系的有益补充。

三、我国知识产权法律制度体系的主要内容

（一）专利法律制度

1. 我国专利法律制度建设基本情况

我国的《专利法》保护发明、实用新型、外观设计三种创新成果，主要内容包括专利法保护对象、申请人及其资格、申请和审查程序、获得专利的实质要件、专利权归属、保护期、专利权人的权利义务、专利权的转让和许可、专利权的保护等。现行《专利法》是2008年12月27日通过的《专利法》第三次修正案，于2009年10月1日开始实施。作为配套行政法规和部门规章，国务院制定的《专利法实施细则》于2010年1月9日完成第二次修订；作为专利审查和专利权效力判定的重要依据，原中国专利局1993年制定的《审查指南1993》，经历了2001年、2006年两次修改后，在2010年实施的第三次修改版本中更名为《专利审查指南2010》，并于2013年、2014年、2017年进行了三次微调。国家知识产权局制定的关于专利权保护的主要部门规章还包括《专利行政执法办法》《关于中国实施专利合作条约的规定》《关于规范专利申请行为的若干规定》《专利权质押登记办法》《专利实施强制许可办法》《专利实施许可合同备案办法》《用于专利程序的生物材料保藏办法》等。此外，针对国防专利这种特殊的专利权，国务院、中央军事委员会2004年公布实施《国防专利条例》。

在现行《专利法》实施前，关于专利权的主要司法解释为2001年发布的《最高人民法院关于审理专利纠纷案件适用法律问题的若干规定》（2014年修改）和《最高人民法院关于对诉前停止侵犯专利权行为适用法律问题的若干规定》。前者对人民法院受理各类专利权纠纷案件的案由、管辖，侵权案件的中止程序、赔偿数额计算、诉讼时效等问题进行了规定；后者系专门针对侵犯专利权诉前行为保全的规定。2008年《专利法》实施后，2009年发

布了《最高人民法院关于审理侵犯专利权纠纷案件应用法律若干问题的解释》，于 2016 年发布了《最高人民法院关于审理侵犯专利权纠纷案件应用法律若干问题的解释（二）》，对侵犯专利权纠纷中涉及的典型法律适用问题进行了全面规定。目前，《最高人民法院关于专利授权确权行政案件若干问题的规定（一）》正处于征求意见阶段。

2. 专利法发展过程中的重点问题

我国《专利法》于 1984 年 3 月 12 日通过，自 1985 年 4 月 1 日起施行，目前共经历了三次修改。其中 1992 年第一次修订的直接压力来自美国，它通过《中美知识产权保护备忘录》要求中国提升专利等知识产权的保护水平。修订的内容包括：扩大专利保护的技术领域，开放了对食品、饮料、调味品、药品和用化学方法得到的物质的专利保护；将方法专利的保护延伸到用该方法制成的产品，赋予专利权人制止他人未经许可进口专利产品的权利；将发明专利的保护期限从自申请日起 15 年延长为自申请日起 20 年，将实用新型专利和外观设计专利的保护期限从自申请日起 5 年延长为自申请日起 10 年；增加了在国家出现紧急情况、非常情况或者为公共利益的需要可给予强制许可的规定；以授予专利权之后的撤销程序代替授予专利权之前的异议程序等。

2000 年我国《专利法》第二次修订的直接动力是为加入 WTO 而使法律与 TRIPS 基本一致。此次修订的内容包括：明确规定被授予专利权的单位应当对职务发明创造的发明人或设计人给予奖励，规定了发明创造专利实施后对发明人或设计人给予的合理报酬；取消全民所有制单位持有专利的规定；允许发明人或设计人利用单位物质技术条件下与单位约定权属；增加了关于发明和实用新型专利许诺销售权的规定；明确了专利行政部门的责任和要求；强化了专利行政管理部门的执法力度；增加了对假冒他人专利尚不构成犯罪行为的行政处罚力度；增加了诉前临时措施；增加了执法中实用新型专利检索报告制度；明确了侵权赔偿额的计算方式；对善意侵权行为免除赔偿责任；增加了执法中实用新型专利检索报告制度等。另外，在程序方面，取消了撤销程序，并对及时审结、发明专利权的生效日、专利申请权与专利权转让合同的生效等方面的内容进行了细化；规定了专利复审委员会对实用新型和外观设计的复审与无效决定接受司法审查；完善了授予专利强制许可的条件。

2008年《专利法》的第三次修改则是国家发展的内在需求，是实施国家知识产权战略的重要举措。此次修订的内容包括：调整立法宗旨、强调提高创新能力；明确三种类型专利的定义；提高专利权的授权标准，即将“相对新颖性”改为“绝对新颖性”；确立“禁止重复授权原则”，增加关于“抵触申请”的规定；重新界定职务发明和非职务发明的界限，对专利权共有人的权利义务进行界定，并对在中国完成的发明创造向外国申请专利进行规范；增加外观设计专利权人的“许诺销售权”、增加不授予专利权的外观设计申请主题、允许关联外观设计合案申请、规定“简要说明”为必须提交的外观设计申请文件、增加专利执法中的外观设计检索报告制度、明确外观设计侵权判断规则；增加强制许可的情形并明确相关条件；在专利权的侵权判断标准中，明确发明和实用新型专利侵权判断的等同原则、外观设计专利的侵权判断规则、禁止反悔原则和现有技术抗辩等规定。在关于不视为侵权的例外中，增加明确允许平行进口，对先用权的权利内容作出更为具体的规定，限定专为科学研究、实验而使用有关专利的侵权例外，引入涉及药品和医疗设备行政审批的Bolar例外等内容。此外，在关于诉讼时效问题中，对于连续侵权行为的诉讼时效作出规定，对专利权人懈怠行使其权利的行为进行规制等；明确损害赔偿额的优先计算方式、规定法定赔偿额、允许就权利人为制止侵权行为所支付的合理开支进行补偿等；对诉前责令停止有关行为在程序上进行具体的规范，增加诉前证据保全作为权利人的诉讼手段；增加专利申请

中的遗传资源来源披露规定，为遗传资源保护制度留下衔接空间。

3. 专利法的发展方向

2012年启动的我国《专利法》第四次修改是在社会经济快速发展的时代大背景下进行的。创新驱动发展成为新时代的主题，为此知识产权制度得到高度重视。党的十八大明确指出“实施知识产权战略，加强知识产权保护”，十八届三中全会强调要“加强知识产权运用和保护，健全技术创新激励机制”，十八届四中全会提出“全面推进依法治国”“完善激励创新的产权制度、知识产权保护制度和促进科技成果转化的体制机制”，党的十九大提出要“加快创新型国家建设”和“倡导创新文化，强化知识产权创造、保护、运用”。但是，我国《专利法》的实施情况和上述党中央的决策要求还存在差距。2014年，全国人大常委会开展了专利法执法检查工作，指出专利领域存在下列突出的问题：专利质量总体上还处在较低水平，专利保护实际效果和创新主体的期待存在较大差距；专利运用能力不足，专利的市场价值没有得到充分体现；专利公共和社会服务能力不强，与快速增长的社会需求之间还存在很大的差距。因此，《专利法》第四次修改需要回应实践中的这些突出问题。

《专利法》第四次修改征求意见过程中引发的争议问题包括：专利行政执法性质、职能及必要性相关问题；专利侵权判定相关问题（如增加间接侵权）；当然许可和标准必要专利相关问题；外观设计制度的进一步完善（如增加局部外观设计、延长外观设计专利权保护期）等。对于加大专利侵权惩处力度，减轻权利人举证负担则几乎没有争议。同时，在《专利法》第四次修改进程中，国内国际形势不断发生变化，比如以WTO为代表的多边贸易体系正受到区域性或双边自由贸易协定等方式更替的趋势、2017～2018年中美经贸关系的急剧冲突等，诸多因素对我国的知识产权法律制度体系完善的节奏和规划带来一定影响，促使新的《专利法》尽快出台。因此，此次修改的定位可能仍是微调，因为针对外观设计、药品专利保护期延长、加大对侵权的惩处力度等方面基本没有太多争议，但对于专利法律制度的全面完善，尤其是触及关系到专利制度有效运转的更深层次的问题，则可能需要推迟成为今后的立法任务。例如，专利侵权民事诉讼与无效行政诉讼并行的“二元制”程序架构是制约专利侵权纠纷审判效率的重要原因，但《专利法》第四次修改送审稿未提及这一问题；为从根本上解决专利维权周期长的问题，必须通过对专利复审委员会的法律定位、宣告专利无效案件的诉讼模式等问题进行研究，提出相应的解决方案。

（二）商标法律制度

1. 我国商标法制建设基本情况

我国《商标法》的主要内容包括商标注册的申请、审查和核准，注册商标的续展、变更、转让和使用许可，注册商标的无效宣告，商标使用的管理，注册商标专用权的保护等。现行《商标法》是根据2013年8月30日第十二届全国人民代表大会常务委员会第四次会议的决定第三次修正的《商标法》。在行政法规和部门规章方面，国务院制定的《商标法实施条例》于2014年4月29日完成第二次修订，与第三次修正的《商标法》配套实施。作为商标评审的操作规则，国家工商行政管理总局1995年制定了《商标评审规则》，经历了2002年、2005年、2014年三次修订。我国关于商标权保护的主要部门规章还包括《马德里商标国际注册实施办法》《集体商标、证明商标注册和管理办法》《驰名商标认定和保护规定》《商标代理管理办法》等。值得注意的是，我国地理标志保护方面除了《商标法》外还同时存在专门的法规，即国家质量监督检验检疫总局2005年7月15日起施行的《地理标志产品保护规定》（其前身是1999年8月17日发布的《原产地域产品保护规定》）；另外还有农业部于2007年12月发布的《农产品地理标志管理办法》。2017年《民法总则》将地理标志单列为一类知识产权

保护客体，2018 年原国家工商行政管理总局的商标管理职责和原国家质量监督检验检疫总局的原产地地理标志管理职责整合到重组后的国家知识产权局，如何协调原先三个部门的工作是我国今后地理标志法律保护制度完善的重要内容。另外，从广义上说，特殊标志法律制度也是我国商标制度的组成部分。特殊标志是指经国务院批准举办的全国性和国际性的文化、体育、科学文化研究及其社会公益活动所使用的，由文字、图形组成的名称及缩写、会徽、吉祥物等标志。在市场经济条件下，这些活动通常与商业活动紧密联系在一起，许多特殊标志具有与商标十分近似的作用。因此，主管商标注册、使用与管理的原国家工商行政管理总局也同样主管全国性特殊标志的相关管理工作。多年来，我国出台了一系列关于特殊标志保护的法规和规章，包括 1996 年 7 月 13 日发布的《特殊标志管理条例》、2002 年 2 月 4 日发布的《奥林匹克标志保护条例》、2004 年 10 月 20 日发布的《世界博览会标志保护条例》。目前，为迎接 2022 年冬奥会的到来，《奥林匹克标志保护条例》正在修订完善中。这些规定对规范和解决奥运会、世博会等在中国举行的大型国际活动的知识产权方面的问题发挥了重要作用。

《商标法》实施以来，最高人民法院关于商标法实施的司法解释和司法政策文件包括：2001 年发布的《关于对注册商标权进行财产保全的解释》、2002 年发布的《关于审理商标案件有关管辖和法律适用范围问题的解释》《关于诉前停止侵犯注册商标专用权行为和保全证据适用法律问题的解释》《关于审理商标民事纠纷案件适用法律若干问题的解释》、2006 年发布的《关于建立驰名商标司法认定备案制度的通知》、2008 年发布的《关于审理注册商标、企业名称与在先权利冲突的民事纠纷案件若干问题的规定》、2009 年发布的《关于涉及驰名商标认定的民事纠纷案件管辖问题的通知》《关于审理涉及驰名商标保护的民事纠纷案件应用法律若干问题的解释》、2010 年发布的《关于审理商标授权确权行政案件若干问题的意见》。2016年修正的《商标法》实施之后，最高人民法院于2014年3月25日发布了《关于商标法修改决定施行后商标案件管辖和法律问题的解释》，于2017年发布了《关于审理商标授权确权行政案件若干问题的规定》。

2. 商标法发展过程中的重点问题

我国《商标法》于1982年8月23日通过，1983年3月1日起正式施行。《商标法》是改革开放后中国颁布的第一部知识产权专门法律。

《商标法》在1993年2月第一次修改时正处于中美与知识产权相关的贸易冲突和谈判期间，修法主要内容包括：①增加对服务商标的保护，即所有关于商品商标的规则都适用于服务商标；②对地名商标作了进一步的限定，明确规定县级以上行政区划的地名或者公众知晓的外国地名不得作为商标；③简化了申请程序，即对同一申请人在不同类别的商品上使用同一商标不必分别提出申请；④增加了商标被许可人的义务，即经许可使用他人注册商标的，必须在使用该注册商标的商品上标明被许可人名称和商品产地，以保护消费者利益；⑤增加了撤销注册不当程序，即对注册商标有争议的可以请求商标评审委员会裁定；⑥确定"销售明知是假冒注册商标的商品的"行为及"伪造商标标识、销售伪造商标标识的"行为均属侵权行为；⑦加强了制止侵权的行政执法力度；⑧加强了商标侵权的刑事责任，将假冒注册商标罪的主体扩大到任何人，并把最高刑期从3年提高到7年，对伪造、擅自制造他人注册商标标识，以及销售明知是假冒注册商标的商品，也规定了刑罚的内容。

2001年《商标法》的第二次修改主要是为了达到WTO之TRIPS的要求。修法的主要内容包括：①扩大了权利主体范围：自然人可以申请商标注册，商标可以共同申请共同所有；②扩大了商标保护的客体范围：视觉可见的标记（包括立体商标、颜色组合）都可以注册，地理标志可以作为证明商标或者集体商标获

得保护；③放宽了商标显著性的构成条件：商标的显著性可以通过使用取得；④加强了商标保护力度：驰名商标受到特别保护、在先使用并有一定影响的商标受保护、追究“反向假冒”行为的侵权责任、明确诉前证据保全、责令停止有关行为及财产保全的措施、加大了工商行政管理机关的行政执法力度；⑤增加了对商标权人的限制：明确在先权利不构成侵权；⑥确认商标确权程序的司法终审权，即商标评审委员会的决定可以依据《行政诉讼法》起诉到人民法院。与之相应，原先的配套法规《商标法实施细则》也进行了修订，并将其名称改为《商标法实施条例》于 2002 年 8 月 3 日公布，同年 9 月 15 日起施行。

《商标法》的第三次修改于国家知识产权战略制定期间启动。经过若干年的调研和论证，2013 年 8 月全国人大常委会通过了《商标法》修订草案，于 2014 年 5 月开始实施。这次修订的主要内容包括：①增加可注册商标的标志范围。增加了声音商标，删除关于可视性标志的限制性规定。②明确驰名商标的被动认定原则，禁止将驰名商标用于商品包装及广告宣传。③增加关于诚实信用原则的原则性规定，扩大对在先使用的未注册商标的保护力度。④接受一标多类申请，简化商标申请程序。⑤恢复商标申请审查中的审查意见程序。⑥限定商标注册异议制度的适用范围。对利用相对理由提出异议的，进一步明确了异议人的主体资格。⑦重构商标异议复审制度，设置宣告注册商标无效程序，与撤销商标制度区分。⑧限定商标审查和评审程序的时限。⑨明确商标退化可被撤销。⑩加大对商标侵权行为的行政查处力度。⑪减轻权利人的举证负担，大幅提高法定赔偿上限，引入惩罚性赔偿制度，强调 3 年内是否实际使用对赔偿责任承担的影响。总的来看，社会各界对《商标法》的第三次修改持充分肯定态度，特别是其明确了商标侵权判定的混淆可能性标准、强调了注册商标的使用、纠正了驰名商标保护中不当宣传的弊病、纳入惩罚性损害赔偿制度、提高了法定赔偿的数额、减轻了商标权人的举证责任等亮点，为我国其他知识产权法律制度的完善提供了良好范本。

3. 商标法的发展方向

《商标法》第三次修改后施行的时间不长，但已显现出一些突出问题，亟须尽快启动进一步修改法律计划。从实践中的情况看，商标注册和使用与诚信制度建设和完善具有密切关系，商标使用和注册的矛盾仍然是我国法律框架下最容易引起争议的部分，对恶意注册和囤积商标的遏制是当前社会各界密切关注的问题。另外，在商标申请量呈几何级别增长的情况下，如何优化授权确权程序也是我国商标法律制度未来发展中应当考虑的问题。

随着我国经济社会的快速发展，2013 年修正的《商标法》部分内容已难以适应实践需要，暴露出了商标确权程序复杂、恶意注册和大量囤积商标问题日益凸显等问题。2018 年国家知识产权局重组后，负责启动立法和法律修改的部门将《商标法》的第四次修改列入了工作日程，拟通过对《商标法》的实施情况进行专题论证，广泛听取意见，主要从重构商标注册制度、增强注册商标使用义务、加大商标恶意申请打击力度、发挥商标促进经济发展作用、改善营商环境等方面对商标法进行完善，以更好地服务我国经济社会发展。[1]

（三）著作权法律制度

1. 我国著作权法律制度建设基本情况

在我国，著作权也称版权。我国《著作权法》通过的时间明显晚于《商标法》和《专利法》。立法机构努力将国际版权公约的原则与中国文化和版权事业的实际情况相结合，经过长达 10 年的起草过程，于 1990 年 9 月 7 日通过了《著作权法》，1991 年 5 月 24 日通过了配套的《著作权法实施条例》。这样，我国著作权保护

---

[1] 《商标法》已经根据 2019 年 4 月 23 日第十三届全国人民代表大会常务委员会第十次会议通过的《关于修改〈中华人民共和国建筑法〉等八部法律的决定》进行了第四次修正。——编辑注

制度于1991年6月1日起施行。

我国《著作权法》主要内容包括著作权的基本原则、著作权的主体、著作权保护客体、著作权的内容、著作权保护的限制与例外、著作权保护期以及侵权的相关法律责任等。与其他知识产权领域相比，我国现行的著作权法律制度框架比较复杂、修订完善步调比较缓慢。我国现行的著作权法律制度框架，除了于2010年4月1日开始实施的《著作权法》第二次修订案外，在行政法规和部门规章方面，还包括国务院制定的《著作权法实施条例》(2013年1月30日第二次修订)、1992年的《实施国际著作权条约的规定》，以及随着2010年《著作权法》的实施分别进行了修订的《计算机软件保护条例》《著作权集体管理条例》《信息网络传播权保护条例》。此外，国家版权局先后制定了《著作权质押合同登记办法》《著作权行政处罚实施办法》《互联网著作权行政保护办法》《计算机软件著作权登记办法》等部门规章。作为《著作权法》长期遗留下来的难题，民间文学艺术作品的定义、保护模式、权利主体、客体及内容等尚未达成一致意见。因目前《著作权法》第三次修修订正在进行，这一难题如何解决还有待观察。

现行《著作权法》实施前，最高人民法院关于著作权及相关权利的主要司法解释为2000年发布并在2004年、2006年两次修改的《最高人民法院关于审理涉及计算机网络著作权纠纷案件适用法律若干问题的解释》、2002年发布的《最高人民法院关于审理著作权民事纠纷案件适用法律若干问题的解释》。之后，2010年发布了《最高人民法院关于做好涉及网吧著作权纠纷案件审判工作的通知》，2012年发布了《最高人民法院关于审理侵害信息网络传播权民事纠纷案件适用法律问题的规定》。

2. 著作权法发展过程中的重点问题

2001年10月27日，为加入WTO的实际需要，我国《著作权法》进行了第一次修改，主要内容包括：①增加了受保护的权利种类，在著作权人享有的财产权利中新增了3项权利，包括出租权、放映权、信息网络传播权；②增加了对杂技作品、建筑作品的保护；③对于合理使用的12种情形作了更为清晰的界定，比如原来的“免费表演已经发表的作品”修改为“免费表演已经发表的作品，该表演未向公众收取费用，也未向表演者支付报酬”；④增加了明确集体管理组织同著作权人和相关权利人之间的关系，并对这个组织的性质、职能、设立、管理的规定；⑤增加了关于财产保全和证据保全的临时措施的规定；⑥增加了关于法定赔偿额的规定；⑦加重了对损害社会公共利益的侵权行为的行政处罚；⑧将争议较大的广播电台、电视台免费播放作品改为针对已发表作品的法定许可和未发表作品的事先许可，同时规定“具体办法由国务院规定”。

我国《著作权法》第一次修改后，互联网的迅猛发展对著作权制度提出了新的挑战，但因著作权制度内容庞杂，诸多问题在相当长时期内难以达成共识，修法始终处于学术讨论层面。但其间，因中美发生知识产权争端，根据WTO专家小组的裁定，我国2010年修改《著作权法》删除了第4条第1款“依法禁止出版、传播的作品，不受本法保护”的规定，改为规定“国家对作品的出版、传播依法进行必要的监督”，表明对中外权利人一律适用著作权自动取得和平等保护的态度；同时，增加了第26条关于著作权质押登记的规定。此外，2013年1月，国务院还集中修订了《著作权法实施条例》《计算机软件保护条例》《信息网络传播权保护条例》，在行政罚款方面，将固定数额罚款改为按照侵权产品或者服务价值的一定倍数设定罚款，提高了行政罚款的幅度，加大了对于著作权的保护力度。

3. 著作权法的发展方向

目前，《著作权法》第三次修改工作正在进行。此次修改首先涉及的是体例问题。我国现行的著作权法律规范主要由一部《著作权法》和对信息网络传播权、计算机软件、著作权集体管理等问题进行专门规定的行政法规组成。《著作权法》第三次修改在体例方面有

三种选择：一是将与《著作权法》相关的几个条例都纳入《著作权法》中，以统一《著作权法》的渊源；二是只修改《著作权法》条文，而完全保留各相关条例的完整性；三是将上述条例中具有相对成熟性的条款且为一般性问题的规定上升到《著作权法》，待《著作权法》修正案通过后，再逐步修订各相关条例。[1]

此外，《著作权法》第三次修改涉及的内容十分繁杂。主要内容包括：①客体问题。主要涉及实用艺术品、视听作品等作品类型的规定。②权利内容。主要涉及权利的分类和表述，采取列举式抑或权利束的方式表述著作权法中的权利，修改权的存废问题也是讨论的热点之一。③权利归属。包括法人作品及其与职务作品、委托作品的关系，关于视听作品、合作作品的权属。④著作权集体管理。实践中对著作权集体管理制度的执行标准不统一，本次修改中提出的著作权集体管理的延伸职责也引起较大争议。⑤著作权限制。主要涉及合理使用制度的完善。⑥对相关权的保护。突出规定相关权并加强保护。⑦法律责任承担。提高赔偿数额等。由于《著作权法》第三次修改涉及的问题庞杂，目前看来一次性解决的可能性有限，第三次修法远不是终点，一些问题只能作妥协后留待实践检验。

（四）反不正当竞争及滥用权利限制竞争的法律制度

1. 反不正当竞争法中的知识产权法律制度

我国 1993 年制定了《反不正当竞争法》，该法属于行为法，其中基于维护正当竞争的目的制止侵害他人商业秘密、市场混同等不正当竞争行为的规定，通常被视为是我国知识产权单行法的补充。需要注意的是，该法关于限制竞争的多数规定、包括滥用知识产权排除和限制竞争的条文，均被 2007 年的《反垄断法》吸收，现行的于 2017 年 11 月 4 日第一次修正的《反不正当竞争法》，

---

[1] 吴汉东.《著作权法》第三次修改的背景、体例和重点［J］. 法商研究，2012（4）.

不再包含反垄断法的相关条款。原国家工商行政管理总局作为市场秩序管理和执法主体，制定了与该法相关的部门规章，包括1993年的《关于禁止有奖销售活动中不正当竞争行为的若干规定》《关于禁止公用企业限制竞争行为的若干规定》，1995年的《关于禁止仿冒知名商品特有的名称、包装、装潢的不正当竞争行为的若干规定》，1995年公布、1998年修订的《关于禁止侵犯商业秘密行为的若干规定》，1996年的《关于禁止商业贿赂行为的暂行规定》，1998年的《关于禁止串通招标投标行为的暂行规定》，以及2015年的《关于禁止滥用知识产权排除、限制竞争行为的规定》等。

针对《反不正当竞争法》，2007年发布《最高人民法院关于审理不正当竞争民事案件应用法律若干问题的解释》；针对《反垄断法》，2012年发布《最高人民法院关于审理因垄断行为引发的民事纠纷案件应用法律若干问题的规定》。

2. 反不正当竞争法发展过程中的重点问题

我国《反不正当竞争法》自1993年施行以来，对鼓励和保护公平竞争，保障社会主义市场经济健康发展发挥了重要作用。但随着我国市场经济的发展，新的业态、商业模式不断出现，法律对不正当竞争行为的规制出现较为严重的缺失。因此，2017年的《反不正当竞争法》第一次修改对维系正当竞争和规范市场秩序具有重要意义。

《反不正当竞争法》的修改内容包括：①准确界定不正当竞争行为，增加兜底条款。②补充、完善应予禁止的不正当竞争行为的规定。其中，完善混淆行为的规定，扩大受保护的商业标识的范围；对商业贿赂行为进行重新界定，规定如果不存在忠实义务的违反或职务利益的交换，则不构成商业回落；完善虚假宣传行为的规定，对“炒信”“刷单”等行为进行规制；完善有奖销售行为的规定；完善商业诋毁行为的规定；对侵害商业秘密行为进行微调，新增监督检查部门及其工作人员对调查过程中知悉的商业

秘密负有保密义务；新增互联网专条，对利用软件等技术手段在互联网领域干扰、限制影响其他经营者及用户的行为作了规定。③理顺与其他法律的关系，删除《反垄断法》《招标投标法》中已经规定的有关公用企事业单位排除竞争、行政垄断、倾销、串通招投标的条款。④完善民事赔偿责任优先，与行政处罚并行的法律责任体系。

另外，《反垄断法》涉及的知识产权问题主要的权利滥用导致的限制竞争。对此，2017 年 3 月 23 日，国务院反垄断委员会发布了《关于滥用知识产权的反垄断指南（征求意见稿）》，力图为执法机构处理滥用知识产权排除、限制竞争问题设立执法标准和分析框架，为经营者的市场竞争行为提供有益指引。目前我国国务院机构改革的具体实施方案正在制定和落实中，之后《反垄断法》的修订和上述指南的出台也将提上日程。

3. 反不正当竞争法的发展方向

《反不正当竞争法》刚刚修订完成，对商业贿赂、虚假宣传行为的修改已经在实践中引起一些法律适用的困惑，相关内容还需要通过司法解释、行政法规、部门规章的方式予以细化。其中针对网上不正当竞争行为增设的“互联网条款”也受到质疑，因为信息网络技术发展迅速，通过总结司法经验形成的例举具体行为的法律条款可能面临一旦通过即已过时的尴尬局面。此外，关于《反不正当竞争法》第 2 条原则性条款的适用，也存在需要进一步限定具体适用规则、避免不当扩大范围导致对自由竞争的过度干预。

另外，已满 10 年的《反垄断法》有望迎来首次修订，目前修改建议稿已在讨论中。此次修法的主要目的是确立竞争政策的基础性地位，针对垄断行为建立事先审查机制，把公平竞争审查制度法律化。[1] 这其中，如何定位知识产权保护的合法性、界定权利滥用构成垄断是值得进一步研究的问题。

---

[1] “十岁”反垄断法有望迎首次修订［N］. 经济参考报，2017－09－11.

（五）其他知识产权法律制度

1. 集成电路布图设计的法律保护

我国于2001年4月2日通过了《集成电路布图设计保护条例》，规定布图的专有权属于布图设计创作者。布图设计权利人享有下列专有权：①对受保护的布图设计的全部或者其中任何具有独创性的部分进行复制；②将受保护的布图设计、含有该布图设计的集成电路或者含有该集成电路的物品投入商业利用。

2001年，国家知识产权局发布了《集成电路布图设计保护条例实施细则》和《集成电路布图设计行政执法办法》，细化了集成电路布图设计的保护规则。同年发布的《最高人民法院关于开展涉及集成电路布图设计案件审判工作的通知》，主要对收案范围、案件管辖、诉前行为保全、中止诉讼等内容进行了规定。

2. 植物新品种的法律保护

1997年我国通过了《植物新品种保护条例》，规定完成育种的单位和个人对其品种享有排他的独占权，即植物新品种权。植物新品种权的内容及行使类似于专利权。之后农业、林业主管部门分别出台了实施《植物新品种保护条例》的细则。2013年1月国务院修订了《植物新品种保护条例》，提高了针对侵权假冒产品的行政罚款幅度，强化了对于植物新品种的保护。此外值得注意的是，在2015年11月修订的《种子法》中，增加了第四章“新品种”，将植物新品种的保护纳入其中，对植物新品种保护与种业发展密切相关的关键性制度进行了规范，对植物新品种的授权条件、品种命名、授权原则、保护范围及例外、强制许可等作了原则性规定。修订后的《种子法》于2016年1月开始实施。

2001年2月5日公布的《最高人民法院关于开展植物新品种纠纷案件审判工作的通知》和《最高人民法院关于审理植物新品种纠纷案件若干问题的解释》，对案件的受理、管辖和诉讼中止等程序性问题作了规定；2006年12月22日公布了《最高人民法院关于审理侵犯植物新品种权纠纷案件具体应用法律问题的若干规

定》，明确了处理侵犯植物新品种权纠纷案件的相关规则，其中指出："未经品种权人许可，为商业目的生产或销售授权品种的繁殖材料，或者为商业目的将授权品种的繁殖材料重复使用于生产另一品种的繁殖材料的，人民法院应当认定为侵犯植物新品种权。"

四、结语

经过 40 年的发展，我国知识产权法律制度体系从无到有，再到逐渐完善，目前已经能够满足知识产权创造、保护、运用的基本需求，也得到了国际社会的认可。尤其是在近年来各类知识产权纠纷井喷式增长，新类型案件不断涌现的背景下，大量案件得以依法处理，多数争议问题能够在法律框架内作出符合经济科技发展规律的合理解释，起到了推动社会经济和科技文化发展的作用，体现了我国知识产权法律制度的实用性。对于立法中存在的部分缺失和实践中反映出来的一些问题，在法律修订过程中也多有关注。可以预见，未来我国知识产权法律制度的内容将更加完善，体系将更为健全。但是，我们仍然对我国知识产权法律制度的建设抱有更高的期待，认为未来的立法工作应有所突破。

未来的知识产权立法工作应更加关注制约我国知识产权保护发展的重大问题，尤其是体制机制性问题，在这些问题上应当敢于破冰。近年来的法律修订多是技术性的修改，解决的多是法律适用层面的问题，对一些因历史原因造成的体制机制性问题不敢作出回应。如专利侵权判定和无效审查"二元制"的问题是众所周知的影响我国专利权保护实效的重大问题，历次《专利法》修改过程中均有代表委员、专家学者强烈呼吁解决这一问题，但因涉及制度、机构设置的较大改变，立法层面始终难以作出突破。事实上，我国知识产权发展正处在从量变向质变进行转换的过程中，维持既有模式不利于促成这一转变。相反，既有模式下产生的大量非正常申请、恶意注册等低质量的数量积累严重制约了知识产权促进创新的作用。因此，立法过程中应当充分考虑对体制机制性问题进行改革的提议，认真论证并进行制度设计，为我国知识产权保护事业的进一步发展提供配套的制度保障。

要作出这样的突破，改变现行“部门立法”的方式是不可避免的路径。不可否认，行政机关在过去的知识产权法律体系建设中起到了重要作用，但目前大多数知识产权法律的立法工作都是在原有文本基础上的修改，行政机关也不再是唯一的专业机构，立法机关、代表委员、司法机关、研究机构的专业性足以形成高质量的提案，并由立法机关主导完成修订法律的工作。鉴于知识产权保护在整个法律体系运行中占据核心和终局性地位，未来的知识产权立法工作还应当更加关注知识产权审判程序，形成实体与程序并重的局面。当前知识产权法律制度的完善主要还是指知识产权实体法律制度的完善，知识产权程序法律制度的建设可谓贫乏。十九届中央全面深化改革领导小组第一次会议审核通过的《关于加强知识产权审判领域改革创新若干问题的意见》提出，加强知识产权审判领域改革创新要以完善知识产权诉讼制度为基础，这为知识产权审判程序的立法工作提供了指引。对于建立符合知识产权案件特点的诉讼证据规则，建立查明技术事实的配套程序，立法工作都可以大有所为。

40年来我国知识产权法律制度建设取得了累累硕果，新时代我们的创新发展道路面临着新的问题和挑战，知识产权法律制度的完善正面向着高标准的新起点，期待我国知识产权法律制度的建设更上一层楼，为服务创新型国家建设提供更完善的法治保障。

我国改革开放以来的知识产权学术研究

邓仪友*

摘　要：学术研究是我国知识产权制度建立、完善和运行的重要推动力量。改革开放以来，我国知识产权学者从介绍国外知识产权实践经验起步，研究在改革开放大潮中建立知识产权制度的必要性，探索知识产权基本理论，回答知识产权制度实施中的具体问题，呼吁制定和实施国家知识产权战略，取得了丰硕的成果，为我国知识产权制度建立和实施提供了有力的学术支持。学术研究在我国知识产权领域的公共权力和市场力量之间架起了一座桥梁，有效推动了二者之间的密切沟通和紧密合作。随着我国发展的内外环境逐渐发生变化，我国知识产权研究将面临更加繁重的战略研究任务，在研究方法上，实证研究、计量分析将在我国知识产权研究工作中发挥更加重要的作用。学者们需要通过案例分析、计量分析等手段不断揭示出知识产权在经济、社会和政治等领域的更深层次的意义。

有形财产的产权制度大多数是“调控性”的法律制度，是国家对早已在市场成为“成例”的占有和交付行为的承认以及调整，

* 作者简介：邓仪友，国家知识产权局知识产权发展研究中心研究一处副处长，研究员。

这种财产制度根源于人类文明几千年来杀伐争斗的妥协结果。而知识产权制度则是属于“构成性”的法律制度，形成于工业化时代以来的理性计算，没有法律的明文规定就不存在任何形式的知识产权，也不存在以知识产权名义的任何交易，这是所谓的知识产权法定主义。[1] 知识产权制度中任何规则的背后都隐藏着政策制定者对正义、秩序等价值的追求，也蕴含着他们对技术进步和社会变迁的洞察。政策制定者对现代社会运行的理解和追求决定了一个国家现代知识产权制度的基本面貌，非经有权机构的法定程序，不允许在制度的运行中创设新的知识产权规则。[2]

知识产权制度的核心内容是规范“创新”所产生的收益及其分配关系。而创新是现代社会最为活跃、影响最为深远的社会行为，在创新的推动下，现代社会人与人之间的连接关系以及社会结构的复杂度呈指数级增长，知识产权制度需要不断地把这些越来越复杂的社会关系和社会网络囊括进自己的规则体系。这让现代知识产权制度在经历了工业化以来数百年的发展之后，不但未能固化，反而在以更快的速度演进变化，以适应后工业化和信息时代的产业创新和社会变迁的需要。而由于知识产权已经事实上无所不在，这使得现代知识产权制度的每一项改进都需要对技术进步、文化以及产业发展和社会变迁有着良好的适应能力和现实关照。这对知识产权政策的制定者提出了很高的要求。他们不仅要对围绕着创新的经济和社会关系有着准确的把握，能够理解国家经济社会的现状，而且还能够洞察社会发展趋势。因此，研究工作在现代知识产权制度的发展演变中起到了非常重要的作用。这些研究工作不仅为知识产权制度的每一次演进提供了理论和舆论上的支持，而且为知识产权制度嵌入国家治理体系、深入社会

---

[1] 李扬．知识产权法定主义及其适用：兼与梁慧星、易继明教授商榷［J］．法学研究，2006（2）．

[2] 崔国斌．知识产权法官造法批判［J］．中国法学，2006（1）．

个体提供了桥梁。

我国知识产权制度的建立与完善得到了研究工作的有力支持。知识产权研究工作在我国从无到有，从介绍国外的理论学说和案例起步，今天已经拥有自己独特的问题和视角，形成了独立的学科，而且法学、经济、管理、社会学、政治学甚至自然科学领域越来越多的研究者进入这个领域开展交叉、融合性研究。这些年来知识产权研究工作为我国知识产权制度的建立与发展提供了充沛的营养，保证了这一项在西方的文化传统里发展起来的产权制度在我国的产业、制度与文化的环境中生长与发展起来，并逐渐形成了我国自己的理论与实践特征。人民大学刘春田教授在回顾中国知识产权法学十年发展时曾提出“知识产权法学发展要继续为立法服务，不断完善我国的知识产权法律体系”❶。这一句话说出了我国知识产权研究工作的历史使命，只是当前的知识产权研究已经超越了法学范式。本文即以这一观念为逻辑线索，以我国知识产权制度的发展为脉络，对改革开放以来我国知识产权学者曾经关注过的问题和开展的研究工作进行梳理，冀图通过回顾这些年研究工作中的典型研究成果和结论，揭示我国知识产权研究工作所取得的重要进步以及对我国知识产权制度发展作出的重要贡献。

一、为中国知识产权制度接生

在20世纪六七十年代，知识产权制度在我国还鲜为人知。事实上知识产权制度运行所需要的社会观念以及经济体制与1949年以后成立的中华人民共和国互为异质体，存在各种各样的冲突。为了弥合冲突，我国学者在舆论引导和理论构建方面开展了大量工作，起到了为知识产权制度在我国落地生根的助产士和接生婆的作用。这一时期知识产权研究工作的重点有两项：一是我国建

---

❶ 刘春田．十年来我国知识产权法学的发展［J］．法律学习与研究，1989（2）：7－14．

立知识产权制度的利弊分析，回答我国要不要建立知识产权制度以及建立一个怎样的知识产权制度的问题；二是为知识产权研究建立起基本的框架，完成知识产权研究范式的确立工作。

1. 探索知识产权制度的意义和价值

知识产权制度起源于西方发达资本主义国家，在改革开放之初，这项制度的阶级性质以及在冷战格局下的意义就是研究者必须予以关注的问题。1979 年段瑞林翻译的一篇由苏联法学家鲍家台·赫撰写的文章认为，在 20 世纪 70 年代“专利法在很大程度上扩大了资产阶级国家在取得专利权和利用已取得专利的发明方面所享有的权利”❶。“为了维护资本主义的利益，有些虽可造福于人类而不利于资产阶级的专利被人控制而不能使用……又有许多未经实践或当期生产技术未能达到的项目被写成空洞的说明书‘抢先’夺取专利……”❷ 专利制度上的资产阶级标签在我国各类文献中曾经一度十分显目，成为决策者讨论专利制度必然争议的话题。但是在改革开放初期，“阶级性”是所有面向“商品经济”的改革举措都需要解决的重大共性问题，而彼时并没有解决这个问题的理论和实践基础，这个问题要等到 20 世纪 90 年代邓小平阐述“计划”和“市场”的关系时，才有一个最终的答案。所以，“阶级性”的问题尽管一直“在那里”，但是在改革的大潮面前，在是否要建立知识产权制度的决策面前，这并不是一个需要迫切回答的特殊问题。

真正困扰决策者的难题是改革开放初期的社会心理，无论是政府工作人员还是普通社会公众都囿于计划经济时代形成的认知，对知识产权制度和市场体制认识不足。一些错误的观点在社会各界广泛流行，包括：外商不会因为我国没有专利制度而不出售设备、赶

---

❶ 鲍家台赫，列夫钦科．资产阶级专利制度的起源和阶级实质［J］．段瑞林，译．国外法学，1979（6）：47－60.

❷ 江平．要走我国自己发展社会主义工业的道路：漫谈国外专利［J］．国外纺织技术（针织及纺织制品分册），1980（1）：2.

超外国主要靠自己的努力、建立专利制度主要保护的是外国人的利益、发明应属于全民所有。[1] 对这些观点，郑成思先生进行了反驳[2]，一是没有专利制度，中外技术和经济交流将会受到很大的阻碍；二是建立专利制度可以通过专利许可的方式获得发展所需技术，反而可以降低技术引进的外汇花费；三是改革开放初期，我国民营经济已经获得一定程度的发展，他们的发明创造也需要获得保护；四是建立专利制度还可以获得技术的公开文件。

同时期的另外一项研究对我国建立知识产权制度的意义阐述得更为清晰。研究认为，从我国的经济建设与对外贸易来看，一方面，我们要与世界各国进行经济交往，引进发达国家科学技术；另一方面，我们的目标是实现中国式的社会主义现代化，建立符合社会主义原则的、体现我国当前和长远利益、符合我国国情的法律制度。我们的社会主义制度，将在吸收世界各国进步因素的过程中逐步完善起来。如果由于目前我国的经济发展水平尚低等不利因素而对知识产权的立法持取消主义态度，既不利于法律积极为经济基础服务的作用，也不利于我国在国际舞台上进行广泛的经济合作与交流。对我国来说，建立知识产权制度绝不是可有可无或慢慢走着瞧的问题，而是建设“四个现代化”的当务之急。[3]

相比较于工业产权制度，我国建立版权制度所面临的争议则要复杂得多，这是因为作品创作的形式更为多样，社会参与面更为广泛，同时作品也是意识形态的载体，怎样保护作品著作权牵扯到更为深层次的国家管理问题。这些争议使得我国建立现代著作权制度比专利和商标制度推迟了七八年。在著作权立法过程中，诸如权利内容、保护期、职务作品、法人作品、合作作品、著作

---

[1] 赵元果．专利制度的建立凝聚了小平同志的心血［G］//《知识产权与改革开放 30 年》编委会．知识产权与改革开放 30 年．北京：知识产权出版社，2008.

[2] 郑成思．试论我国建立专利制度的必要性［J］．法学研究，1980（6）：26－28.

[3] 张汇文，卢莹辉．知识产权的法律意义与国际保护［J］．社会科学，1980（6）：76－82.

权转让和许可等问题都有着十分激烈的讨论。[1] 在1990年通过的《著作权法》条文中，这些问题也未能得到最终解决。比如法人作品问题。虽然我国著作权法明确了“法人作品”的概念和规则，但是关于单位能否成为作品的原始著作权人，学界和立法者一直争论不休。反对的理由主要在于“法人作品”的概念混淆了法人是否可以成为版权人或者原始版权人以及法人是否能成为作者两个不同的问题。[2] 有研究认为这是生硬地糅合来自大陆法系和英美法系不同国家相关立法成例的结果。[3] 再比如违法作品是否可以享有著作权，则是最近一次的著作权法修改才解决的问题。

2. 建立知识产权研究理论框架

学术进步和学科的发展在于有多数人的共同知识贡献，在于参与相关研究的人对这一领域基本概念、基本问题、研究方法和研究准则的确认，形成研究的基本范式，为此后的研究提供规则和框架。一个研究领域一旦形成了自己的范式，后续的研究者就可以利用前人开创的研究方法，就群体共同关注的问题或者衍生出来的新问题开展研究，可以更为迅速地取得研究成果。[4]

我国学者对知识产权基本问题的研究是在结合我国立法实践介绍国外理论和制度开始的。20世纪80年代至90年代初，我国学者撰写了许多介绍国外知识产权制度的文章。[5] 在这些介绍域外

---

❶ 温世扬．版权立法的几个问题［J］．政法学刊，1987（12）：31－34.

❷ 郑成思．知识产权论［M］．北京：法律出版社，2003：197.

❸ 王迁．论法人作品的重构［J］．法学论坛，2007（6）.

❹ 参见：托马斯·库恩．科学革命的结构［M］．北京：北京大学出版社，2016.

❺ 魏启学．日本商标注册知识问答［J］．国际贸易问题，1979（4）；姚壮．世界知识产权组织：专利国际合作条约［J］．环球法律评论，1979（8）；余航．南斯拉夫的新著作权法［J］．国外法学，1980（4）；郑成思．知识产权及其在美国的特殊情况［J］．国际贸易问题，1981（1）；唐永春．美国的商标保护［J］．国际贸易，1982（11）；王清．台湾知识产权保护［J］．法学杂志，1990（12）；马守仁．法国工业和知识产权保护法［J］．环球法律评论，1991（2）；郑成思．版权国际公约与我国有关法律［J］．法学研究，1991（8）.

知识产权制度的文章中，我国学者逐渐对形成了对于知识产权制度的体系化的共识。事实上，尽管30多年来人们对于知识产权的社会和经济意义的认知取得了很大进步，但是一些基本概念的含义仍然没有发生根本性改变。“知识产权是个人或集体对其在科学、技术、文化等精神领域创造的产品即精神财富所享有的所有权。这种财富的表现形式就是知识或思想，而不是物质财富。脑力劳动者则是这种精神财富的生产者，他们生产的产品就是科学发明、工业设计、文学艺术和理论著作以及工业产品的外观设计等。”❶ 这是我国学者试图对知识产权的概念内涵进行归纳的最早努力。在知识产权这个总概念下需要容纳诸多的创造性行为类型，它的内涵界定并不容易。因此，更多的学者则是在外延及其属性上对概念进行说明。认为“知识产权是公民和法人的一项重要的民事权利”❷，“知识产权法律制度是商品经济和近代科学技术的产物。”“知识产权的客体是知识形态的精神产品，即知识产品，它具有创造性、非物质性、公开性的特点”，“知识产权与其他民事权利相比具有不同的法律特征：知识产权具有人身权和财产权的双重性质；知识产权是一种专有性的民事权利。”“知识产权具有严格的地域限制。”“知识产权只在法定期限内发生效力”。❸ 同时，对知识产权的权利主体、客体和权利的性质以及权利的产生、终止和保护进行了进一步的阐述。❹

1986年，郑成思先生出版了我国第一部知识产权专著，对各种类型知识产权进行了系统性的阐述。作者认为，专利权保护新颖、实用、先进的发明；版权保护作品独创的“表达形式”，不延及作品反映的实质内容；商标权保护商标，商标的作用在于区别

---

❶ 张汇文，卢莹辉．知识产权的法律意义与国际保护［J］．社会科学，1980（6）：76－82．

❷❸ 吴汉东．试论民法通则中的知识产权制度［J］．中南政法学院学报，1986（4）．

❹ 吴汉东．关于知识产权若干理论问题的思考［J］．中南政法学院学报，1988（1）．

不同生产者或销售者生产或销售的同类商品。[1] 郑成思先生主张不要对“知识产权”的概念过于纠缠，而是讲清楚其外延即可，并试图用外延更为广阔的“信息产权”概念来替代“知识产权”概念，以容纳“科学发现”“Know－How”以及彼时仍处于方兴未艾阶段的数据库保护。[2]

学者在关于知识产权概念含义特点、权利的客体以及权利取得、保护以及转移的研究中，逐渐建立了知识产权研究基本问题以及研究方法的共识，确立了知识产权研究的范式。此后 30 多年，在技术进步和社会利益网络复杂度增加的情况下，越来越多的问题进入我国知识产权研究者的视野，而通过对这些问题的研究，我们对知识产权制度的认识也不断深化。尽管如此，知识产权研究的基本问题、基本方法依然与 30 多年前基本相同，没有根本性的变化。这种情况一方面说明了 20 世纪 80 年代至 90 年代初期，我国知识产权研究取得了重要的成果；另一方面也说明知识产权研究构成一个相对独立的学科，尽管此后越来越多的问题进入研究者的视野，越来越多的其他学科领域的学者关注知识产权问题，但是这些情况始终不能影响知识产权研究的独立性。

二、呵护中国知识产权制度实施

1990 年我国颁布《著作权法》，这标志着我国完成了知识产权法律框架的初步构建。知识产权法律的实施对市场竞争、产业发展、技术以及文化创新的影响日益显现。1992 年邓小平南方谈话之后，我国改革开放进入一个阶段性高潮时期，同年在中共十四大上我国确立了建立社会主义经济体制的改革目标。在开放方面，我国明确了加入世界贸易组织、融入全球市场的目标，逐步建立起适合知识产权制度发展的社会和经济体制。在上述背景下，我

---

[1] 郑成思. 知识产权法通论［M］. 北京：法律出版社，1986：67－99.

[2] 郑成思. 知识产权与信息产权［J］. 工业产权，1988（3）.

国知识产权研究工作在三个层面展开，一是以市场实践为基础，进一步深化基本理论研究；二是以中国的实践为基础，进一步廓清知识产权基本规则的社会意义；三是关注知识产权制度的实施问题，其中最重要的是知识产权保护问题以及在新的技术发展条件下，我国知识产权制度如何应对的问题。

1. 深入探索知识产权基本理论

实践是推动理论深化的基础。一流的知识产权理论研究只有从企业和市场的实践中汲取营养才能获得生命力和动力。自 1982 年《商标法》颁布之日起，知识产权制度与我国经济社会管理体制的相互适应性，以及知识产权制度与国家产权制度中的其他法律制度的相容性等问题不断显现出来，成为我国学者关注和研究的重点问题。而对这些问题的研究，事实上也不断提升着我国学者对于知识产权制度本身的认知水平。

作为一项移植进入我国国家治理体系中的制度，知识产权在大众中的认识仍然是抽象难懂的，知识产权与物权、知识产权客体与物之间的混淆仍然时时存在。为消除这些在实践中产生的新问题，1997 年郑成思先生专门撰写了一篇文章《再论知识产权概念》，从两个层次对知识产权的基本问题进行了澄清，提出要综合把握知识产权的“无形性、专有性、地域性、时间性、可复制性”五个特点，要在实践中把握知识产权的范围，接受国际上公认的关于知识产权概念外延的共识。[1] 此后学者对此虽有更加深化的认识[2]，但大抵都没有脱离这个框架。对知识产权问题的认识和把握应当从权利自身本体、客体属性问题着手。知识产权本质上为一种无形财产权，客体的非物质性是知识产权所属权项的共同法律基础。知识产权主体在原始取得、继受取得及国民待遇方面有别

---

[1] 郑成思．再论知识产权概念［J］．知识产权，1997（1）．

[2] 张玉敏．知识产权的概念和法律特征［J］．现代法学，2001（1）．

于一般民事主体制度。[1] 这些认识不仅完成了对知识产权本质的廓清，同时也对知识产权制度与民事法律其他制度的关系进行了阐述。为我国以后制定知识产权法典或者基本法等上位法律规范提供了基本的框架。

20 世纪 90 年代中后期，一批重要的国外作品进入我国，这些作品不仅带来了新的观念，而且在研究方法上也给予我国学者以很大的启发。我国学者在研究了知识产权制度对经济生活的作用机理之后认为，知识、信息这一类产品具有公共属性，知识产权制度的作用在于通过授权解决其正外部性问题，使得知识和信息产品在市场中产生的收益能够有效回补知识生产的投入。因此，知识产权立法的首要目的是界定相关产权，保护信息生产者的合法权益。[2] 同时在澳大利亚学者达拉豪斯等人的国外研究成果的基础上，中国社会科学院和北京大学的一批学者开始深入研究知识产权制度的伦理正当性问题。知识产权制度在前工业化时代是与垄断和王权紧密联系在一起的，这显然与现代社会所倡导的自由贸易以及社会的平民化相冲突。在这些人的研究中，位于西方现代思想源头的劳动价值论、自由意志论等重新焕发了生命力相继复活，突破了它们所处时代的限制。北京大学郑胜利教授专门给博士生开了一堂“知识产权理论”的研讨课，组织博士生对达拉豪斯等人的研究成果进行专门学习和分析。在社科院，郑成思先生则组织知识产权研究中心的研究人员对达拉豪斯的作品进行了中文翻译，学者们沿着这部著作所开创的政治经济学分析路径开展了一系列研究。[3]

2. 研究知识产权保护实践问题

保护是知识产权制度实践中的关键问题，而侵权救济又是保

---

[1] 吴汉东. 关于知识产权本体、主体与客体的再认识 [J]. 法学评论，2000 (5).

[2] 吴汉东. 关于知识产权基本制度的经济学思考 [J]. 法学，2000 (4).

[3] 例如：冯晓青. “抽象物”与知识产权的关系：研读《知识产权哲学》的体会 [J]. 知识产权，2001 (4).

护问题的核心。我国早期的知识产权研究者许多是从法学尤其是民商法学科进入的。在立法方面，1986年颁布的《民法通则》中，明确把知识产权列为民事权利的一种。人民法院在实践中使用过错责任原则和“填平原则”来处理知识产权侵权案件。知识产权天然具有“无形性”特征，权利人难以对客体实施“占有”，这使得证明侵权的“主观过错”存在事实上的困难。而到了20世纪90年代末期，在我国知识产权制度实施十几年之后，这个问题已经到了不得不澄清的时候。[1] 不解决侵权责任归责原则问题，知识产权保护事实上将无所适从。郑成思先生提出应全面考虑知识产权侵权的特点、平衡各方的利益和执法实践中的可能性，参考国外已有的成例，区分直接侵权、共同侵权、间接侵权不同情况，规定无过错责任及过错责任原则的适用场合，而不是“一刀切”地否认前者或后者。吴汉东教授则建议使用过错责任推定原则，认为“过错推定责任原则能够纠正过错责任原则对权利人举证要求过苛而对知识财产侵权人失之过宽与无过错责任原则对权利人保护比较充分而对知识产品使用人失之过严这两者的偏差”[2]。过错推定责任事实上授予权利人一项选择权，即假定权利人是自己利益的最佳判断者，他“有权”选择自己举证，以便有力地、针对性地向侵权人追偿损失，在这种情况下，即适用过错责任原则。权利人也可以放弃这种举证的“权利”，让法院即责令侵权人举证，举证不能或举证不成立的，推定侵权人有过错。[3] 而事实上，后继的侵权行为的复杂性以及在互联网领域的案例，表明我国司法实践主要还是坚持了过错推定原则，一般情况下不考虑侵权者的过错，侵权者只要实施了法律禁止的行为，即判定侵权；但是在侵权者存在恶意时，则可以考虑实施恶意侵权的加大赔偿。过错推定原则也为我国在知识产权侵权责任中建立惩罚性赔偿制度

---

[1] 郑成思．侵害知识产权的无过错责任［J］．中国法学，1998（1）．

[2][3] 吴汉东．知识产权保护论［J］．法学研究，2000（1）．

提供了理论上的基础。

在法学上解决了侵权救济的归责原则之后，逻辑上自然就引出了知识产权保护水平的问题，即一个国家应当为知识产权提供何种程度的保护。这是一个规范性问题。一批学者引入经济学的方法，沿着欧美学者在20世纪六七十年代曾经开展的研究，用微观经济学中通常使用的计量方法对知识产权制度的实施效果，尤其是其保护效果进行分析。这一批研究成果虽然在理论上只是对前期诺德豪斯、弗里曼等西方经济学家工作的延续，但是在实践中却把"知识产权保护水平"[1]"最优专利制度"[2]等抽象概念具象化，为这些概念进入到政策制定层面提供了较为坚实的基础。一些学者认识到，基于知识的互补性原理，多个市场主体各自"局部知识"的价格博弈存在至少一个纳什均衡——该社会内部自洽的和最优的知识产权配置。当社会成员的初始知识水平有所提高时，由产权博弈均衡所决定的各个局部知识的知识产权价格将相应有所上升。[3]这些由经济学家参与的研究不断深化着人们对知识产权保护经济意义的认识。

3. 研究新兴技术发展及其产业应用的挑战

知识产权制度是科技、经济和法律相结合的产物，它在实质上解决"知识"作为资源的归属问题，是一种激励和调节的利益机制。[4]反过来，当新的科技成果能够在产业上应用产生经济效益，当那些投资于新技术成果以及相关产业的群体获得足够的社

---

[1] 许春明，单晓光．中国知识产权保护强度指标构建及验证［J］．科学学研究，2008（8）；詹映．我国知识产权保护水平的实证研究：国际比较与适度性评判［J］．科学学研究，2013（9）．

[2] 毛昊．创新驱动发展中的最优专利制度研究［J］．中国软科学，2016（1）；李平，宫旭红，齐丹丹．中国最优知识产权保护区间研究：基于自主研发及国际技术引进的视角［J］．南开经济研究，2013（6）．

[3] 汪丁丁．知识表达、知识互补性、知识产权、知识产权均衡［J］．经济研究，2002（10）．

[4] 吴汉东．科技、经济、法律协调中的知识产权法［J］．法学研究，2001（6）．

会和政治影响力时，他们就会对这些技术成果的产权提出要求，通过知识产权制度的变革来对这些收益进行固定。知识产权规则的变革是为产业创新中的强者服务的，但是客观上也为这个领域的持续技术进步和产业发展提供动力。20世纪90年代以来，随着软件技术、互联网技术、电子商务以及基因技术取得重要成果，这些技术的发展及其在产业上应用相继对传统知识产权制度规则和观念产生冲击，并推动后者的变革。我国学者对这些问题也开展了大量的研究工作，为我国知识产权制度适应新技术条件下的社会现实提供了很好的学术营养。

关于计算机软件的知识产权保护问题。软件与硬件分离之后，逐渐成为一项重要产业。美国作为最重要的软件国家，首先向各国推荐了软件的著作权保护制度[1]，我国也在1991年制定了《软件著作权保护条例》，并且对软件著作权采取了不同于一般文字作品的登记制度。登记在软件著作权中具有特殊的地位，其法律效力是软件著作权制度中的一个关键问题。有学者对我国软件著作权制度的登记效力提出了批评。指出将登记作为行政处理和诉讼的前提不符合宪法和法律的规定，并提出了修改建议。[2] 更重要的是，著作权并不能给予软件产业以有效保护，因为软件的价值在于它能实现现有技术不能实现的功能，而在保留算法、结构的情况下，改变代码书写方式也能实现原软件类似的功能，这样著作权保护就很难防止其他厂商模仿开发类似的软件。[3] 于是在软件产业的推动下，美国又把软件纳入专利保护的范围。[4] 并以国内法为

---

[1] 1980年，美国修订版权法，正式把计算机软件程序列入版权法保护范围，明确了计算机软件的版权保护模式。在1984年的威兰案中，美国法院甚至超出了版权法保护“表达形式”的限制，将软件的版权保护范围扩大到了软件的“结构、顺序、组织”层面，1992年在阿尔泰案中，美国法院则对威兰案的准则进行了回调，重新确定了软件的版权保护仅及于软件的表达形式。

[2] 寿步．软件著作权登记的法律效力问题新论［J］．科技与法律，1996（3）．

[3] 田芙蓉．计算机软件的可专利性研究［D］．北京：中国社会科学院，2000．

[4] 巫玉芳．美国计算机软件专利法保护的发展趋势［J］．当代法学，2000（6）．

根据要求贸易伙伴提供类似的保护。我国学者对软件专利保护的国际发展趋势以及美日欧等发达国家的政策走向开展了细致的研究，就软件专利保护对专利制度的冲击展开了讨论[1]，提出基于我国软件产业发展水平，我国应采取与欧洲相似的软件专利保护制度。[2]

20世纪90年代中期以后，互联网技术兴起，为传媒、音乐、影视以及商务活动提供了全新的市场机会，在实物世界之外构建了一个虚拟世界“镜像”。早期互联网世界为“技术主义”所主导，冀图构建一个没有规则的自由世界。这与现实世界中广泛的规则控制形成了反差。我国的知识产权学者参与了这场由欧美学者发起的互联网知识产权治理的大讨论。我国学者区分了网络内容提供商和网络服务提供商两者不同的责任承担方式，作品享有网络传播权，内容提供商需要承担严格责任[3]，而网络服务商则承担相对责任，受到“避风港”原则的保护。[4] 在侵权判定时，则遵循“服务器”原则，即第一个将作品传输到位于网络某一节点上的服务器上的人需要承担严格责任。但是，网络技术的进步，使得内容提供商和服务提供商的边界日益模糊，聚合型服务提供商事实上已经走到前台替代内容商向用户分发内容，有研究提出侵权判定应当放弃过去严格遵守的“服务器”标准。[5] 互联网技术对

---

❶ 施泽华. 可获得专利保护的软件发明的主题［G］//国家知识产权局专利法研究所. 专利法研究1999. 北京：知识产权出版社，1999；胡梦云，冯晓青. 软件专利保护正当性之思考［J］. 电子知识产权，2006（3）.

❷ 施泽华. 可获得专利保护的软件发明的主题［G］//国家知识产权局专利法研究所. 专利法研究1999. 北京：知识产权出版社，1999.

❸ 薛虹. 实行严格责任原则：网络内容提供者的版权侵权责任原则［J］. 国际贸易，2000（1）.

❹ 胡开忠. “避风港规则”在视频分享网站版权侵权认定中的适用［J］. 法学，2009（12）.

❺ 崔国斌. 著作权法下移动网络内容聚合服务的重新定性［J］. 电子知识产权，2014（1）；李芬莲. 著作权视野下视频聚合行为法律定性的思考［J］. 法学杂志，2017（3）.

于专利制度的影响主要表现在电子商务网站销售侵权商品时，网络服务提供商应当承担怎样的责任。有学者对适用于电子商务网络服务商的专利侵权产品“通知与移除”规则提出了批评，认为这可能对合法销售专利产品的网络服务商不公平，建议改为“通知、转通知与移除”规则，或增加“反通知与恢复”规则。❶ 域名常常承担着区分商品和服务提供者身份的作用，有学者指出企业应当重新认识和界定企业的商标资源内涵和外延，加强对域名商标资源的管理。❷ 国家网络域名保护政策重点是保护驰名商标、知名商品、知名企业、著名域名的经营者在其未涉及领域的潜在商业利益。❸ 电子商务中的商标侵权问题的核心是网络服务提供商的责任认定，也就是商家涉嫌侵犯他人商标权时，为其提供网络空间的网络交易平台应当承担何种责任。有学者认为应当按照间接侵权制度或者共同侵权制度理论作出判断❹，应注意使网络交易平台提供商、产品销售商、消费者和商标权人的利益保持相对的平衡。网络服务提供者对此仅承担行为义务而非结果义务，并且不应对网络用户的权益造成不应有的损害。❺

20 世纪 90 年代，基因测序技术取得巨大进步，人们探索已久的生物工程技术在医疗、制药领域的运用打开了一道大门。在业界推动下，基因技术的专利保护问题也被提到了前台。在当代技术条件下，基因技术主要是指截取某些具有特殊遗传性状的基因序列、提纯以及将具有特定遗传性状的基因序列植入动植物体内，改变动植物的遗传性状，或者利用基因片段作为标记制作药物。

---

❶ 王迁. 论“通知与移除”规则对专利领域的适用性 [J]. 知识产权，2016 (3).

❷ 黄敏学. 试论互联网络市场域名的商标价值与商用管理 [J]. 中国软科学，1998 (12).

❸ 谢冠斌. 从域名的法律保护看知识产权制度的发展 [J]. 法学评论，2001 (3).

❹ 胡开忠. 网络服务提供商在商标侵权中的责任 [J]. 法学，2011 (2).

❺ 冯术杰. 网络服务提供者的商标侵权责任认定：兼论《侵权责任法》第 36 条及其适用 [J]. 知识产权，2015 (5).

基因技术研究成果和产品保护的第一个问题就是基因片段的专利保护问题。这对专利制度中的新颖性、创造性和实用性观念提出了全方位的挑战。[1] 我国学者认为美国将基因序列视为化合物，允许在它的全部生物学功能未知的情况下授予专利，有助于鼓励对基因序列申请专利[2]，有助于处于技术领先位置的美国企业及早获得专利保护，排除竞争者。但是基因研究有赖于生物多样性的保存，能够留下多样的遗传性状。因此，基因片段的专利保护在发达国家和发展中国家之间产生了矛盾。如果坚持专利资料的来源不影响专利有效性的传统准则，发展中国家的生物多样性资源主权将落空。[3] 我国学者提出，要立法实现专利权人和基因资源拥有者之间的惠益共享，不仅需要在《专利法》中规定披露基因资源来源制度和知情同意制度，保障基因资源拥有者的知情权，还需要在《种子法》《农业种质资源管理办法》《畜牧法》《渔业法》《野生动物保护法》《人类遗传资源管理暂行办法》等法规中统一基因资源管理基本原则。[4]

三、呼唤国家知识产权战略

2001 年底，我国加入世界贸易组织（WTO），融入世界经济，我国企业获得在全球市场上平等竞争的机会。但是我国加入 WTO 除了获得更好的机遇之外，也面临着严峻的挑战，我国企业的知识产权竞争能力不足即为这些挑战中最为严峻的一方面。加入 WTO 第二年，我国就发生了“DVD 专利收费”事件，导致整个 DVD 播放器行业陷入困境。知识产权保护对经济发展的影响以这样一种负面案例的形式被引发出来。国人开始认识到，如果再不

---

[1] 崔国斌．基因序列的专利性审查［G］//国家知识产权局专利法研究所．专利法研究 1999．北京：知识产权出版社，1999.

[2] 李伟，傅刚．基因的专利问题［J］．医学与哲学，1998（1）.

[3] 吴莲．基因专利利益冲突的平衡及法理学思考［J］．法学，2002（4）.

[4] 王震．基因专利的惠益共享［J］．北京科技大学学报（社会科学版），2007（6）.

重视知识产权问题，我国产业经济发展的安全可能会受到严峻威胁。❶ 2005年，我国决定制定和实施国家知识产权战略。这是国家政治决策，但是这项决策也跟入世前后我国知识产权学术研究的新成果有着重要的关系。在这一时期，我国学者将知识产权制度与国家关系、产业发展联系起来，一方面，广泛观察知识产权制度在美日欧等国家和地区经济社会发展中的作用；另一方面，则深入探究知识产权制度实施对于我国贸易、投资以及产业发展的影响，形成了丰富的研究成果，成为国家知识产权战略制定的重要参考依据。

1. 研究我国实施知识产权制度的国际形势

我国知识产权研究者天然地具有世界眼光。这是因为我国知识产权制度根植于我国融入世界市场的潮流之中，建立一项与世界接轨的知识产权制度本就是我国政策决策的目标之一。美国、欧洲、日本这些国家和地区的知识产权理论和实践一直是我国研究的重要内容。我国学者回顾了20世纪80年代末到90年代间中美知识产权争端发生的原因、经过以及结果，认为中美之间的知识产权争端不是一个简单的经济问题，更不只是一个法律规则问题，而是一个政治问题。❷ 我国要融入由美国所主导的世界体系，必须要建立既符合国际标准又适应我国国情的知识产权制度。进入21世纪，知识产权保护问题仍然是中美关系中的重要议题，频繁进入中美对话议程。我国学者也对这一时期中美知识产权纠纷进行了详细梳理。❸ 此外，我国学者对美国利益集团对知识产权政策的影响❹、美国知识产权战略制定与实施❺、美国巡回上诉法院

---

❶ 张志成. 知识产权制度与国家利益、国家安全的关系及对策 [J]. 知识产权，2004 (6).

❷ 杨国华. 中美知识产权谈判的影响及启示 [J]. 国际经济合作，1998 (7).

❸ 何兴强. 中国加入世贸组织以来的中美知识产权争端 [J]. 美国研究，2008 (2).

❹ 刘恩东. 利益集团与美国知识产权政策 [J]. 国际资料信息，2007 (9).

❺ 孙玉芸. 美国知识产权战略的实施及其启示 [J]. 企业经济，2011 (2)；杨起全，等. 美国知识产权战略研究及其启示 [J]. 中国科技论坛，2004 (4).

对制度实施的影响[1]等全局性问题进行了详细的研究，认识到知识产权制度在美国 20 世纪末期的经济繁荣中发挥了重要作用。同时，我国学者对美国知识产权制度中的抵押担保制度[2]、保险制度[3]，以及知识产权价值评估[4]等对知识产权促进经济增长有着重要影响的具体制度进行了研究。作为美国知识产权制度研究的集大成者，中国社会科学院知识产权中心李明德教授利用在华盛顿大学做访问学者的机会撰写完成了《美国知识产权法》一书，并于 2014 年修订完成了第二版，此著作已成为研究国外制度的著作典范。[5] 除了美国之外，欧洲、日本以及韩国的知识产权制度也受到我国学者的广泛关注。[6]

WTO 与其前身关税与贸易总协定最大的不同在于 WTO 建立了成员间争端解决机制，将知识产权保护列为世界贸易的三大支柱之一，使得贸易与知识产权保护挂钩。按照 WTO 的要求，保护知识产权成为各成员的强制性义务。WTO 在继承既有知识产权国际公约所规定的基本原则和制度的基础上，从贸易的角度重新构建了知识产权法律体系，对知识产权保护水平提出了更高的要求，

---

❶ 刘银良．从美国知识产权案件统计分析看美国巡回上诉法院的角色与功能［J］．知识产权，2014（12）．

❷ 祝宁波．美国知识产权抵押担保制度述评［J］．华东理工大学学报（社会科学版），2009（12）．

❸ 高留志．美国知识产权保险制度对我国的启示［J］．特区经济，2006（2）．

❹ 苏平．美国知识产权资产评估方法及其选择：以我国上市公司的知识产权资产评估为视角［J］．知识产权，2010（5）．

❺ 李菊丹．知识产权法制度研究的典范：评李明德著《美国知识产权法》（第二版）［J］．知识产权，2014（8）．

❻ 李东华，包海波，徐竹青．日本知识产权战略及其启示［J］．中国软科学，2003（12）；麻剑辉，柯冬英．知识经济下的日本知识产权保护及对我国的借鉴意义［J］．现代日本经济，2002（2）；包海波．韩国的知识产权战略及其启示［J］．杭州师范学院学报（自然科学版），2004（4）；姜桂兴．韩国知识产权管理与知识产权战略探析［J］．科技与经济，2005（5）；江安东，刘振英．德国的知识产权保护体系和中德之间的知识产权纠纷［J］．德国研究，2005（2）．

丰富了知识产权国际保护制度的内容。❶ 我国学者对WTO知识产权规则的关注有一个时代转换过程。早期，我国知识产权制度与WTO知识产权规则的协调为我国学者所关注。学者提出，虽然我国各项知识产权法规已实施十几年，且已经历修订，但与WTO知识产权规则仍然有较大的差距，需要WTO规则进行相应的修订。❷ 我国政府实施多边贸易协定的关键问题是修正国内立法、实行透明度制度和确保实施的统一。❸ 后期，我国学者将研究重点转向了入世之后我国知识产权制度的实施问题。学者们研究了WTO规则下的侵权责任归责问题❹、民事司法制度的完善❺、贸易伙伴的争端解决机制❻、行政法制的实施❼，以及WTO规则对我国创新政策的冲击与影响。❽ 指出中央和地方政府应尽快出台支持研究与开发机构的优惠措施，加大财政支持力度。❾

2. 入世之后知识产权制度对贸易、投资和产业发展的研究

加入WTO之后，我国企业可能遭遇怎样的竞争环境，这是我国学者重点关注的问题。有学者指出，随着全球知识产权保护不断增强，在发达国家群体中出现了利用知识产权保护设置贸易壁

---

❶ 赵生祥. WTO对知识产权国际保护制度的继承和发展［J］. 现代法学，2000（6）.

❷ 郑成思. WTO与知识产权法研究［J］. 中国法学，2000（3）.

❸ 于安. WTO协定的国内实施问题［J］. 中国法学，2000（3）.

❹ 沈木珠，孙岚. WTO知识产权协议侵权归责原则［J］. 现代法学，2001（6）.

❺ 江伟，王景琦. WTO协议与中国民事司法制度的完善［J］. 中国法学，2001（1）；曹建明. 加入WTO对中国司法工作的影响及思考［J］. 法学，2001（6）.

❻ 丁颖. 世贸组织下知识产权争端解决若干问题研究［J］. 国际贸易问题研究，2001（4）.

❼ 郑传坤. 加入WTO对中国行政法制的挑战与改革［J］. 现代法学，2001（10）.

❽ 俞文华. 加入WTO对我国若干技术创新支持政策的冲击及其政策含义［J］. 科研管理，2001（3）；蔡伟，于英川. WTO的《与贸易有关的知识产权协议》对我国科技创新的影响与对策［J］. 上海大学学报（自然科学版），2001（10）.

❾ 俞文华. 加入WTO对我国若干技术创新支持政策的冲击及其政策含义［J］. 科研管理，2001（3）.

垒的势头。[1] 这是限制发展中国家实施赶超战略的新型贸易保护主义工具。[2] 因此，像中国这样的发展中国家应深入了解研究WTO规则。[3] 在国际市场及利益分配格局发生改变的情况下，我国应充分认识知识产权保护对国际贸易的影响并制定相应的知识产权策略。[4] 一项利用引力模型和Pooled EGLS方法的计量分析表明，我国高新技术产品进口与我国市场规模和人力资本质量等的关联性大于与知识产权保护的关联性。[5] 采用2000～2006年中国24个地区的面板数据进行分析，发现知识产权保护对产品出口的总量和结构均有显著的正向作用。[6] 发展中国家企业家的模仿活动是长期经济增长的关键因素。拥有较多企业家的经济有着更高的增长率，影响企业家数量以及企业家活动范围的政策和相关的制度环境都会影响增长率。[7]

在知识产权保护与投资和知识扩散方面，我国学者通过构建动态博弈模型进行分析，研究表明东道国提供适度、有效率的知识产权保护，不仅可以增加外国直接投资（FDI）流入量，而且可以引进较为先进的技术。在有效知识产权保护下，东道国应允许跨国公司按利润最大化原则选择股权份额。当东道国政府无法提

---

❶ 郑秉秀. 国际贸易中的知识产权壁垒 [J]. 国际贸易问题，2002 (5).

❷ 温芽清，南振兴. 国际贸易中知识产权壁垒的识别 [J]. 国际经贸探索，2010 (4).

❸ 张志新，任启平. 国际知识产权保护对中国对外贸易影响及对策研究 [J]. 经济问题探索，2006 (2).

❹ 曲建忠，张红霞. 知识产权保护对国际贸易的影响及中国的对策 [J]. 国际经贸探索，2005 (6).

❺ 沈国兵，姚白羽. 知识产权保护与中国外贸发展：以高技术产品进口为例 [J]. 南开经济研究，2010 (3).

❻ 梁红英，余劲松. 知识产权保护与出口贸易：基于2000—2006分省面板数据的实证研究 [J]. 财贸研究，2010 (3).

❼ 庄子银. 南方模仿、企业家精神和长期增长 [J]. 经济研究，2003 (1).

供有效知识产权保护时，限制外商投资比例不失为一种次优选择。[1] 基于中间产品种类扩张的内生增长模型，我国学者认为知识产权保护对技术进步的影响取决于相对技术水平和模仿能力。随着我国相对技术水平不断提高，自主创新对技术进步的作用将逐渐凸显。[2] 我国学者还从经济全球化背景下开放式创新范式的基本特征出发，综合考察了开放式创新所处的环境、知识资源利用、关系情境和知识特性等问题，提出我国应探索企业知识产权管理的商业模式，开发评估知识产权价值的工具和手段，培育知识产权交易市场。[3]

上述研究表明，我国应在透彻掌握 WTO 规则的情况下，根据本国的产业、贸易发展情况制定本国知识产权战略。在加入世贸组织的当口上，我国经济社会发展也到了一个需要转型的关键时期。人口、资源、环境等约束条件迫切需要我国转换经济发展方式。在这个背景下，我国学者对知识产权制度的经济价值进行了广泛的研究。学者认为知识产权是衡量产业发展和企业核心能力的一个重要因素，知识产权战略与企业核心能力培育有着密切联系。[4] 在代表我国消费升级的关键产业——汽车产业和代表我国产业升级的关键产业——芯片产业两大产业方面，我国研究者提出了自己的观点。通过观察我国汽车产业的整体发展情况，学者指出跨国汽车公司针对我国市场制定了完善的知识产权战略，采取

---

[1] 杨全发，韩樱. 知识产权保护与跨国公司对外直接投资策略 [J]. 经济研究，2006 (4).

[2] 易先忠，张亚斌，刘智勇. 自主创新、国外模仿与后发国知识产权保护 [J]. 世界经济，2007 (3).

[3] 唐方成，全允桓. 经济全球化背景下的开放式创新与企业的知识产权保护 [J]. 中国软科学，2007 (6).

[4] 徐雨森. 基于知识产权战略的工业企业核心能力培育 [J]. 研究与发展管理，2003 (2).

积极的、切实有效的措施是我国民族汽车企业的当务之急。[1] 一方面要加大研发投入力度，提高自主创新能力；另一方面也要提高吸收和整合知识产权的能力。[2] 汽车产业具有技术密集型特征，打造自主品牌必须首先获取自主知识产权，既而通过知识产权所形成的差异化优势赢得市场，提升品牌价值。[3] 在芯片产业发展方面，我国学者从产业、细分产业和企业三个层次分析了知识产权对集成电路产业的重要性，全面回顾了世界集成电路产业知识产权保护的演变历程。提出在提升集成电路产业的核心竞争力方面，重视自主知识产权是芯片产业大国的普遍趋势。[4] 为应对转型升级的压力，自主知识产权是产业发展的核心要素。

3. 知识产权战略措施的研究

在知识经济和经济全球化的大潮中，知识产权已成为国家发展和博弈的重要手段，也是我国面临的严峻挑战之一，实施国家知识产权战略，既是应对挑战的需要，也是国家昌盛、民族复兴的基础。[5] 在战略制定中，我国应该从理论上探析知识产权制度对经济发展的机理，结合我国知识产权制度建设的实践，客观评估知识产权制度对国民经济所产生的影响，结合我国知识产权战略制定的现实背景，据此确定国家知识产权战略制定和实施的基本原则。[6]

有学者提出要建立全社会的知识产权战略体系，国家知识产

---

❶ 汪张林. 跨国汽车公司在华知识产权战略与我国汽车企业应对 [J]. 电子知识产权，2007 (3).

❷ 赵鹏飞. 我国汽车工业企业知识产权建设对策研究 [J]. 汽车科技，2006 (5).

❸ 杨莹，张莉. 汽车产业自主知识产权与自主品牌 [J]. 科学学与科学技术管理，2007 (2).

❹ 丁伟，王永文，王阳元. 中国集成电路产业知识产权战略研究 [J]. 科技进步与对策，2007 (5).

❺ 张勤. 关于国家知识产权战略的几点思考 [J]. 科技成果纵横，2005 (1).

❻ 许春明，单晓光. 知识产权制度与经济发展之关系探析 [J]. 科技进步与对策，2007 (1).

权战略以制度和政策为主，行业知识产权战略以实现行业内企业的共同利益为目标，企业知识产权战略以提高企业竞争力为目标，地区知识产权战略要以解决地区的重点问题为目标。[1] 政府在知识产权战略中的角色应该是：知识产权政策和制度的制定者、知识产权政策法规的宣传教育者、尊重和保护知识产权的示范激励者、知识产权战略的推动者、知识产权市场的监管者和执法者。[2] 行业协会可以利用其信息优势和一些特殊的方式推动知识产权成果的创造与运用。就知识产权保护而言，行业协会发挥的作用主要是行业自律、侵权预警、促进纠纷的解决和弥补法律机制的不足。[3] 企业是知识产权战略的主体，企业知识产权战略则是落实国家知识产权战略的基础和核心，是增强我国自主创新能力，建设创新型国家的迫切需要。[4] 对企业自身来说，企业知识产权战略是服务于企业整体发展战略的一个功能性子战略，与企业其他战略紧密相连，共同构筑企业战略体系。[5] 从区域创新能力和经济发展角度来说，知识产权战略的制定和实施过程无时无刻不在指引和制约着区域创新能力的发展。区域创新能力的发展水平又是制定知识产权战略的基础和条件，它决定了该区域知识产权强保护战略和弱保护战略的趋向性。重视并合理制定知识产权战略无论是对区域经济的发展还是自主创新能力的提高都有至关重要的作用。[6] 从系统上来说，国家战略、行业战略、企业战略、区域战略应当是一个整体，要做到国家的宏观战略与企业的微观战略相结合，行

---

[1] 吕薇．抓紧建立国家知识产权战略体系［J］．科技成果纵横，2005（1）．

[2] 吴国平．中国知识产权战略中的政府角色［J］．知识产权，2006（6）．

[3] 董新凯，朱婵敏．行业协会与国家知识产权战略的实施［J］．科技管理研究，2010（2）．

[4] 冯晓青．企业知识产权战略、市场竞争优势与自主创新能力培养研究［J］．中国政法大学学报，2012（4）．

[5] 吴红兵．我国企业知识产权战略研究［J］．技术与创新管理，2007（4）．

[6] 徐小钦，易长清．知识产权战略对区域创新能力的影响研究［J］．科技管理研究，2007（12）．

业间的战略与地区间的战略相协调，国家战略是制定和实施区域战略、行业战略和企业战略的指导，企业战略是落实国家战略、区域战略、行业战略的基础，而行业战略、区域战略则是国家战略和企业战略之间的桥梁和纽带。❶

四、涵养知识产权制度的中国化

法律关系只不过是现实社会关系的复刻。我国超大规模的经济体量、人口数量以及由长期历史演变形成的社会心理、文化意识、政治体制，决定了我国社会和经济关系具有高度复杂性，而且必然要呈现出与西方国家不一样的面貌。尽管我国知识产权制度是通过学习、借鉴西方国家建立起来的，但是这些制度在嵌入我国国家治理体系的过程中，不断地与我国社会现实以及相近的其他法律制度互动、适应，从而不断地演变生长出新的内容。经过 30 多年的实践之后，在国家知识产权战略的制定与实施过程中，我国政策制定者对知识产权各项规则的社会和经济影响已经有了较深的掌握，能够根据我国的现实问题，较为熟练地对各项规则进行排列组合以及按照战略需要予以改造，大大加速了我国知识产权制度的“中国化”进程。在这一过程中，我国学者立足我国国情，解答中国问题，在我国的实践中对知识产权的重大理论问题进行全面深入探索，为知识产权制度在我国社会实践中的发展作出了重要贡献。知识产权制度的“中国化”问题，集中表现为在我国的制度实践中，理解什么是知识产权制度、我们需要怎样的知识产权制度以及如何建设这样的制度的问题。❷

1. 我国实践中探索知识产权本质及作用机理

作为成文法系国家，如何定义知识产权在产权制度中的地位，

---

❶ 吴汉东. 中国知识产权的国际战略选择与国内战略安排［J］. 今日中国论坛，2006（2）. 朱雪忠. 知识产权协调保护战略［M］. 北京：水利水电出版社，2005.

❷ 吴汉东. 知识产权理论的体系化与中国化问题研究［J］. 法制与社会发展，2014（6）.

如何理解知识产权制度与民事法律制度的关系一直是困扰我国知识产权制度实践的重要理论问题。有学者提出我国民法制度应将知识产权位列财产权利之首，这是财产制度漫长历史发展的必然结果，建议我国民事立法转变财产观念，在《民法总则》中将知识产权列为首要的财产权利。❶ 专利、商标等权利由国家授予，在国家知识产权战略制定过程中，也有学者提出了知识产权的公权属性的观点，这些观点客观上造成了我们对知识产权本质属性的困扰。据此，吴汉东教授专门撰文提出私权性是知识产权的基本属性，是知识产权与所有权所具有的共同属性。在社会实践中，知识产权作为知识财产私有的权利形态，得到法律的严格保护，也受到法律的必要限制。这种情形没有也不应该改变知识产权的私权属性。❷ 基于智力成果的“物”性认知，智力成果从“质”与“构”两个维度看，具有“物”的本质；由“有体物”“无体物”“无形物”的分析看，知识产权的客体作为无体物具有特殊“物”性，根据这一特殊物性，智力成果在所有性、担保性、用益性、占有性四个方面具有“物权性”特征。❸ 这些论述是我们正确把握知识产权在现代产权制度中地位的基础。知识产权的基础在于创新，创新也是推动知识产权法律变革的主要力量。知识产权法的发展史即为科技、文化创新与法律制度创新相互作用、相互促进的历史。理想的知识产权制度应是持续激励创新的制度，也是自身不断创新的制度。国家与社会事务的管理者应具有“政治企业家”精神，应在知识产权法的主体意识层面、制度设计层面以及社会运行层面作出理性反思和积极应对。❹ 面对知识产权制度的国

---

❶ 刘春田. 知识产权作为第一财产权利是民法学上的一个发现［J］. 知识产权，2015（10）.

❷ 吴汉东. 关于知识产权私权属性的再认识：兼评“知识产权公权化”理论［J］. 社会科学，2005（10）.

❸ 何敏. 知识产权客体新论［J］. 中国法学，2014（6）.

❹ 吴汉东. 知识产权法的制度创新本质与知识创新目标［J］. 法学研究，2014（3）.

际变革与时代发展，我们应确立人本主义与和谐发展的新价值观，这是对知识产权法律精神的挖掘和升华，也是对正义、效率和创新诸传统价值的超越和发展。[1]

在知识产权制度的作用机理上，我国学者提出，知识产权法的基本功能是分配基于符号表达产生的市场利益。[2] 知识产权法可以被看成是一个利益平衡机制。通过剖析知识产权法中所涉及的各种权利配置和利益分配的制度设计，可以建构一个以利益平衡原则为基础和核心的知识产权法的理论框架和体系。[3] 为了适应新一轮科技革命的发展脚步，知识产权制度必须保持时代先进性，保障技术创新与文化创新，驱动提高国家创新实力、增强国家竞争力，即通过法律制度的现代化去推动科学技术的现代化，创新驱动发展一直并将继续引领知识产权制度的不断完善。[4] 但是从我国实践来看，我国现有的知识产权保护强度并没有达到最优值，继续加强知识产权保护对经济增长有着正向的促进作用，主要通过国际贸易和 R&D 活动两条渠道发挥作用。[5] 在各省面板数据的基础上，有一项研究详细列出了我国各省市知识产权的最优强度。[6] 在企业层面，我国当下提高知识产权保护水平可有效降低信息不对称，帮助企业吸引战略投资者，进而改善企业的资本结构，拓宽高科技企业的融资渠道，降低财务风险。[7]

---

[1] 吴汉东. 知识产权法价值的中国语境解读 [J]. 中国法学，2013 (4).

[2] 李琛. 知识产权法基本功能之重解 [J]. 知识产权，2014 (7).

[3] 冯晓青. 知识产权法的价值构造：知识产权法利益平衡机制研究 [J]. 中国法学，2007 (1).

[4] 马一德. 创新驱动发展与知识产权制度变革 [J]. 现代法学，2014 (3).

[5] 蔡虹，吴凯，蒋仁爱. 中国最优知识产权保护强度的实证研究 [J]. 科学学研究，2014 (9).

[6] 李平，宫旭红，齐丹丹. 中国最优知识产权保护区间研究：基于自主研发及技术引进视角 [J]. 南开经济研究，2013 (3).

[7] 李莉，闫斌，顾春霞. 知识产权保护、信息不对称与高科技企业资本结构 [J]. 管理世界，2014 (11).

2. 创新驱动发展战略下的我国知识产权制度建设

当前我国知识产权制度建设最重要的语境是保障创新驱动发展战略的实施。这既是我国发展的内外环境下逻辑自洽的结果，也是知识产权制度内在规律的展现。在我国这样一个长期依靠要素投入推动经济增长的国家，我国不仅需要使创新驱动本身需要的创新型知识技术、组织制度、商业模式等发挥有效作用，更需要对原有的发展方式、创新增长的理念以及相关的创新体制进行改变。这对我国来说是非常具有挑战性的。[1] 必须以此为契机，把知识产权战略向纵深推进，在发展知识产权事业方面有新的更大作为[2]，有力促进国家创新驱动发展战略实施。有学者提出，随着我国经济进入新常态，深入实施创新驱动发展战略和建设知识产权强国越发重要和紧迫，也越发需要加强知识产权对科技、创新、产业、贸易等的支撑和融合，越发需要强化政府知识产权行政管理职能，构建完善的知识产权创造、运用和保护政策体系。[3] 把我国建设成为知识产权强国。[4]

在知识产权创造方面，这些年我国创新成果大幅增长成为全球经济活动中瞩目的现象。但是一项基于中国1985年至2010年省级专利数据的研究发现，在中国专利数量激增的背后，专利的总体创新含量并未得到与之相称的提高。而不恰当的专利申请激励政策是造成这一现象的重要原因。[5] 从发明创造质量、文件撰写质量、审查质量和经济质量四个方面来衡量，我国东部地区各类专

---

[1] 李洪文. 我国创新发展面临的问题与对策研究 [J]. 科学管理研究，2013 (3).

[2] 马一德. 创新驱动发展与知识产权战略实施 [J]. 中国法学，2013 (4).

[3] 宋河发，沙开清，刘峰. 创新驱动发展与知识产权强国建设的知识产权政策体系研究 [J]. 知识产权，2016 (2).

[4] 韩秀成，李牧. 关于建设知识产权强国若干问题的思考 [J]. 管理世界，2016 (5).

[5] 龙小宁，王俊. 中国专利激增的原因及其动因研究 [J]. 世界经济，2015 (6)；刘洋，郭剑. 我国专利质量状况与影响因素调查研究 [J]. 知识产权，2012 (9)；朱雪忠. 竞争力视角下的专利质量界定 [J]. 知识产权，2009 (4).

利质量总体最好，中部次之，西部最低。在8个主要国家中，中国专利质量最低，只有专利审查质量相对较高。❶ 而较高的专利质量对于增加高科技公司的投资价值，❷ 提升国家经济的发展水平有着重要的促进作用。同时也有研究认为，由于中国专利制度的特殊性，对中国专利数量不应简单从总量上进行统计和评判，而应当根据专利类型分别进行。当前我国发明专利数量仍然不足，在关注质量的同时应当加强数量积累。❸

在知识产权转化运用方面，有学者提出，我国必须以自主创新能力建设为主线，坚持市场需求决定原则，必须加强转化运用法律和政策的顶层系统设计，支持企业真正成为科技成果创造和转化的主体，必须推进体制机制、管理方式的改革完善。❹ 从企业角度来看，学者提出企业要充分运用知识产权制度的功能和特点，不仅重视知识产权的确权和运用，而且重视企业运用知识产权带来的市场效应，重视知识产权对企业财富增长、经济效益提高的作用机制和运营模式。以制定和实施知识产权运营战略为核心，通过知识产权有效运营实现企业知识产权的增值。❺

在知识产权保护方面，我国采取的是行政与司法互相合作补充的"双轨制"执法体系。在行政执法方面，学者提出目前社会对于知识产权行政执法方面的批评和质疑主要存在于"政出多门""程序冲突"和"执法缺乏透明度"的问题上，改善知识产权行政执法，一是要在现有机构设置框架下，整合已有的知识产权执法

---

❶ 宋河发，穆荣平，陈芳，等. 基于中国发明专利数据的专利质量测度研究[J]. 科研管理，2014 (11).

❷ 李仲飞，杨亭亭. 专利质量对公司投资价值的作用及影响机制[J]. 管理学报，2015 (8).

❸ 周胜生. 论知识产权强国视角下的中国专利数量[J]. 知识产权，2014 (11).

❹ 宋河发，李振兴. 影响制约科技成果转化和知识产权运用的问题分析与对策研究[J]. 中国科学院院刊，2014 (5).

❺ 冯晓青. 我国企业知识产权运营战略及其实施研究[J]. 河北法学，2014 (10).

力量，建立高效、联动、综合的知识产权专业执法队伍；二是要充分尊重司法保护在知识产权保护中的主导地位，同时充分注意行政执法的重要作用；三是要建立知识产权行政执法的听证制度和信息公开制度。[1] 在司法保护方面，维权成本高和赔偿额低是知识产权保护不力的突出表现。学者提出司法需要结合知识产权无体性、价值弹性和侵权行为隐蔽性、举证难等特点和实际，探索损害赔偿理念、理论和方法创新，既遵守侵权责任的一般法律和原理，又体现其特殊性和符合其实际。有必要特别注意实现赔偿与市场的良性互动。这是强化市场观念的应有之义，也是解决当前保护不力问题的重要突破口。[2] 2015 年我国在北京、上海和广州三地建立知识产权法院，这被看作是我国知识产权保护的重要里程碑。三家专门法院成立之后，我国知识产权法院建设应着力于审判机构的专门化、审判人员的专职化和审判工作的专业化，这是目前北上广知识产权法院的试点经验。[3] 此后，我国在全国各地还陆续建立了 15 个知识产权法庭，这些知识产权法庭内设于当地中级人民法院，统一审理知识产权民事、刑事和行政案件。目前，我国知识产权各类型案件的统一审理无论是在理论还是在实践中都已经得到了有效解决，但是司法审判标准的一致性问题却仍然需要进一步探索答案。

3. 中国特色知识产权文化的养成

现代知识产权制度是在西方自由主义、个人主义思想涵养下发展起来的，[4] 这让现代知识产权制度天生带有强烈的自由竞争、

---

[1] 肖尤丹. 中国知识产权行政执法制度定位研究［J］. 科研管理，2012（9）.

[2] 孔祥俊. 当前我国知识产权司法保护几个问题的探讨［J］. 知识产权，2015（1）.

[3] 吴汉东. 中国知识产权法院建设：试点样本与基本走向［J］. 法律适用，2015（10）.

[4] 吴汉东. 当代中国知识产权文化的构建［J］. 华中师范大学学报（人文社会科学版），2009（2）.

权利本位的气质，需要有适合的社会环境和文化基础作为支撑才能发挥出其内在的作用。改革开放以来，我国在知识产权制度实施过程中所遭遇的一些问题，诸如社会公众知识产权意识不强、侵权行为多发等，追本溯源都与我国文化基础与现代知识产权制度的内在性格相冲突有着直接的关系。知识产权制度的建立和发展，离不开涵养和生长它的文化基础。在社会主体文化环境中培育适合知识产权制度运行所需的知识产权文化早已受到重视。世界知识产权组织在2003年底召开的计划和预算委员会第七届会议上正式提出了“知识产权促进发展与繁荣，建立知识产权文化”的提议，并将建立知识产权文化列为组织的战略目标之一。随着知识产权制度在我国经济、文化、社会发展中作用的不断增强，培育和养成知识产权文化便显得尤为重要和迫切。2008年我国发布的《国家知识产权战略纲要》中，专辟一章，将“知识产权文化建设”作为战略重点任务之一，提出“完善协调机制，制定相关政策和工作计划，推动知识产权的宣传普及和知识产权文化建设”。要“将知识产权教育纳入高校学生素质教育体系”“将知识产权内容纳入中小学教育课程体系”，使知识产权文化培育工作成为各有关部门和地方政府的重要职责。

何为知识产权文化？有研究指出，知识产权文化是人类在知识产权及相关活动中产生的、影响知识产权事务的精神现象的总和，主要是指人们关于知识产权的认知、态度、价值观和信念。[1]培育和发展知识产权文化的主要任务，就是要形成崇尚创新、尊重知识、诚信守法这种基本理念和文化氛围。[2] 文化的核心是价值观，知识产权文化的本质就是一定社会群体的知识产权价值观，知识产权文化包含三层含义。第一，知识产权文化形成于知识产

[1] 马维野. 知识产权文化建设的思考［J］. 知识产权，2005（5）.

[2] 林炳辉. 知识产权文化与国家知识产权战略［G］//林炳辉. 2007中国知识产权文化论坛论文集. 北京：知识产权出版社，2008：3.

权实践活动；第二，知识产权文化是关于知识财产权的精神现象；第三，知识产权文化是影响知识产权及知识产权事务的发生、发展的全部精神世界。[1] 在这个含义下，知识产权文化包含着十分广泛的内容，如知识产权制度、国际规则、政策体系、发展战略、价值准则、观念意识、理论体系、学术思想、外部环境等。[2] 在逻辑上，知识产权文化的内在结构分为两个层面。一是观念形态的知识产权文化，这是知识产权文化的核心层面，其基本构成为知识产权意识和观念、知识产权学术思想和行为习惯。二是制度形态的知识产权文化，它处于表层结构中，涉及知识产权法律法规、公共政策、管理制度及组织机构、设施等方面。[3]

知识产权文化具有怎样的特性？有研究指出，知识产权文化具有三种典型的特征。一是知识产权文化具有历史继承性和相对稳定性，有一个逐步发展和建立的过程。二是知识产权文化具有民族性和国际性，各国的知识产权文化并不相同。三是知识产权文化具有发展性和能动性，经济发展和技术进步带来知识产权制度的变迁，带来知识产权意识和价值观念发生相应改变，知识产权文化的改变反过来又进一步推动知识产权制度的继续发展。[4] 知识产权文化具有怎样的价值和功能？从社会生活层面考察，知识产权文化的价值是多维立体的，对知识产权文化的价值体认取决于人们的认识视角。[5] 在企业管理层面，从席卷全球的“公司治理”浪潮来看，随着现代公司产权关系的一系列变革，加强知识产权文化建设，是形成科学的公司治理结构的一个重要创新。[6]

---

[1][2] 马维野．论文化和知识产权文化［G］//林炳辉．2007中国知识产权文化论坛论文集．北京：知识产权出版社，2008：20．

[3] 刘华．文化决定性力量：知识产权文化探析［J］．中国发明与专利，2007（4）．

[4] 工珍愚，单晓光．试析中国政府在培育知识产权文化中的作用［J］．科学管理研究，2009（2）．

[5] 舒媛，申来津．知识产权文化：本体、属性与价值［J］．学术交流，2017（2）．

[6] 莫守忠．公司治理视域下加强知识产权文化建设的重要性与路径选择［G］//鲍红．知识产权文化建设与发展论坛论文集．北京：知识产权出版社，2013：51．

怎样建设知识产权文化？文化一词的本义与国家民族的历史传承密切相关，生长其中的知识产权文化必然受到一国文化传统的制约。❶ 建设知识产权文化，就必须继承和弘扬中华几千年来形成的优秀传统文化精华，汲取并融合世界现代文明的成果。❷ 在我国传统和现代制度文化背景下建设知识产权文化，要在政府、社会与市场之间形成合力。一是政府要推动，通过政治权威和政策力量营造崇尚创新、尊重知识产权的文化环境。二是要加强文化宣传教育引导。建立知识产权宣传普及、教育培训、学术研究和国际文化交流的文化工作体制，努力营造一个理解和尊重知识产权文化的社会环境。三是知识经济的市场驱动，知识产权文化养成依赖于知识经济发展的内在力量，现代化发展的内生动力，形塑了现代知识产权法治的文化环境。❸

五、知识产权研究的未来展望

我国知识产权研究在与西方法学思潮的交流和碰撞中，已经从单纯的借鉴和移植走向自立和创新，初步形成具有中国特色的知识产权学说思想，为知识产权的制度建构、政策运行、战略实施提供了重要的思想基础。❹ 在我国当下的内外部环境下，知识产权研究需要承担起更加重要的历史使命。这是由我们这一代人所承担的责任所决定的，我们这一代人将见证我们国家从国际科技、文化的跟随者转身成为世界科技、文化发展的引领者。这一进程无法逆转，但也不是一帆风顺，需要面临许多挑战，解决许多难题。回顾过往 40 年，未来我国知识产权研究的内容将不断深化，研究方法将不断创新。

---

❶❷ 韩秀成. 知识产权文化与文化软实力 [J]. 中国发明与专利，2008 (12).

❸ 吴汉东. 中国知识产权制度发展：法律、政策和文化 [J]. 中国专利与发明，2018 (8).

❹ 吴汉东. 知识产权理论的体系化与中国化问题研究 [J]. 法制与社会发展，2014 (6).

自2018年3月起，中美之间的贸易摩擦逐渐升温，引起全球关注。尽管今天我们还很难预测这一事件的未来走向，但中美之间爆发贸易摩擦这件事情本身就提供了足够多的信息。我们至少可以从我国经济社会发展自身存在的问题、中美在经济和科技上的合作与竞争关系以及世界体系变迁的三个维度对中美贸易摩擦进行解读。而不管从哪一个角度进行理解，我们都能得出我国经济社会发展的外在环境已经发生了变化的结论。如果我们承认这一结论，那么我们应当怎样应对美国提出要求我国加强知识产权保护的要求？在新的背景下，强化知识产权保护还是不是我国的内生需求？在外在环境发生变化的情况下我国应怎样强化知识产权保护？在更宏观的层面，我们应当怎样重新理解中国与世界的关系？如果WTO体系以及其中的知识产权规则需要重大修改，我国应当提出什么样的方案？我国的建议怎样才能获得其他国家的响应和支持？从国内来说，许多我们以前忽略的或者认为不是问题的问题是否应重新审视？比如我们应当怎样重新认识自主创新和自主知识产权问题？怎样安排关键和基础性技术的研发投入？而在解决此类问题上，我们应当如何利用好政府与市场的合作关系？怎样发挥知识产权制度的作用？从国家发展的角度来看，我国知识产权战略实施已经10年，而战略10年之后应怎样看待知识产权事业发展在我国发展整体战略中的地位？世界正处于一个经济、科技以及地缘政治的大变革时代，我们期望知识产权研究工作能够对大变革的时代的知识产权变革提供坚实的智力支撑。

过去40年，知识产权研究在我国超越了法学框架，得到越来越多学科领域学者的关注，这一趋势未来也必将持续。未来实证和计量研究方法在知识产权研究中将得到进一步强化。我们期望未来学者能够通过设计模型，合理使用各类指标，以计量为基础，揭示知识产权保护或者其他有关规则的经济、社会和政治意义。随着司法案例的不断丰富，我们也期望在知识产权领域能够出现更多的判例研究，用经典的法学方法发展知识产权领域的判例学说。在过去的几十年，我们观察到世界各国的创新精英正在越来越多地依靠知识产权获得社会和政治影响力，我们也期望学者更多地用经典的社会学和政治学视角来观察知识产权领域的实践，为知识产权制度规则演变提供更为丰富和坚实的理论基础。在一个创新无处不在、深刻影响社会和经济活动各个角落的时代，知识产权对人类生活的影响也是全方位的，也只有经过各个维度、多学科的观察和思考，知识产权制度的演进和发展变化才能够更契合时代发展变化的需求。我们期望未来的知识产权研究能够呈现出更加丰富多彩的面貌。

中国改革开放40年技术转让法律制度的演进及其未来进路

马忠法　彭亚媛　谢迪扬*

摘　要：中兴通讯案及美国、欧盟诉中国技术转移相关措施案促使我们反思改革开放40年来形成的技术转让法律制度的成就与不足。其主要不足有：在立法上无统一协调的技术转移法律体系；在内容上对私人部门的作用和利益缺乏必要的关注；在实施层面缺乏对私人部门技术转移的持续监管和评估；在实效上有些规定形存实亡。导致不足的主要原因有："以市场换技术"战略未能有效实施，我国技术能力建设基础弱，对技术转移促进创新认识不足及制度设计上的急功近利。完善中国技术转让法律制度的进路是：统一协调各法规间内在关系；建立有利于注重技术流转的创新型企业的法律制度；完善国内科研管理体制；建立培育科学正确创新意识的机制。

* 作者简介：马忠法，法学博士，复旦大学法学院教授。彭亚媛，复旦大学法学院国际法学博士研究生。谢迪扬，复旦大学法学院硕士研究生。本文受国家社会科学基金重大项目（18ZDA153）"'构建人类命运共同体'国际法治创新研究"资助，在此致谢。

一、引言

中兴通讯受到美国制裁并接受了一个极不公平的协议[1]、美国2018年3月26日和欧盟2018年6月1日分别向世界贸易组织(WTO)争端解决机构就中国的技术转让法律规定等与WTO规则不符提出与中国磋商的请求[2]等热点议题已经引起人们的高度关注。这些现象的背后，有些问题应该促使我们去进一步地研究和挖掘：中兴通讯为何接受美国的制裁及其提出的十分严苛的和解协议？美国、欧盟为何在这个节骨眼上对中国的技术转让法律制度提出质疑？二者之间是否有一定的关联？

为此，我们先来看第一个问题。中兴通讯为何接受制裁和那份过于苛刻的协议？❶ 其答案就是因为它生产产品的核心元器件主要依赖美国的高通、英特尔公司等供应，美国政府一旦禁止这些公司向其提供这些材料，则中兴通讯的生产会立刻难以维系。这一制裁，将使中兴通讯在创新方面的能力被立即打回原形：在关键技术领域，中兴通讯依然没有核心技术，仍旧要依赖国外。如果我们再将眼光延伸到汽车制造、化工、药品等中国众多的民用工业领域，可以说，我们在这些方面的核心技术依然依赖于外方，我们的创新能力同样不强。这些说明，我们与美国在创新能力方面仍有巨大差距；我们虽然是世界上第二大经济体，但那只是数量上接近于美国，在质量方面我们仍然远远落后于美国，在高端制造业领域的创新能力方面，我们依旧没有资格与美国竞争。实际上，40年来，我们付

---

❶ 中兴通讯在原先罚款的基础上再增加10亿美元，更换公司的董事会等高级管理团队，且新的团队要满足美国产业和安全局（BIS）的要求，自费（该监督人员的工资等费用由中兴通讯支付）接受美国BIS指定的“自己的合规人员”来监督中兴，且现场检查不受任何限制。See Secretary Ross Announces ＄1.4 Billion ZTE Settlement; ZTE Board, Management Changes and Strictest BIS Compliance Requirements Ever, at https://www.commerce.gov/news/press-releases/2018/06/secretary-ross-announces-14-billion-zte-settlement-zte-board-management.

出了环境和资源的代价，经济发展只是在“量”上取得了一定的成就，在“质”上，问题依然严重。这种模式缺乏可持续性，没有核心技术、没有创新能力，永远都是被动的，会被别人随时掐脖子，置我们于不利地位，甚至于死地。简单地说，中兴通讯案给出了真谛，那就是无论如何要提升我们的创新能力，获得核心技术。

而这跟第二个问题，即我国的技术转让法律规范有联系吗？当然有。一方面，美国利用中兴通讯案向我们发难，掐我们企业的脖子；另一方面，又指责我国的相关法律规范违背 WTO 规则，因为它们强迫美国等公司在中国进行技术转让，抢夺它们的技术。这似乎又形成了一个悖论：按照美国的说法，我们应该通过强制手段获得了很多新技术，我们不应该再依赖外国，但为何一制裁中兴通讯，它立刻就停产了？实际上因为它在关键领域依然没有核心技术。当然，撇开这一点，它说明，技术转让与创新能力的提升是有着必然的联系。而世界经济发展史恰恰表明，作为一个技术后进国发展本国经济，一切从原创开始既不可能也无必要；其最为有效、科学的路径就是走引进消化吸收再创新之路，而这其中技术转让将起到关键作用。我们可以看看历史上曾经落后的资本主义国家美国、德国和日本，它们的快速发展和崛起均是在 19 世纪中后期的自由资本主义时期，当时国际范围内的知识产权保护很弱，它们通过与老牌资本主义国家（当时主要是英国和法国等）的贸易，利用在较低成本甚至是无偿获得技术的基础上，进行消化吸收再创新，均用不到 30 年的时间，[1] 使各自的技术创

[1] 美国从 1865 年南北战争结束以后，在全国范围内推行资本主义制度，到 1891 年超过了英国，成为世界上经济总量最大的国家，前后用时约 26 年。德国在 1871 年统一之后，走上现代化道路，到 1900 年超越了英国，成为欧洲的第一号强国，前后用时约 29 年。日本从 1868 年明治维新开始走现代化路径，到 1895 年打败清朝政府，证明其转型的成功，前后用时约 27 年。参见：马忠法. 从自由资本主义时期国际技术转让的特点反思现行国际技术转让法律制度［G］//李明德. 知识产权文丛：第 14 卷. 北京：知识产权出版社，2008.

新能力获得了突飞猛进的发展，成为现代化国家。而20世纪五六十年代，发展迅速的“亚洲四小龙”（韩国、新加坡、中国台湾、中国香港）及“亚洲四小虎”（泰国、马来西亚、印度尼西亚和菲律宾），在知识产权保护不力的情况下，也用了30年左右的时间，在创新能力方面获得巨大的飞跃，特别是韩国（它“二战”后历经朝鲜战争、李承晚王朝及军人政治等）20世纪60年代开始的“汉江奇迹”，也是用了20年左右的时间完成。

上述事例带给我们的思考是：姑且不论1978年中期前计划经济的中国发展（实际上那段时间的经济发展为我们的现代化建设积累了一定的基础），单从1978年末中国实行改革开放以来，近40年已经过去了，我们为何还是一个发展中国家？我们在技术能力和创新方面为何还没有实现脱胎换骨的变化？这些问题带来的进一步思考是：①我们没有成功走上技术后进国曾经走过的成功之路即模仿创新。②原因是中国没有科学合理的技术转让法律制度？还是其他？因为技术转让是技术引进最常见的路径。③事实上我们有相关的法律规定，而假定美国、欧盟指控中国的观点是正确的，即我们的技术转让法律规定有利于国内的企业获得技术能力；而结果没有，则是否说明我们的企业在消化吸收再创新方面，存在严重问题？这些都是很值得我们深思的。本文正是基于这一点，在经济全球化时代，以前述中兴通讯案和美国、欧盟诉中国为切入点，试图对我国改革开放40年来的技术转让法律制度进行梳理，以从中发现其演进规律，找出我们的不足，为未来的进路提供参考，以在尽量短的时间里实现中国技术创新能力的腾飞。

二、中国改革开放40年技术转让法律制度的演进

中国的技术转让法律规范，以《宪法》《民法总则》等的规定为指导，以《合同法》的基本规定为核心和基础，以知识产权的相关法律规定为前提，以《对外贸易法》《环境保护法》《中外合

资合作企业法》的相关规范为具体体现，以《反垄断法》和《反不正当竞争法》等的规范为限制，以《企业所得税法》《环境保护税法》《促进科技成果转化法》的相关规定等为激励，构成了一个涉及诸多法律规范、相互交叉与补充的相对独立的体系。但其内容庞杂、相互协调以发挥合力之作用有待加强。

（一）中国技术转让法律制度的基本框架和演进路径

中国改革开放 40 年来，可以说我们是在逐渐构建我们的技术转让法律制度。根据规范技术转让的内容，可以将其分为：①基础性法律规范，主要含宪法性规定及《民法通则》《民法总则》等的相关规定；②技术转让前提条件方面的规定，主要为知识产权方面的法律规范，如《专利法》《版权法》《商标法》及它们的实施条例或细则与《计算机软件保护条例》《植物新品种保护条例》《集成电路布图设计保护条例》等；③《合同法》；④对外贸易方面的法律规范，主要有《对外贸易法》及其下的《技术进出口管理条例》等；⑤外商投资方面的法律规范，主要含 1979 年《中外合资经营企业法》及其实施条例，《中外合作经营企业法》、《外商投资法》及它们的实施条例等；⑥环境保护法及应对气候变化方面的法律法规，如《环境保护法》及应对气候变化方面的法律法规；⑦其他方面的法律规范，如竞争方面的法律规范，以及税法、《促进科技成果转化法》等。

如果按照中国技术转让法律制度日渐形成的时间来看，其演进的路径大体如下：①出于开放和引进外国资本与先进技术的需要，最早由《中外合资经营企业法》（1979 年）进行直接规定。②接下来是 1981 年 12 月 13 日第五届全国人民代表大会第四次会议通过的《经济合同法》（1993 年修订）。③《商标法》（1982 年）及其实施条例等。④为确保外商的知识产权在中国不受侵害并鼓励它们转让技术，经过 6 年多的反复，于 1984 年通过的《专利法》。⑤《涉外经济合同法》（1985 年）。⑥《民法通则》（1986 年）及最高人民法院的相关司法解释（1988 年）。⑦《技术合同法》(1987 年)。⑧《环境保护法》(1989 年)。⑨《著作权法》(1990 年)及其实施条例。⑩《反不正当竞争法》(1993 年通过,2017 年修订)。⑪对外贸易法(1994)及其相关条例。⑫《促进科技成果转化法》(1996 年)。⑬合同法(1999 年)。⑭《计算机软件保护条例》(2001 年通过,2013 年修订)。⑮《企业所得税法》《反垄断法》(2007 年)。⑯《侵权责任法》(2009 年)等。⑰2010 年以后的法律,如《环境保护税法》(2016 年)。

(二)中国技术转让法律制度的基本内容

下文将根据内容就中国技术转让法律制度进行梳理。

1. 基础性法律规范

(1)宪法的基础性规定

我国宪法虽然没有直接规定技术转移的相关条款,但是它规定了政府和公民之间的关系,在实施技术转移中需要保护公民的权利和义务。《宪法》(2018 年修正)第 5 条规定:"中华人民共和国实行依法治国,建设社会主义法治国家。"执法必严,违法必究。在《宪法》第 51～53 条,明确规定了公民的权利和义务。

(2)《民法通则》及《民法总则》的规定

《民法通则》规定依法取得的专利权受法律保护。《民法通则》(1987 年实施)第 94～97 条规定:公民、法人享有著作权(版权),依法有署名、发表、出版、获得报酬等权利。公民、法人依法取得的专利权受法律保护。法人、个体工商户、个人合伙依法取得的商标专用权受法律保护。公民对自己的发现享有发现权。发现人有权申请领取发现证书、奖金或者其他奖励。公民对自己的发明或者其他科技成果,有权申请领取荣誉证书、奖金或者其他奖励。《民法总则》规定民事主体依法享有知识产权。《民法总则》(2017 年制定)第 123 条规定:民事主体依法享有知识产权。知识产权是权利人依法就下列客体享有的专有的权利:作品;发明、实用新型、外观设计;商标;地理标志;商业秘密;集成电路布图设计;植物新品种;法律规定的其他客体。

2. 知识产权方面的法律规范

知识产权法律的核心是确认特定的知识是一种财产，所有人对其拥有相应的权利，通常情况下在转移时应给予相应的对价。中国知识产权制度的建立始于1978年改革开放之后，1949年以后，中国立法机关通过的第一部知识产权法是1982年的《商标法》；此后，《专利法》《著作权法》《反不正当竞争法》《反垄断法》等陆续颁布，并在2000年前对《商标法》《专利法》进行了修正。除了前述法律之外，我们还通过了效力等级较高的《计算机软件保护条例》《植物新品种保护条例》等行政法规。进入21世纪，随着技术的发展及中国加入WTO等，我们对《商标法》《专利法》《著作权法》等进行了（再次）修改，并于2007年颁布《反垄断法》，同时也颁布了《集成电路布图设计权保护条例》（2001年）、《信息网络传播权保护条例》（2006年）等行政法规。通过这一系列的立法和修法活动，中国已经基本构建了自己较为完善的知识产权法律体系。

（1）专利法

技术转移无疑首先涉及的是专利技术的转移。现行《专利法》（2008年修正）第10条明确规定："专利申请权和专利权可以转让。"在《专利法实施细则》（2010年修正）中，进一步明确了专利权人与他人订立专利实施许可合同的要件和细则。2018年6月15日发布的《国务院关于积极有效利用外资推动经济高质量发展若干措施的通知》，称要推进《专利法》等相关法律法规修订工作，大幅度提高知识产权侵权法定赔偿上限，以客观上为专利转让创造积极条件。

（2）专有技术

专有技术是一种无形的知识财产，其实际转让的数量远多于专利技术转让（实务中绝大多数的技术转让是专利技术与专有技术结合起来转让）。但专有技术与专利技术又是有区别的，表现在以下五个方面：一是保密性不同。专有技术是保密的技术；专利技术是公开的技术。二是时效性不同。专有技术在保密状态下可以没有期限但专利技术有法定期限。三是地域性不同。专有技术没有地域限制；专利技术在批准授权的地域内受保护。四是权利取得方式不同。专有技术是事实上的占有；专利技术需要通过法律途径获得。五是法律保护不同。专有技术受相关法律的保护；专利技术受《专利法》的保护。

专有技术除需用保密手段得到保护以外，也需要法律的保护。在实际中，专有技术经常援引《民法》《合同法》《知识产权保护法》《反不正当竞争法》和《刑法》。但专有技术受法律保护的力度远比专利技术受到法律保护的力度小。

（3）著作权法

《著作权法》是为保护文学、艺术和科学作品作者的著作权，以及与著作权有关的权益。所以在发生技术转移的时候，需要保护转移双方的权利和义务。《著作权法》（2010年修正），在第10条规定：著作权包括发表权、署名权、修改权、保护作品完整权、复制权、发行权、出租权、展览权、表演权、放映权、广播权、信息网络传播权、摄制权、改编权、翻译权、汇编权、应当由著作权人享有的其他权利共17项权利。在第三章详细规定了著作权许可使用和转让合同。该法还明确了合同内容和违约责任。

（4）商标法

《商标法》是确认商标专用权，规定商标注册、使用、转让、保护和管理的法律规范的总称。它的作用主要是加强商标管理，保护商标专用权，促进商品的生产者和经营者保证商品和服务的质量，维护商标的信誉，以保证消费者的利益，促进社会主义市场经济的发展。《商标法》（2013年修正），在第四章第39～43条明确规定了注册商标的续展、变更、转让和使用许可。《商标法实施条例》（2014年）第17条规定："申请人变更其名义、地址、代理人、文件接收人或者删减指定的商品的，应当向商标局办理变更手续。申请人转让其商标注册申请的，应当向商标局办理转

让手续。”在其第四章“注册商标的变更、转让、续展”中详述了具体规定。

（5）集成电路布图设计及植物新品种等

集成电路布图设计权是一项独立的知识产权，是权利持有人对其布图设计进行复制和商业利用的专有权利。集成电路布图设计专有权受法律保护，其保护方式是采取：①版权法保护；②专利法保护。并对专有权内容、期限、登记有明确规定，侵权的法律责任是立即停止侵权行为并承担赔偿责任。《集成电路布图设计保护条例》第22条规定：“布图设计权利人可以将其专有权转让或者许可他人使用其布图设计。转让布图设计专有权的，当事人应当订立书面合同，并向国务院知识产权行政部门登记，由国务院知识产权行政部门予以公告。布图设计专有权的转让自登记之日起生效。许可他人使用其布图设计的，当事人应当订立书面合同。”[1] 同时，它还规定了集成电路布图设计合理使用的情形[2]及特定情形下的非自愿许可等[3]内容。

植物新品种权，是工业产权的一种类型，是指完成育种的单位或个人对其授权的品种依法享有的排他使用权。植物新品种权受法律保护，其保护方式是采取专利法保护加专项立法保护，并对植物新品种权的内容、期限作出明确规定，侵权的法律责任无论是否有商业目的，只要侵犯品种权的，都应承担停止侵害、赔偿损失等民事责任。《植物新品种保护条例》第9条规定：“植物新品种的申请权和品种权可以依法转让。中国的单位或者个人就其在国内培育的植物新品种向外国人转让申请权或者品种权的，应当经审批机关批准。国有单位在国内转让申请权或者品种权的，应当按照国家有关规定报经有关行政主管部门批准。转让申请权

[1] 《集成电路布图设计保护条例》（2001年）第22条。

[2] 《集成电路布图设计保护条例》（2001年）第23条。

[3] 《集成电路布图设计保护条例》（2001年）第25～29条。

或者品种权的，当事人应当订立书面合同，并向审批机关登记，由审批机关予以公告。”❶ 同时，它对强制许可等情形也作出了规定。❷

3. 合同方面的法律规范

《合同法》第十八章专设“技术合同”共43条对技术开发合同、技术转让合同、技术咨询合同和技术服务合同进行了详细的规定。其中重点规定了技术开发和技术转让合同。在技术转让合同规定方面，规定了技术合同支付方式，以及限制性技术转让条款等。我国对技术价格及其支付方式的法律规定主要体现在《合同法》及相关的司法解释中，但《合同法》对价格确定的具体方法未作单独的强行规定，只是将其与支付方式结合在一起进行规定，在《合同法》（1999年）第325条，是这样叙述的：“技术合同价款、报酬或者使用费的支付方式由当事人约定，可以采取一次总算、一次总付或者一次总算、分期支付，也可以采取提成支付或者提成支付附加预付入门费的方式。约定提成支付的，可以按照产品价格、实施专利和使用技术秘密后新增的产值、利润或者产品销售额的一定比例提成，也可以按照约定的其他方式计算。提成支付的比例可以采取固定比例、逐年递增比例或者逐年递减比例。约定提成支付的，当事人应当在合同中约定查阅有关会计账目的办法。”而涉及限制性条款的具体内容有：专利实施许可合同只在该专利权的存续期间内有效。专利权有效期限届满或者专利权被宣布无效的，专利权人不得就该专利与他人订立专利实施许可合同；非法垄断技术、妨碍技术进步或者侵害他人技术成果的技术合同无效。这一条虽然没有直接出现限制性惯例的字眼，但其本质内容却反映了含有限制性惯例的合同所可能面临的命运，因此我们可以将其看作我国法律关于该方面的原则性或概括性的规定。

另外《最高人民法院关于审理技术合同纠纷案件适用法律若

❶ 《植物新品种保护条例》（2013年修正）第9条。

❷ 《植物新品种保护条例》（2013年修正）第10条、第11条。

干问题的解释》（2004 年）对《合同法》中规定内涵进一步作了解释。主要解释三方面：一是当事人以技术入股方式订立联营合同，但技术入股人不参与联营体的经营管理，并且以保底条款形式约定联营体或者联营对方支付其技术价款或者使用费的，视为技术转让合同。二是继续使用技术秘密但又拒不支付使用费的，人民法院可以根据权利人的请求判令使用人停止使用。三是对《合同法》所称的“非法垄断技术、妨碍技术进步”进行进一步解释，列出 6 种行为属于非法垄断技术，妨碍技术进步。

《反不正当竞争法》与技术转让之间是有关联的，其法条也是适用的。虽然《反不正当竞争法》全文没有提及技术转让，但其第 6 条、第 11 条、第 12 条、第 15 条规定了不正当竞争行为的几种表现形式。如规定经营者销售商品，不得违背购买方的意愿搭售商品或者附加其他不合理的条件；投标者不得串通报标，抬高标价或者压低标价，投标者与招标者不得相互勾结，以排挤竞争对手的公平竞争，也可适用于技术转让。

4. 对外贸易法及其下的技术进出口管理条例（等）

《对外贸易法》对技术转让提出了一些限制性条款。我国《对外贸易法》（2016 年修订）第 30 条规定：“知识产权权利人有阻止被许可人对许可合同中的知识产权的有效性提出质疑、进行强制性一揽子许可、在许可合同中规定排他性返授条件等行为之一，并危害对外贸易公平竞争秩序的，国务院对外贸易部门可以采取必要的措施消除危害。”

《技术进出口管理条例》和技术转移在进口或出口环节有明确规定。我国《技术进出口管理条例》（2001 年）列举出许多具体的类型，第 29 条规定：技术进口合同中，不得含有下列限制性条款：一是要求受让人接受并非技术进口必不可少的附带条件，包括购买非必需的技术、原材料、产品、设备或者服务；二是要求受让人为专利权有效期限届满或者专利权被宣布无效的技术支付使用费或者承担相关义务；三是限制受让人改进让与人提供的技术或者限制受让人使用所改进的技术；四是限制受让人从其他来源获得与让与人提供的技术类似的技术或者与其竞争的技术；五是不合理地限制受让人购买原材料、零部件、产品或者设备的渠道或者来源；六是不合理地限制受让人产品的生产数量、品种或者销售价格；七是不合理地限制受让人利用进口的技术生产产品的出口渠道。同时，在《技术进出口管理条例》第三章“技术出口管理”中第30～45条，作出详细的限制性规定。

2018年3月国务院颁布的《知识产权对外转让有关工作办法(试行)》，规定了加强对涉及国家安全的知识产权对外转让行为的严格管理，并严格审查范围、审查内容、审查机制，以维护国家安全和重大公共利益。审查包括跨境并购交易中的技术对外转让。审查机关也由原来的商务部会同科技部分管，现在根据不同义务，审查权放到各个对口部门。

5. 外商投资方面的法律规范

我国对外商投资出台的系列法规中对技术转移也有明确规定。我国早在1979年就出台了《中外合资经营企业法》及其实施条例、中外合作经营企业法及外商投资法等。到2016年9月3日，全国人大常委会作出了修改《外资企业法》等四部法律的决定，对《外资企业法》《中外合资经营企业法》《中外合作经营企业法》和《台湾同胞投资保护法》进行了文字不多但却意义重大的修改，相关修改在2016年10月1日起生效。

《中外合资经营企业法》(2016年修正）在第5条规定：“合营企业各方可以现金、实物、工业产权等进行投资。外国合营者作为投资的技术和设备，必须确实是适合我国需要的先进技术和设备。如果有意以落后的技术和设备进行欺骗，造成损失的，应赔偿损失。中国合营者的投资可包括为合营企业经营期间提供的场地使用权。如果场地使用权未作为中国合营者投资的一部分，合营企业应向中国政府缴纳使用费。上述各项投资应在合营企业的合同和章程中加以规定，其价格（场地除外）由合营各方评议商

定。”《中外合作经营企业法》（2017年修正）第10条规定：“中外合作者的一方转让其在合作企业合同中的全部或者部分权利、义务的，必须经他方同意，并报审查批准机关批准。”《中外合资经营企业法实施条例》（2014年修订）第43条规定合营企业订立的技术转让协议，应当报审批机构批准。技术转让协议必须符合下列规定：一是技术使用费应当公平合理；二是除双方另有协议外，技术输出方不得限制技术输入方出口其产品的地区、数量和价格；三是技术转让协议的期限一般不超过10年；四是技术转让协议期满后，技术输入方有权继续使用该项技术；五是订立技术转让协议双方，相互交换改进技术的条件应当对等；六是技术输入方有权按自己认为合适的来源购买需要的机器设备、零部件和原材料；七是不得含有为中国的法律、法规所禁止的不合理的限制性条款。

2019年3月15日通过的《外商投资法》涉及技术转让的规定为：国家鼓励在外商投资过程中基于自愿原则和商业规则开展技术合作。技术合作的条件由投资各方遵循公平原则平等协商确定。行政机关及其工作人员不得利用行政手段强制转让技术。[1] 该条鼓励自愿平等的技术合作和技术转让，禁止任何行政手段下的技术转让。该法将于2020年1月1日生效，自生效之日起，现有的中外合资、中外合作及外资企业法等同时废止；[2] 这就意味着《中外合资经营企业法》《中外合作经营企业法》及《外资企业法》等有关技术转让的规定也自动失效。

6. 环境保护法及应对气候变化方面的法律法规

《环境保护法》（2014年修订）没有直接规定“技术转让”的条款，但在“总则”等中有相关规定。如第4条第2款规定：“国家采取有利于节约和循环利用资源、保护和改善环境、促进人与自然和谐的经济、技术政策和措施，使经济社会发展与环境保护

---

[1] 《外商投资法》（2019年）第22条第2款。

[2] 《外商投资法》（2019年）第42条。

相协调。”第7条规定：“国家支持环境保护科学技术研究、开发和应用，鼓励环境保护产业发展，促进环境保护信息化建设，提高环境保护科学技术水平。”在第六章“法律责任”中，对各种违法的处罚进行明确规定，但没有涉及技术转让条款。《环境保护税法实施条例》(2018年) 也无技术转让条款，但规定技术转让过程及运行都应遵循《环境保护法》，达到可持续发展要求。

《国家应对气候变化规划（2014—2020年）》（以下简称《规划》）提出了2020年的目标，但实际上主要是重复了2009年中国政府对国际社会的承诺。即在2009年的APEC会议上，中国政府向国际社会承诺，在2020年时森林覆盖率要达到23%；延缓二氧化碳的排放，即到2020年中国单位国内生产总值（GDP）二氧化碳排放比2005年下降40%～45%。

碳市场和技术转让也是息息相关的。必须倡导绿色技术转移。碳市场是《规划》的另一重点内容。《规划》明确提出，要借鉴国际碳排放交易市场建设经验，结合中国国情，逐步建立我国碳排放交易市场。具体而言，国家提出要在总结温室气体自愿减排交易和碳排放交易试点的经验基础上，研究全国碳排放总量控制目标的地区分解落实机制，制订碳排放交易总体方案，明确全国碳排放交易市场建设的战略目标、工作思路、实施步骤和配套措施。

《规划》提出，要做好碳排放权分配、核算核证、交易规则、奖惩机制、监管体系等方面制度设计，制定全国碳排放交易管理办法，并培育和规范交易平台，在重点发展好碳交易现货市场的基础上，研究有序开展碳金融产品创新。

7. 其他方面的法律规范

(1) 税法。一个国家的税法一般包括税法通则、各税税法（条例）、实施细则、具体规定四个层次。目前，世界上只有少数国家单独设立税法通则，大多数国家都把税法通则的有关内容包含在各税税法（条例）之中，我国的税法就属于这种情况。我国税制就其实体法而言，大致分六类18个税种（2018年新增环境

保护税)：一是流转税类，包括增值税、消费税等；二是资源税类，包括资源税、城镇土地使用税等；三是所得税类，包括企业所得税、个人所得税等；四是特定目的税类，包括固定资产投资方向调节税（暂缓征收)、城市维护建设税、土地增值税、车辆购置税、耕地占用税、烟叶税等；五是财产和行为税类，包括房产税、车船税、印花税、契税；六是关税类，包括关税等。

上述税制中涉及技术转让的法律首先是《企业所得税法》(2018 年修正)，它规定符合条件的技术转让所得，可以免征、减征企业所得税。[1] 该规定中的“符合条件”是一个重要的限定，怎样才算“符合条件”是一个弹性很大的修饰语，如何操作是一个难题，后文会作简要分析。其次便是《个人所得税法》(2018 年修正）所规定的应纳税所得额的计算，即“非居民个人……劳务报酬所得、稿酬所得、特许权使用费所得，以每次收入额为应纳税所得额”；[2]“劳务报酬所得、稿酬所得、特许权使用费所得以收入减除百分之二十的费用后的余额为收入额。稿酬所得的收入额减按百分之七十计算。”[3]“财产转让所得，以转让财产的收入额减除财产原值和合理费用后的余额，为应纳税所得额。”[4] 上述规定都没有直接使用“技术转让所得”一词，但根据其使用词语含义，应该包含作为一种财产的技术在转让后的所得。

(2)《促进科技成果转化法》(2015 年修正)。该法专门规定了科技成果转化方面的问题，界定了科技成果转化的定义，明确组织实施、保障措施、技术受益和法律责任等内容。它特别对转化方式进行了列举，明确科技成果持有者可以采用下列方式进行科技成果转化：①自行投资实施转化；②向他人转让该科技成果；③许可他人使用该科技成果；④以该科技成果作为合作条件，与

---

[1] 《企业所得税法》(2017 年修正）第 27 条第（四）项。
[2] 《个人所得税法》(2018 年修正）第 6 条第 1 款第（二）项。
[3] 《个人所得税法》(2018 年修正）第 6 款第 2 款。
[4] 《个人所得税法》(2018 年修正）第 6 条第 1 款第（五）项。

他人共同实施转化；⑤以该科技成果作价投资，折算股份或者出资比例；⑥其他协商确定的方式。[❶] 在高校、科研机构的转让方式和议价方法等也作了规定：国家设立的研究开发机构、高等院校对其持有的科技成果，可以自主决定转让、许可或者作价投资，但应当通过协议定价、在技术交易市场挂牌交易、拍卖等方式确定价格。通过协议定价的，应当在本单位公示科技成果名称和拟交易价格。[❷]

(3)《反垄断法》。《反垄断法》是对知识产权进行保护，可以鼓励人们进行技术创新，从而促进市场公平竞争。《反垄断法》(2008年) 在第七章"法律责任"中第46～54条对具体违法情况作出处罚规定。具体涉及的条款是第55条，即"经营者依照有关知识产权的法律、行政法规规定行使知识产权的行为，不适用本法；但是，经营者滥用知识产权，排除、限制竞争的行为，适用本法"。"滥用知识产权"主要的表现之一就是在转让或许可中，利用自己的优势地位，置相对人于不利地位，或厚此薄彼，让不同竞争者之间形成不平等的竞争条件等。如美国高通公司在相关标准必要专利许可过程中，利用自己的优势地位，征收华为的许可费用远高于美国的苹果及韩国的三星等公司就是例子。

三、中国技术转让法律制度的特点、不足及其原因

(一) 中国技术转让法律制度的特点

1. 内容较为全面但分散在各相关法律之中

中国的技术转让法律制度方面，在《宪法》、知识产权法[❸]、《合同法》、《竞争法》(《反不正当竞争法》及《反垄断法》等)、

---

❶ 《促进科技成果转化法》(2015年修正) 第16条。

❷ 《促进科技成果转化法》(2015年修正) 第18条。

❸ 这里的知识产权法包括：《专利法》《促进科技成果转化法》《科学技术普及法》《中小企业促进法》《科学技术进步法》《技术进出口管理条例》。

《对外贸易法》、《环境保护法》、《自然资源法》、能源方面的法律及税法各个部门的法律都强调了技术转让的重要性。从体系的层次上说，有一般法律也有行政法规，但多比较分散，而且有些法规间还有冲突。

但技术转移的法律规定分散于各相关法律法规中，它们之间有着一定的逻辑关系，但这是否可以看成构建了基本法律体系，是值得思考的问题。实际上，平心而论，我国技术转让的立法体系还远远达不到完善的地步。纵观我国现有技术转让的规定，原则、宣誓、口号的内容较多尚无具体的实施条例或细则，政策成分过多。

2. 以私法规定的为主，适当的行政干预为辅

技术转移，国际上公认这是技术转让各方之间的安排，包括各种形式知识产权的转让、出售、授予许可、提供技术诀窍和相关的商业秘密等。在中国的法律体系中，更多的是以两个平等民事主体签订的技术合同的形式出现。《合同法》对技术合同、技术开发合同、技术转让合同、技术咨询合同和技术服务合同进行了详细的规定。《专利法》《商标法》《著作权法》《科技成果转化法》等都强调了私人主体在技术转移方面的自由和主体作用。

在效果上，技术转移对一个国家的创新能力和技术发展道路会产生深刻影响，需要政府对技术转移进行适当的行政干预。中国对技术转移的法律干预主要体现在以下几方面。

(1) 技术对外转让和引进技术的审查。早在 2001 年颁布的《技术进出口管理条例》中，就明确规定了对技术出口的管理。但是，当时主要是出于管理的考虑，即“规范技术进出口管理，维护技术进出口秩序”。后来，在 2009 年颁布的《禁止出口限制出口技术管理办法》虽然提到了对于限制出口技术的技术审查应包括对国家安全的审查，但只强调了“规范我国技术出口的管理”。2018 年《知识产权对外转让有关工作办法（实行）》着重强调了“贯彻落实总体国家安全观，完善国家安全制度体系，维护国家安

全和重大公共利益，规范知识产权对外转让秩序”。

(2) 技术市场的规范性措施。为配合《合同法》的实施，国家科技主管部门陆续制定并发布实施了技术合同认定登记、技术市场统计、技术交易和管理、技术合同仲裁等行政规章。[1] 前者对技术流转合同登记进行了详细规定，而后者着重对四类合同的认定给予了详细规定。它们对指导技术转让曾经发挥了积极作用。

(3) 技术转移的激励和规范措施。为了防止技术供给方滥用自己的优势地位，损害市场竞争，《反垄断法》和《反不正当竞争法》都对知识产权滥用的行为进行了规制。同时，为了促进技术转移，税法对符合条件的企业实行税收优惠。

需要明确的是，技术供需方的意思自治在技术转移制度中是居于首要位置的，虽然中国政府出台了诸多行政法规来规范技术转移，但是对技术转移真正的干预仅限于技术进出口的审查，出于国家安全以及产业战略的需要，可能影响到技术合同的效力。其余法律法规的主要目的是创建公平合理的技术转移环境，规范技术转移市场，更多的是起到安全网的作用。

（二）中国技术转让法律制度的不足

1. 在立法体系上，缺乏统一有机的技术转移法律体系

技术引进一般需要经历从技术引进战略选择到技术引进行为社会化，进而实现技术自立的过程，需要通过一系列制度安排来保障，这方面制度比较分散，缺乏系统性。从法律体系内在的有机统一要求来看，各个部门法中规定技术转让或推广的内容有一定的重复。

首先，各个部门法中对“技术转移”大量的重复，关键的概念没有清晰明确的定义。国家立法层面规定的最明显的不足是对

---

[1] 目前涉及技术流转合同的主要规章有2000年2月16日发布的《技术合同认定登记管理办法》(国科发政字〔2000〕063号文)、2001年7月18日发布的《技术合同认定规则》(国科发政字〔2001〕253号文)。

技术转让的含义没有作出统一明确的界定，如前面多数法律中运用最多的词是技术“推广”，但各部法律对其又无明确的定义。在实务中，这个“推广”实质上涵盖了技术许可、转让等内容。但“推广”本身很难说是一个“法律”用语，它更多的是一个政策用语，而在各个法律中频繁出现，不能不说是一个较为严重的问题。其涉及的相关当事人的权利义务难以界定，似乎政府在该活动中应起到积极作用，而有关私人权利主体的作用可能被忽视。在技术被视为私人财产的情况下，使用“推广”一词容易带来混乱。即使对那些是由公共财政支持的共性技术或应当为公众分享的技术，也容易带来问题。

其次，缺乏有机的技术转移法律体系带来的明显的后果就是各个部门法之间的连接不畅。举一个例子，由于对“技术转让”界定不明晰，带来的直接后果是对《企业所得税法》等中的税收优惠规定的适用造成影响，我国现有的税收、补贴、优先发展安排等措施，不利于引进技术目标的实现。《合同法》规定了四类合同的内容，技术转让合同是其中之一，但它只对技术转让合同进行了分类，对技术转让并没有给出定义；如果根据《合同法》的合同分类来界定“技术转让”，则该定义过于狭隘，其他三类合同无法享受技术转让方面的税收优惠待遇（由于税法对技术开发合同另有税收优惠规定，实务中开发合同因其他原因也可享受优惠）。实际上，国际社会通常理解的技术转让应当包括技术咨询、技术服务、技术开发等。正是由于这一点，全国很多地方在制定有关技术转移优惠政策时，没有明确地将咨询和服务类合同纳入优惠的范围内，导致这类合同在所有技术合同中一直呈低迷状态。还有，税法明确将独资企业、合伙企业排除在外，也是不利于这类企业技术转让享受优惠待遇的。独资企业、合伙企业是按个人所得税法来缴税的，而个人所得税法对个人享受的技术转让税收优惠根本没有规定。实际业务中，咨询和服务多是以独资或合伙方式进行的。而且，税法规定的“技术转让优惠”在有关规章中，仍然缺乏可操作性，如《财政部　国家税务总局关于居民企业技术转让有关企业所得税政策问题的通知》规定其所称的“技术转让是指居民企业转让其拥有符合通知第一条规定的技术所有权或5年以上（含5年）全球独占许可使用权的行为”之规定中，“全球独占许可使用”一词首先是难以界定，其次是即便明了，要求也过于苛刻，最终可能让相关方根本享受不到这样的待遇。再如该通知规定“居民企业从直接或间接持有股权之和达到100％的关联方取得的技术转让所得，不享受技术转让减免企业所得税优惠政策”中的“直接或间接持有股权”如何界定？这种规定在实际中难以操作；当然，其后的“100％”倒有可能给实务部门让相关方享受到优惠待遇提供较大的灵活操作的空间。其实，作出这样的规定让人感觉随意性太大，没有太多的实际意义。还有，“境内的技术转让须经省级以上（含省级）科技部门认定登记，跨境的技术转让须经省级以上（含省级）商务部门认定登记，涉及财政经费支持产生技术的转让，需省级以上（含省级）科技部门审批”之规定，增加了有关当事人享受优惠的成本及有关部门的负担，特别是技术转让所得很少时，是否一定要省级以上科技部门认定登记？对于财政经费支持产生技术的转让，如果不涉及国家或公共利益，不涉及国家机密或安全等，是否一定要经过省级以上科技部门的审批？这种规定，似乎倒退到计划经济时代。类似于上述规定的法律文件并不少见，它们最终会影响税法等立法本意，最终可能并不能够带来促进技术转让的效果。尽管在2017年2月24日第十二届全国人民代表大会常务委员会第二十六次会议通过了《企业所得税法》的决定，但是此次修改只是涉及“公益性捐赠支出”可以抵扣，[1]既没有解答对“技术转让”清晰界定的问

[1] 《中华人民共和国企业所得税法》第9条：“企业发生的公益性捐赠支出，在年度利润总额12％以内的部分，准予在计算应纳税所得额时扣除；超过年度利润总额12％的部分，准予结转以后三年内在计算应纳税所得额时扣除。”

题，又没有加大对创新型清洁能源企业以及接受清洁技术转让的企业的扶持力度，对私人部门的促进与激励作用明显缺失。

在实务调研中，有关具体的管理部门就曾经在不同场合多次指出，现有相关技术转让税收优惠的不足及缺乏可操作性给管理部门、企业等带来困惑。此外，各部门和各地区基于有关法规原则性过强的特点，制定了实施不一的规章或地方性法规，因与税收立法授权的规则相冲突，往往得不到税务机关的支持和认可。这样也给有关税收法律法规的实施带来很多问题。

理论上，如果有一部统一规定技术转让的法律，这样就不需要在各单行法中重复规定，既可精简有关法律法规的内容，又容易抓住问题的要害。到目前为止，我国技术转让法律制度还未成为一个独立的体系。

2. 在法律规范方面，对私人部门的作用和利益缺乏必要的关注

在众多部法律所构建的法律关系网络中，各级政府等公法机关对技术转移并没有深刻的认识，导致忽视私人部门的作用和利益。各个政府部门被要求积极能动地解决环境污染、气候变化、技术落后等直观和表面的问题，但是对更深层次的技术转移却没有深刻的认识。在此背景下，私人部门屈居客体，属于从属地位，其积极性、自主性、能动性难以发挥。

举例来说，就 2015 年 1 月 1 日起施行的《环境保护法》而言，第二章通篇所言全是各级人民政府对环境保护负有的监督管理的义务，其他章节的条文亦是与各级人民政府的信息公开、处罚污染环境的个人、企业的职责相关。虽然这部法律也有不少篇幅提及公民、企业等私人部门，但是在相关语境下，公民、企业等私人部门皆是被置于环境保护法律关系的客体之内，而非主体。《环境保护法》的第五章有一些条文涉及公众参与，但是也只限于公民、法人、其他组织等主体发现任何单位和个人有污染环境和破坏生态行为时享有向环境保护主管部门或者其他负有环境保护监

督管理职责的部门举报的权利。如此规定，于公众参与而论，未免太过单薄。不仅如此，对私人部门与环境保护技术转让的规定也是无处可寻。

就2002年6月29日全国人大常委会通过、2012年修正的《清洁生产促进法》举例而言，尽管全法由5章40条（除去附则）组成，但大多数条款都是倡导建议性的，而且规定得又过于宽泛，难以发挥实际的功效。如该法规定的“新建、改建和扩建项目应当进行环境影响评价，对原料使用、资源消耗、资源综合利用以及污染物产生与处置等进行分析论证，优先采用资源利用率高以及污染物产生量少的清洁生产技术、工艺和设备”❶，及“餐饮、娱乐、宾馆等服务性企业，应当采用节能、节水和其他有利于环境保护的技术和设备，减少使用或者不使用浪费资源、污染环境的消费品”❷ 等，皆是该法效力软弱，倡议效力重于规范效力的最好例证。该法的第四章为“鼓励措施”，旨在促进社会的清洁生产。但是该章虽有5个条文，但皆是简单规定实施清洁生产的企业可以获取国家的财政和资金支持，并未详细设计出切实可行的制度，而且也只字未言对于私人部门间转让清洁生产技术的鼓励与扶持。实现清洁生产，减少污染的关键在于技术，这本是无言自明之理。只有清洁技术广泛传播、并得到大规模的运用，清洁生产的目标才有可能完成，可是这部意在促进清洁生产，提高资源利用效率，减少和避免污染物的产生，保护和改善环境，保障人体健康，促进经济与社会可持续发展（该法的第1条）的法律恰恰忽略了问题的根本与关键。

3. 在法律实施层面，缺乏对私人部门技术转移的持续监管和评估

法律的生命在于实施。再完美的法律条文如果无法适用实施，

❶ 《清洁生产促进法》（2012修正）第18条。

❷ 《清洁生产促进法》（2012修正）第23条。

也只不过是一纸空文。然而在应对气候变化相关规范的实施层面，执法的力度和严格程度都显然不足。有法不依、执法不严、违法不究的现象在我国应对气候变化保护环境领域表现得分外突出和明显。

就拿清洁发展机制（CDM）而言，该机制主要是《京都议定书》项下针对促进清洁技术转让的措施。在CDM被提出伊始，曾被寄予厚望。我国也制定了配套的规范《清洁发展机制项目运行管理办法》（以下简称《CDM管理办法》），并于2011年修订过一次。《CDM管理办法》规定，CDM项目合作应能促进环境友好技术转让，开展的重点领域应为节约能源和提高能源效率、开发利用新能源和可再生能源、回收利用甲烷；项目审核理事会审核的重要内容之一是“技术转让情况”。截至2017年8月31日，已获得CERs签发的中国CDM项目有1557个之多。但有关国内研究表明，在中国的CDM项目中，目前虽然约有40%的项目涉及技术转让，但实际案例和实地调查表明，这些项目中的2/3只是设备输入，而且设备购买也是基于一般商业价格，并无优惠；另外的1/3，只是简单的设备运行和维护培训知识，没有核心的设备制造技术和维护技能的输入，这些根本算不上真正意义上的技术转让。

技术转让获取的应该是核心技术方案，或者至少是有助于技术能力形成的关键知识。但一份来自环保部环境与经济政策研究中心的调查研究报告显示，在中国，CDM项目对促进可持续对促进可持续发展发挥了良好的作用，但距《京都议定书》所规定的帮助发展中国家实现可持续发展目标还有一定距离，特别是核心技术的转让，没有真正实现过。在实务中，湖南CDM中心律师刘钢所熟悉的“技术转让”通常是这样的模式：“在CDM项目中，一般的项目设计文件里都会提到：国外买家来开发CDM项目时，会派该国专家、顾问来进行简单的指导。签署项目设计文件（PDD）时，他们把这种做法写进去，就算是体现了技术转移的精神了。”这种形式主义的做法在本质上使外国公司在其不付出核心技术的情况下，通过设备买卖，在获取商业利益的同时，赚取到所谓的核证减排量（CER），以最小的成本实现自己的多重目的。这种做法，比外商直接投资给予的帮助还要小，因为它连资金都不需付出；反过来是你用现金购买它的设备，还赋予它“支持、合作”的美名。

为了有效处理和解决这些突出的问题，症结在于促使私人部门严格遵照CDM管理办法和CDM制度设置的初衷，填补让这些私人部门可以“钻空子”的漏洞，针对私人部门在技术转移领域加强法律的监管与效果评估，否则可能会事与愿违。

以上现象说明，再好的制度或机制，如果在实施、执行中有人刻意利用其弹性规定，追求形式主义以获取短期效益，其最终的实施效果都会大打折扣，甚至与设立机制的目的背道而驰。

4. 在法律实效上，有些规定形存而实亡，且给他人留下不符合WTO规则的把柄

2018年美国和欧盟指控中国的有关技术转让规定，与WTO框架下《与贸易有关的知识产权协议》（TRIPS）规定的国民待遇原则相违背就是例子。美国和欧盟都指责中国以下的法律规范与WTO规则不符：

①《技术进出口管理条例》（2011年修订）规定的“进口技术合同的让与人对按合同约定该转让技术的使用导致的侵权负所有责任”“在技术进口合同有效期内，改进技术的成果属于改进方”及“技术进口合同中，不得含有下列限制性条款：……（三）限制受让人改进让与人提供的技术或者限制受让人使用所改进的技术”。②《中外合资经营企业法实施条例》（2014年修订）规定的“技术转让协议的期限一般不超过10年”及“合资企业的中方在合同期满后有权继续使用技术转让合同下转让的技术”等。[1]

实际上，我们在调查企业的技术转让实务中，真正按照上述

---

[1] 这一规定在2020年1月1日起《外国投资法》实施后失效。

条款来做的，几乎没有。而它们规定的内容又确实在文字和内涵上容易引起歧义，有违反 TRIPS 协议的国民待遇之嫌。这样的条款还不如将其删除或进行修改。

总结而言，现有规定构成了一个基本框架，但没有形成有机体系，内容可能存在相互冲突，缺乏可操作性。如果包含在法律规范部分中的内容仍停留在纸面之上，并不对私人部门的行为产生影响。可见这些规范对私人部门的意义极为有限，大多只是宣言性规定。如果包含在法律规范部分中的应然内容仍停留在纸上，并不对人的行为产生影响，那么法律只是一种神话，而非现实。

（三）原因分析

1. “以市场换技术”战略带来的现实

“以市场换技术”是我们改革开放后作出的一个重要的战略选择。然而，经过 40 多年的努力，尽管我们在很多方面取得了一定的进步，如信息产业、汽车制造等的发展给国民生活带来了巨大的便利，但我们“以市场换技术”的目标并没有实现：市场丢了，核心技术并没有得到；长期以来国内诸多企业一直是加工厂或初步原材料的提供商；企业没有自己的核心技术和知名品牌，关键技术仍在西方国家的跨国公司的掌控之中；对外开放变成了“对外依赖”。

出现这种结果的主要原因在于：长期用“以市场换技术”作为引进技术的策略，使企业对技术引进定位不高，缺乏雄才大略和长远规划，多停留在以进口替代为目标——多限于占领国内市场，满足国内需求的水平上，对产品质量要求不高，故而根本就没有将引进技术进行研发创新、升级换代并将相关产品推出国门的意识，既缺乏技术创新的紧迫感，又在参与国际高科技领域竞争方面动力不足，因此无法形成以技术为基础的核心竞争力的。结果是注重短期效益，技术未换到，市场倒丢了。再反观跨国公司在我国设置的分支机构或子公司，它们将产品带到中国并获得了大量的市场，用其抽水机似的机制抽取用我们的资源如劳动力、原材料、生产场地、能源和环境等创造的财富，转移至国外。汽车产业的中外合资企业的状况最能说明问题。[1]

用我们廉价的劳动力、土地、厂房和其他资源，污染了我们的空气和水，却让国外的企业家占领中国市场，赚取了高额利润，而我们从中却未能获得核心技术。2018年7月中旬，工业和信息化部副部长、国家制造强国建设领导小组办公室主任辛国斌指出，工信部对全国30多家大型企业130多种关键基础材料调研结果显示，32%的关键材料在中国仍为空白，52%依赖进口，绝大多数计算机和服务器通用处理器95%的高端专用芯片，70%以上智能终端处理器以及绝大多数存储芯片依赖进口。在装备制造领域，高档数控机床、高档装备仪器、运载火箭、大飞机、航空发动机、汽车等关键件精加工生产线上逾95%制造及检测设备依赖进口。[2]这种现象反映出一个令人深思的问题。

2. 引进技术重量轻质，且盲目、重复，国产化、本地化进程缓慢

改革之初，我们因缺乏长远的发展规划和合理的产业政策，条块分割、各自为政的管理体制，以及片面追求短期利益的心态，加上信息不灵，全国缺乏统一的信息管理网络，也不对市场需求进行调查，出现了大量的盲目、重复引进的项目；[3] 而且引进后，企业不思如何消化、吸收、创新，只顾短期利益，彼此恶性竞争，肥了外方，损了自己、国家和消费者；最终未能在技术上有质的

---

[1] 该方面的详细分析，可以参见：马忠法．初探技术流转法律制度与建设创新型国家战略之关系（上）[J]．科技与法律，2007（2）．

[2] 参见：认清差距！工信部副部长坦承：130多种关键材料32%在中国为空白[EB/OL]．http：//history.sohu.com/a/241654419_115376．

[3] 如彩电、冰箱生产线的引进，在1988年前后，全国共引进114条彩电装配线，生产能力达1500万台，但实际需求连一半都不到，如1987年只生产670万台；而且关键部件如显像管还不能国产化，需要进口，根本实现不了预期的目的，徒然造成巨大浪费。冰箱在1984～1988年，引进40多条生产线，年生产能力达1350万台，而1987年实际生产量仅为400万台，浪费900万台的引进费用，同样对关键零件仍需进口，损失惨重。参见：李林焕．国际技术转让与引进[M]．北京：职工教育出版社，1989：24-25．

突破。而日本当初对引进技术、设备由大藏省实行严格统一管理，绝对避免重复引进现象。设备引进后由多家公司或科研机构进行反向研究，革新技术，再在国内普遍推广转让给同类企业，既不侵权，又实现了目的，与改革开放之初我国因某些引进方对技术不加改进即让其他厂家使用而被技术供方指控为“一家引进，百家使用”违反契约形成鲜明对比。

再有由于地方保护主义、虚假引资政绩等种种原因，我国不少企业在引进技术方面重量轻质的现象较为严重，在所谓高新技术领域里引进的技术并未产生预期的效果，使该领域的产业仍多停留在原有的低技术含量、劳动密集产品阶段。虽然国家法律规定要引进先进技术，但由于对什么是先进技术把握不准，加上各地为了制造引资繁盛的假象，不惜降低门槛，对技术质量控制不严，将他人处于衰退期的技术，甚至是引进落后技术，并在此基础上试图研发新产品，以致误入歧途。还以汽车行业为例，我国的汽车制造业的技术最初多是将发达国家进入衰退期的技术引进过来，然后生产，再在此基础上开发新产品；可想而知，这么做是步步落后，导致浪费和环境污染，小汽车频频升级但无核心技术就是例子。即使引进到先进技术，由于管理体制、观念意识等方面的因素又导致技术消化、吸收和创新不能顺利进行，引进时是新技术，迟迟开发不出，结果是国外的新技术又出现了，原来先进技术又要遭淘汰，只好再花重金引进先进技术。如此使引进技术与产品买卖没区别，根本达不到引进新技术的目的：引进、消化、吸收和创新，更未发挥技术所特有的使用价值之功能。

此外，我国多数引进技术的产品及其零部件的国产化率较低，本土化过程漫长，难以形成规模经济，更难以形成自己的知识产权。而像在国产化、知识产权和市场方面，经营较为成功的中外合资企业，多又为外方所控股收购，将获取稍微较高的利润又转化为外方的资源，同时原先创造的品牌也被改造为外方所用。这些现象对我国核心技术的形成和创新能力的提高都带来了一些消极影响。

3. 将技术贸易视同货物贸易，我国多数企业陷入了“引进—落后—再引进—再落后”的泥潭

我国企业在技术转让或合资过程中，对知识产权和技术贸易缺乏深刻、正确的认识，不能把握技术贸易的本质，往往任由他人摆布。在与技术转让有关的贸易中的表现之一就是只注重设备等硬件，忽略技术等软件的引进与要价，结果花重金引进的设备，不会使用，是一堆“废铁”，仍需卖方的帮助，受制于人，且花费十分昂贵，浪费外汇不说，根本达不到引进技术、提高技术的目的。如我国在化工、冶金和煤炭等领域进口的设备由于忽略了软件部分（只占技术引进费的5%），使我国目前这些领域的自制能力仍停留在较低的水平，能源浪费、环境污染由此也最严重。

笔者有段时间曾在为一中外合资企业提供法律服务时发现，该企业不少员工对进口设备的硬件部分非常在意，是锱铢必较，但对技术服务、售后支持、软件程序等科技含量较高又难于把握的软件部分不太重视，结果在贸易中，不仅处处受制于人，花费高额成本，而且在研发方面很难实现突破，技术上仍然依赖于外国企业，路越走越窄，最后被迫因技术原因与外国公司合并；与当初订立合营合同的目标——引进技术，消化吸收，开发自己的产品，成为中方控股的国内该行业的领头羊，最终走向世界——相去甚远。

由于知识产权能够给权利方带来高额利润，故在合资企业中，外方对知识产权给予高度关注，通常将所谓的合资厂变成加工厂，让合资厂都没有开发、设计权，或者即使有，也都是核心产品外围的创新含量不高的配套技术，或者给予一定的重要技术的研发权，但研发的步骤、内容及最终技术权利的归属等均由外方来决定。现实中，有些合资企业“改一个螺丝钉都必须得到外方母公司的批准”或“连一个零部件都无法改造”，如此就将中国的合资

企业变成了跨国公司的手和脚，没有或掌握不了知识产权的中方很像“丫鬟管钥匙，当家不作主”，进而使“中国本土企业的技术创新活动普遍受到控制和打压”。

约40年来，我国引进外资预设的经济发展模式实行“三段式”，即引进外方技术—消化吸收—改进、自主研发、再创新；但我们的多数企业总停留在第一阶段，一次又一次引进；第二阶段没能迈进，而第三段更是遥不可及。难以否认，中国对外开放以来，并没有在创新这个核心问题上取得人们预期的效果。这种现象背后的原因是：多数企业将技术贸易混同于货物贸易，老技术不行了再买新技术；对技术贸易与货物贸易之间的本质区别未能加以关注，即技术贸易的目的在于获取技术能力而非获取消耗性产品；企业应当在使用引进技术的过程中研发出新的技术，创造新的价值。发达国家就某项技术引进后，不会在同类技术不同发展阶段再次引进，而我国却屡屡发生，这说明我国企业将技术看作了一般的有形商品，而没有将其看作在使用中可增加价值、能带来创造性成果的点“金”之术。曾经成功的“上海贝尔电话设备制造有限公司”（以下简称“上海贝尔”）的消失就是一个典型的例子。曾经作为标志性的、成功的中国首批中外合资企业，一家在20世纪90年代中国通信行业作出无可替代、巨大贡献的企业，黯然神伤，2017年6月，被迫换下自己的标志，成为诺基亚旗下的一个子公司，更换了旗帜，更换了自己的主业，现在完全变成了一个不同于过去的公司，更名为“上海诺基亚贝尔股份有限公司”。[1] 其衰落的一个重要原因是在合资过程中，特别是2000年以后，没有创新出足以让其在市场立足的技术和产品；而其曾经的对手华为却在2000年以后，通过创新，走出了一条成功的华为之路。这现象背后的决定性因素就是“创新能力的提升”：中外合资经营企业没有做到，但100%的中国本土的私

[1] 金朝力. 33年上海贝尔退出历史舞台［N］. 北京商报，2017-06-23.

营企业华为做到了。这难道还不足以引起我们深思吗？

大量事实表明，我国很多企业由于追求短期效益（短平快），不注重长远发展和远期规划，投入少，如企业投入消化、吸收、改进和再创新的费用平均不到引进项目费用的7%，只知道机械模仿，由此导致再创新能力弱。韩国、日本等国在引进技术上的花费比引进项目费用多3～10倍的钱来消化吸收，它们形成了“引进—消化、吸收—试制—自主创新”的良性循环。国内外已有的先例证明，想通过合资或转让的方法拿到核心技术，不现实，往往没学到技术，反而把品牌和市场贴了进去。我国发明专利授权中3/4为外国人所拥有；申请专利数量最多的10家电子信息企业，5年申请之和仅相当于美国IBM公司1年申请的专利数量。

用钱去买技术、单纯依赖引进，还会导致国内技术人才惊人地流失。21世纪前10年，清华大学培养了大量芯片专业的研究生，多数当时到国外去了。于是就有一个这样的逻辑：中国花高代价培养的人才流失到国外，给外国企业搞科技创新，然后这些跨国公司再来到中国，利用其创造的知识产权大发其财。我们从芯片生产可见端倪。20世纪50年代中国自行研制出第一台大型电子计算机时，比美国只差十几年。但改革开放后，国内不重视芯片的自主开发，而是不断买进生产线，这条落后了，又买新的，接着落后。尽管先后引进了3英寸、6英寸、8英寸、12英寸的硅单晶生产线，但在研发和生产的若干关键环节却出现了短期内无法弥补的空缺。如今，我国在计算技术方面同国际先进水平相比，差距比50多年前还要大，而且这种差距还在继续增大。

4. 由于制度性因素，企业多不重视自主研发，科技成果转化率较低

我国某些制度设计上的“短视”和“急功近利”对企业的自主研发也带来了一些消极影响。如国有企业领导人的任命制度，就潜在地对企业研发造成严重障碍。我国许多企业（尤其是国有企业或国有控股企业）的高层管理来自于政府官员，而这些官员

代表国家在企业任职一般不会太长，企业的经验是其升迁的一个步骤。如此他们不会在任期内对企业作出长远的发展战略，追求的是短期效益和业绩，为升迁寻求和积累资本。这样作为企业长远发展的根基——研发投入和规划，就易被短期市场行为所取代，而在追求短期市场效益（销售额）目标基础上形成的产品，其生命力不会强大，三五年便淘汰过时，因为有长期效益、能提升企业核心竞争力的技术要花较大的代价、等待较长时间才可能有结果，而这是追求个人职位升迁的临时企业负责人所不愿做的事情。所以，造成的现状是我们的企业要么全靠引进他人的技术，要么就是持有低端的无强大生命力的、技术附加值不高的技术，难怪我们的企业国际竞争力不强。

我们没有处理好引进、消化、吸收和创新的关系，根本原因在于我们缺乏与企业同生死共命运的企业家，[1] 他们在引进与消化吸收再创新投入间关系本末倒置，不重视消化创新，使许多行业一直在“引进、落后、再引进、再落后”的泥潭中挣扎，将技术引进等同于货物买卖，没有收到技术引进的效果。这是严重的制度性缺陷所致。

我国由于统一协调、监督机制的缺失导致的重复引进，除了造成外汇损失外，也对企业的研发造成极大的消极影响：反正可以多家引进，而且见效快，能不开发就不开发，如此制度性的问题导致企业不会“放长线钓大鱼”。日本在技术发展时期，一家引进，然后多家在引进技术的基础上进行改进，再将改进后的技术在行业里推行，既节省了外汇，避免了被人指控为“一家引进，百家使用”的尴尬，又实现了技术能力的提升，同时带动了整个行业的发展。

---

[1] 熊彼特认为，创新是指“企业家对生产要素的新组合”（参见：熊彼特的创新理论［EB/OL］. http://forum.stock.sina.com.cn/cgi-bin/view.cgi?gid=6&fid=1453&thread=7527&date=20050127）。企业家是创新的主体，一旦这个主体不以创新为使命，则企业的命运可想而知。

科研人员转化意识淡漠是我国技术创新和流转中另一重大问题。不论是接近科技成果转化环节的科研人员（从事设计、技术推广和科学普及工作），还是离科技成果的转化环节较远的科研人员（从事基础研究和教学），对科技成果的转化评价都不高。在现有科技成果转化过程中，存在的问题也很明显。科技部火炬中心主任梁桂批评国内的科研—应用转化过程说，很多企业甚至院校，都把产学研一条链从头做到尾，这种“小而全”的模式分散了社会资源，难以产生重大突破和规模效应。

5. 崇尚科学技术、创新的文化氛围缺失

中国近代史的传统上，创新文化较为缺乏；现实中，不少合资企业的研发员工只知道执行别人的东西，较少想到改进、革新、创新。这与长期以来儒家思想占主导地位的中国文化传统有关。1949年前的中国历史上，技术多是发明人根据自己的兴趣艰难完成的，多被主流文化认为是“不务正业”，政府支持的不多。[1] 隋唐以后的科举制度把社会才智引向以儒家思想为核心的社会科学上，它强调“修身齐家治国平天下”；通过科举制度选拔出的官员构成的政府在实践中采取“重农抑商”政策，而多将自然科学视为旁门左道。特别是在明清以后，当西方人在研究星辰、球体、杠杆、斜面和化学物质时，受传统思想控制的中国人却在研究书本、文字和文献考证；中国人文科学创造的只是更多的书本知识，而西方的自然科学却在创造一个新世界。难怪在明清以后，我们无引以为豪的技术。这种几百年来形成的惯性今天依然在发挥作用，使我们对创新价值的认识依然不足，也使创新文化缺少一些本土气息。

在缺少创新文化的背景下，在我国经济和社会转型时期，尽

---

[1] 历朝政府主要在农业技术、灌溉技术（以水利工程为中心）和运输技术等方面给予重视和支持，对于其他的自然科学及与这些自然科学相关的技术给予的支持较少见于官方文字。参见：李约瑟．中国科学技术史：第一卷第一分册［M］．北京：科技出版社，1975.

管人们的很多观念已在转型，如市场经济财富的拥有、经济条件优越（如金钱、别墅）等成为衡量成功的重要标志，人们的价值观发生了很大变化，使得社会整体的态势显得很有活力，很多领域带有浓重商业化色彩，人们更关注效率；但人们对科技价值的偏见和创新的认同却无明显改变，人们的浮躁心理、物欲抬头等使远离财富、短期难以见效的科学、技术研究仍处于不利的地位，从事科研的市场价值及其在社会中的竞争力往往被低估。如诸多对社会作出巨大贡献的科学家、学界泰斗在公众中默默无闻，其知名度和影响力还比不上一个三流的歌星或通过造星运动造出的“超女”。有关社会评价、评估体系，对科学技术研发和创新不能形成正向的激励、引导作用；有些科研人员，为了早些见成效或获取一定的社会效应，不惜采取拔苗助长甚或弄虚作假的手段，把实验室阶段、未经试验未达产业化水平的成果转让于他人，其结果是反而对创新带来更大的消极影响。

2007 年前后，甘肃一位年近七旬的教师因为自己的女儿迷恋刘德华（13 年）不惜举家借债并在香港跳海自杀。结合 2018 年 6 月以来，不断披露的一些演艺界明星的高收入，如 4 天合同收入 6000 万人民币等信息，让人唏嘘不已。绝大多数科学家穷其一生也不可能得到 6000 万元的收入；我国科学界领域的最高奖项——国家最高科学技术奖——奖金也就 500 万元人民币，而且是极其少数的科学家及其团队人员经过多年努力后，方可获得。这些事件足以让我们沉思：如果有人如此迷恋科学家，更多的人不去追星而追科技，那中国的发展肯定会更快更健康。该事件从一个侧面说明，急剧变化的市场经济条件下的价值评估体系，不仅对人们的人生观、世界观产生了一些不利影响，也是对我国缺失崇尚科技和创新文化氛围作了一个侧面的补正。

中国 40 年的对外开放，引进技术没有实现预期的目标。根本原因在于：没能在引进技术的基础上实行改进、创新；这是我们与日、韩能够腾飞的差别之所在。[1] 我们在技术创新制度上存在严重缺陷：重转让，轻转化；重引进，轻改进；重数量，轻质量；重分权，轻集中。执行制度不力。有些法律严重滞后，如环保方面，违法成本十分低廉，以致有人不惜以破坏环境为代价而牺牲引进或搁置可以转化的环保技术。

我们企业把技术转让看成了货物买卖，没有注意到二者的本质区别。核心技术是市场换不来也是钱买不来的；技术转化就如同将商品推向市场一样；技术转让形式上同买卖商品一样，但本质不同。

四、完善中国技术转让法律制度的进路

（一）以促进创新为指导，丰富、完善我国现有有关技术流转法律制度，统一、协调各法规间内在关系

人们一般将创新分为三类，即原始性创新、集成创新及引进技术消化吸收与再创新。三类都须坚持自主之路，现在实施建设创新型国家战略，标志着我国今后的发展将从依赖引进技术为主转向依赖以自主创新技术为主的变化；但是针对中国这样的发展中国家，通过引进技术再创新应是主流，对于可以在现有的、国外技术资源基础上研发的，采取“拿来主义”态度，以服务于我们的创新；没有必要一切都从原创开始。同时，也需要加大技术转化进程，以促进创新的良性循环。为此，完善我国技术流转法律制度势在必行。

首先，要协调各相关法律法规有关技术流转法律规定之间的关系，使它们做到内在的协调、统一。

---

[1] 比如中韩两国都曾与跨国公司进行过OEM合作，但韩国人经过该方面的合作，获得了技术能力的提升，形成了自己的核心技术，而我们仍停留在“制造大国”的阶段。具体内容可参见：马忠法．国际技术转让法律制度理论与实务研究［M］．北京：法律出版社，2007：333－349．

我们比较一下美国自20世纪80年代以来有关技术流转法律制度，就可以看出我国在技术转移法律制度方面有待发展和完善的空间。早在20世纪80年代，美国国会通过立法允许联邦实验室转让和商业化它们的技术。国会先后通过的有关技术转让的法律及它们的主要内容如下：《史蒂文森-威德乐技术创新法》（1980年），该法的立法目的主要是促进美国技术创新，以在国家经济、环境、社会目标和其他方面取得成就。它规定技术转让是联邦政府的一项使命，并规定为促进技术转让活动，建立研究和技术应用政府机关。《拜杜专利和商标法》（1980年），允许大学、非营利组织和小企业对它们通过合同从政府获得资助而研发出的发明持有一定的权利。《国家合作研究法案》（1984）鼓励相互竞争的私人企业之间共同合资研发以加强美国的产业竞争力，经过注册的合资企业将免除它们可能因违反《反垄断法》而遭受的3倍处罚。《联邦技术转移法》（1986年）是创新法的补充，它授权政府所有和政府运营的实验室可签订“合作研发协议”，并为了便于技术转让，组织成立联邦实验室联合体；同时还规定该联合体应当与发明人（科学家和工程师）分享技术转让提成费。《国家竞争力技术转移法案》（1989）也是创新法的补充法案，其规定技术转让是联邦实验室的使命，允许政府拥有的和承包运营的实验室签订合作研发协议（CRADA）。《国家技术转让和进步法》（1995年），提供激励机制，以对在合作研发协议下研发的新技术及时进行商业化，并对试图进行CRADA谈判提供指导意见。该法允许合作伙伴对于一项源自CRADA发明，就谈判前的使用领域，采用排他的还是非排他的许可进行选择，并确信商业信息的保密性。《技术转让商业化法案》（2000年），它对联邦发明的技术许可程序进行了详细规定，并为私营企业创造了较强的激励机制，鼓励它们与联邦实验室进行合作，以提高美国的国际竞争力。根据该法，联邦实验室可以许可现存的专利技术给作为CRADA一部分的合伙人，只要先前的专利发明与协议下的研发范围直接相关。2011年和2013

年，美国又分别通过了其《创新战略》和《创新法案》，可以看出政府在技术成果转化中的作用是十分巨大的。

立法应是一个立体性的架构。美国在30年左右的时间（1980～2013年）里，出台了上述系列的专门针对技术流转的法律制度，给我们提供了有益借鉴。目前，我国除了前文述及的有关法律法规外，2007年3月通过的《企业所得税法》对有关技术流转和创新的税收作出了相对合理的规定，如规定：国家对重点扶持和鼓励发展的产业和项目，给予企业所得税优惠；企业符合条件的技术转让所得的收入，可以免征、减征企业所得税；企业因开发新技术、新产品、新工艺发生的研究开发费用等的支出，可以在计算应纳税所得额时加计扣除；创业投资企业从事国家需要重点扶持和鼓励的创业投资，可以按投资额的一定比例抵扣应纳税所得额；企业的固定资产由于技术进步等原因，确需加速折旧的，可以缩短折旧年限或者采取加速折旧的方法。但这些内容尚需细化，以让它们具有可操作性；同时我们在其他方面还需进一步努力。

其次，在融资方面，建立和完善促进技术流转和与其相关机构的融资制度。通过立法，可以实现促进技术流转及研发经费投资来源多元化。我国目前融资体系不利于创新，企业间接融资比重过大，应积极发展直接融资。企业进行自主创新和流转技术有两种形式：现有企业自身的研发流转积累；风险投资企业的开发创业与流转模式。但仅此难于满足创新和技术流转之使命，我们必须通过制度建立多层次的金融体系：一是构建一种商业银行对于科技研发、自主创新和流转活动贷款风险补偿机制；二是用好财政贴息、财政支持之下的政府目标信用担保体系等政策性金融工具。科学研究机构已经成为一种重要的社会发展组织，通过立法，可以使其经费不能只来自政府，还可有其他渠道，如企业、民间及技术转让后的回报等。

再次，我们还必须进一步完善合资企业法。合资企业必须有先进技术引进，有自己的研发机构，多聘请中国的技术人员，且

尽量采购国产设备。技术引进一般不在于它是否是最先进的（但不能是进入公有领域的技术），而在于是否适合国情。引进的技术关键在于能否在此基础上改进、创新出属于自己的技术。这是中国企业的薄弱环节。但有些技术必须具有一定的先进性；如信息技术等高新技术领域，由于各国的起点差距不是太大，如果允许技术供方转让落后两三代（5～10 年）的技术，则不利于自身技术能力的形成，还容易造成耗费成本后步步落后的局面。为此，可通过立法要求此类技术的引进必须达到一定先进程度。但对于那些必需、无法通过外溢获取前置技术但又难以进行原创性开发的技术，可以采取灵活的方法，以期获得最佳效益。如英特尔公司于 2007 年 3 月 26 日决定在华投资 25 亿美元于大连建厂，其引进的技术落后最新技术两代，理由是美国政府实行技术出口控制。尽管如此，由于芯片制造技术目前是我国高新技术领域最为薄弱的环节之一，而该技术又无法通过外溢等手段来帮助形成技术能力，所以，不妨灵活一点，允许它在华设厂，甚至可以给一些优惠政策或奖励。此外，我们还应弥补管理制度方面的漏洞，比如合理限制地方引资方面的自主权，尤其在引进技术方面要形成全国一盘棋的战略思路，绝对避免重复引进情况的再发生；在提供税收等各种优惠方面也不能让地方政府过于放任，要考虑国家法律的统一和政策的协调。

最后，我们应进一步完善知识产权制度，因它是技术转让和转化的前提。重新定位知识产权制度设立的目标，不能过于强调“确权、保护”而忽略“转让和扩散”，而应提倡与 TRIPS 的目的和原则相适应的制度，即推动技术扩散和转让。我们也应当在这方面与发达国家在国内对知识产权持相同态度，即在国内强调转让和转化。对于知识产权，应当坚持利益平衡原则，正确处理保护知识产权和维护公众利益的关系、激励科技创新和鼓励科技运用的关系，既要切实保护，也要制止权利滥用和非法垄断，以利于技术流转。同时，在可能的情况下，应努力制定一部统一的技术转让或转移法，不分技术转化与技术转让。目前这种分法，显然人为地给人造成错觉：科研成果（技术）可以不转化，实际上技术类的研发最终都有变为现实生产力的要求，实用性决定了其本质为转让。在不具备制定统一技术转让法的情形下，先要完善技术产业化方面的法律制度，成立技术交易中介机构，规定不同机构在技术转化不同阶段的任务。让不同层次的机构专注于产业链上、中、下游某些环节的研发、产业化和市场营销，分工明确，以让它们做得更专业、更有效率。

在完善技术流转法律制度上，还应将技术转让与环境、能源等政策密切联系起来。有人初步估计将改革开放以来所有污染对经济造成的损失汇总起来，每年污染造成的损失会占GDP的7%左右，接近我们近些年经济增长的速度；其中外商投资企业在这方面的“贡献”增长率大于其经济贡献率。更可怕的是，这仅是环境破坏带来的可见损失，无形潜在的损失目前还难以估计。此外，能源耗费问题，不仅涉及可再生资源的破坏，还涉及不可再生资源的过度低效耗费，对我国未来经济发展构成一定的威胁。这与我国立法执法方面片面注重经济发展而忽略环境、能源方面有着极大关系。因此，在完善作为落实科学发展观和建设创新型国家的重要举措和保障之技术流转法律制度时，应给予环保、能源等问题高度关注。

（二）建立有利于注重技术流转的创新型企业家形成的法律制度

经济发展是一个以创新为核心的演进过程，其表现形式是企业采用新产品或者某产品的一种新特性，或采用一种新方法，或开辟新市场，或控制、开拓原材料或半成品或拓宽元件的新来源，或形成一种工业上的新组织。创新的动力主要来源于企业家和企业（企业的研发机构），其活动的成败主要取决于他们所活动于其中的社会经济环境。而技术创新政策的主要目标是创造一个有利的创新环境和制度机制，并非只是资助科学基础研究和政府给予

企业研发活动的补贴。英国沃尔什和菲利普斯在熊彼特的创新理论基础上提出企业家创新模型（外生的科学和发明及来自创新的利润或亏损，促使企业家活动及对新技术的创新性投资，形成新的生产模式，带动或适应变化了的市场结构）和大企业创新模型（内生的科学技术即主要是企业内部研发活动的结果及来自创新的利润或亏损，促使企业家活动及对新技术的创新性投资，形成或适应变化了新的生产模式，进而影响市场结构；内生的技术可以和外生的科学技术互动）。早期企业家创新较多，如西门子、爱迪生、福特分别创立的西门子、通用电器和福特汽车等公司便是例子。随着大工业化和新经济时代的到来，企业家个体创新的局限性日显突出，以企业家为核心的大企业创新模式逐渐占据社会创新的主导地位，它为社会经济发展作出的贡献也越来越大；但该模式下，创新源头来自企业家之本质没有变化。而创新出路无非就是将技术成果变成现实的生产力，其路径为转化（技术产业化）或转让（狭义上的技术贸易，通过技术贸易，获取利益或提升企业生产力），即流转。

前文已述，国家创新体系关键一步在于促进技术在社会中的流动或转让，同样在企业中，创新的核心也是在于如何促进技术快速流转，以实现利益最大化。通过建立、完善促进关注技术流转的企业家成长法律制度，让成长中的企业家认识到，创新对企业的重要性，而技术流转又对创新所起到的关键作用。企业创新是企业内外因素结合的产物，企业家创新的过程实际上就是整合来自企业内部、外部各种资源的过程，其中技术资源是最为核心的部分。历史证明，成功的企业家十分关注技术的运用、转化和转让，以让技术发挥最大潜能，同时不断地激发出企业内在的创新能力。因此，在有利于企业家成长的法律制度中，不论是有关企业自身还是与科研机构合作的创新成果进行产业化之规定，还是有关技术进行商业化转让之规定，都应占有十分重要的地位。

目前的竞争环境为不同背景的企业提供了不太“公平”的条

件，民营企业与国有企业、内资企业与外资企业它们所享有的政策和待遇不同，对民营企业家及相应的企业模型提供的创新机制和环境不同，显然不利于整体的创新。现在虽然有了鼓励中小企业创新的《中小企业促进法》，规定政府给予一定扶持；但在现实中执行还有很大的发展空间，例如，政府制定法律应当按照企业科技含量的高低或创新及促进技术流转能力的强弱，而非企业的身份或股东的来源来确定政策优惠导向。此外，在一般市场情况下，中国企业与发达国家企业在竞争起点与水平上的差异，在利用技术流转赢取利益和促进创新意识方面，及国有企业领导人与行政级别的特殊联系等，都不利于中国本土的创新型企业家群体的形成。解决上述问题需要国家出台有关政策和法律来调整，以形成利于本土创新型企业家成长的氛围和环境，培养出与企业一道成长的真正企业家。

（三）完善国内科研管理体制，促进技术流转

在科技管理体制中，需引入科学价值评估体系，以形成正确的导向。针对政府等公共机构投资的项目，技术应当在国内通过一定的法律制度既得到保护，又能运用、扩散；实用技术项目验收时以可产业化为合格标准；投资机构应加大管理力度，通过技术转移中心或机构将技术进行扩散和产业化。在美国拜杜法案里面明确规定，科研人员在政府投入的计划项目里面，验收项目时，如其所在的大学和科研院所没有提出商业计划书，或者没有实行技术转让等的，政府有权把这个项目权收回来。我们可以将这些合理的做法吸收到我国的立法中。

（四）政府和民众的上下配合，对促进技术流转、创新能力强的企业给予大力支持

政府、民众应鼓励、扶持民族企业的发展。历史上技术后进国政府无不在推动本国技术能力形成、推动国内技术流转方面作出积极努力，同时民众对本土企业或产品所给予的支持也功不可

没，这样才会较为有效地形成竞争能力，催生民族品牌。目前，我国以奇瑞、吉利、哈飞等为代表的民族品牌，在形成自己核心技术能力的基础上，不仅在国内市场上能与外商投资企业相抗衡，还纷纷走出国门，抢滩外国市场。它们打破了“中国汽车工业不能自主开发轿车”“必须与外商合资”的魔咒。这表明我国企业有创新的潜力，我们不应妄自菲薄，只要政府对促进技术流转、创新能力强的企业给予科学、合理、合法的支持，全国民众对它们持理解、宽容（即不能对国产产品百般挑剔）和信赖之态度，我们的发展就会迅速而有成效。

重点领域、关键产业的创新研发必须由政府来主导，由它集中各种力量，整合各方面资源，在技术流转、改进、创新等方面给予政策和法律支持，力争取得关键性突破。比如像高新技术、药品行业等，均是“先行者通吃”行业，先行者依靠技术取得市场等方面的优势，是后来者往往无法超越的。现在，发达国家及跨国公司为维护自身利益，对这些领域的技术保护非常关注，使我国相关产业面临着日益严重的知识产权壁垒，因此政府必须在相关的技术引进和国内立法方面给予巨大的支持。比如，要研制出一种新药，通常约需 10 年时间和 10 亿美元的投入，这是一般企业难以做到的，它需要政府的扶持。印度（唯一可进入发达国家西药药品市场的发展中国家）药品业的成功就曾得到政府强有力的支持，政府通过专利法保护期限短的规定，鼓励印度药厂走模仿创新之路，并促进药品技术在国内转让，这些帮助印度企业在药品制造方面形成了自己的核心竞争力。

政府还应为企业提供服务平台，引导国有大中型企业意识到：世界上不存在自己能开发出自己所需的一切技术的企业，企业可以充分利用技术流转制度的功能和效应，对于一些非核心的外围或配套技术可由其他企业开发，它们可通过技术流转法律制度或其他制度如并购、合资等形式，将握有自己所需技术的企业纳入旗下，开展形式多样的合作，形成集团效应，为己所用。国外不少企业采取如此做法，如某跨国公司销售的大量新药中，约有40%由其他公司（多为小企业）提供。这些药品要么是该公司本身没有研发出来的，要么是研发某些环节缺失的。再如，微软公司也是通过类似的方式将软件开发行业中那些创新能力强的小公司通过并购、转让等方式将它们纳入自己的旗下，让各自获得双赢之效果。如此大公司节省了大笔研发费用，而小企业则利用了大公司的品牌和销售渠道。这体现了一种科学的合作机制，双方在价值链上有效地整合了资源，提高了创新转化效率。

中小企业创新研发的效率常高于大企业，但有研究显示，创新不仅仅是小企业在种子发芽过程中产生的，分工合理、结构流畅的产业链才是技术创新的沃土。竞争者之间、采购商和供应商之间、产学研之间互相推动，形成一个完整的产业链，如此发挥的效益会远远高于一个孤岛式的企业。在这个过程中，技术流转扮演着十分重要的角色，它将各个环节巧妙地结合或联系起来。

我国很多行业的产业链支离破碎，有大量空白没人填补，特别是技术流转环节；另一些环节大家却是蜂拥而至。盲目投资，不进行可行性研究，认为单凭一时冲动及所谓的资金就可进行自主创新；不关注创新成果的产业化及其下游的动向，忽略了创新其实是一个完整的过程和系统，需要多方面的主、客观条件。不同的企业或市场主体，不同的地方都必须考虑自身的特点和优劣势，实事求是，对自身的能力和特点有清醒的认识，明白自己能做什么。这些也需要政府的协调。

扶持国内企业，特别是中小企业，鼓励它们走引进创新之路；这是其他后进国家的经验，也是目前的竞争现实所致，因为国内中小企业无法与发达国家的跨国公司在很多方面与之相抗衡。为此，除了政府支持之外，国内民众扬起爱国主义大旗，尽量使用民族品牌的商品，尤其是那些涉及国家核心竞争力的行业和领域的产品，非常重要。因为起步晚却在不断创新的企业需要民众精神和物质上的支持，没有消费者的支持，它们难以形成技术能力。

（五）培养创新文化，加强教育与培训，为技术顺利流转创造条件

创新文化是科技创新的动力和源泉。如果没有创新意识，引进的技术再好，也会化为乌有。为此，我们应采取以下措施。首先，可通过政策导向，大力营造鼓励人才干事业、支持人才干成事业、帮助人才干好事业的社会环境，对作出重大发明和科技贡献的人，给予更多的物质和精神上的回报和肯定，提高他们的社会地位，对他们及其科技成果给予特殊保护，采取特殊政策，让他们成为令人羡慕的群体，并被视为成功的标志，以最大限度地激发科技人员的创新激情和活力。其次，在舆论宣传上，要加强舆论引导；政府可加强普及科技知识的力量，广泛开展各种科普活动，扩大科技的影响；还可通过各种媒体，加大对科学技术及科学家、发明家事迹和他们对社会贡献的宣传力度，让他们成为宣传的主角而非目前的所谓娱乐节目，引导公众对创新文化的关注，在学校和各类培训的教材上，加重科学技术文化的内容等。最后，要尊重人民大众的首创精神，充分开展群众性的技术革新活动，动员全社会力量投身科技事业的发展，努力在全国形成重视科技事业，参与科技创新、推动科技发展的浓厚氛围。总之，通过不同措施，在社会树立起崇尚科学、追求创新之风气，努力培育激励创新、宽容失败、提倡竞争、推崇探索的创新文化，鼓励人们热爱、重视自然科学和技术，形成以改革创新为核心的时代精神，是当今时代的重要使命之一。

技术形成的过程是一个学习的过程；引进技术的基础上，学习、创新，技术能力才可形成。而教育是基础，是培养学习能力和学习习惯的摇篮。新技术企业化直接对国家经济发挥作用，但其实现要经历研发、技术研讨、试验、生产再到市场开拓等阶段；这个过程中的每一阶段都离不开经过教育特别是受过技术教育和培训的人的工作。

在当代，发达国家的技术在研发后进入企业或外部专门机构，进行技术检验、实验、生产及进入市场，该活动以研发为中心来进行。而发展中国家的工业化进程多通过引进生产线，从培养进口替代产业开始，它以生产为中心；它们通常在起步阶段的做法是：引进和利用外国资本和技术，购进外国设备和原材料，与本国廉价劳动力相结合，发展加工出口工业，建立自由贸易出口区。但成功的后进国家会在引进的基础上改进、创新，提高技术能力；其中它们要求合资企业对员工的技术培训之规定十分重要，因为培养本地技术人员是技术溢出的最重要方式，也是本地企业吸纳行业内其他相关技术的前提条件。

简言之，对技术后进国而言，培养创新文化，加强技术教育和培训，可为消化、吸收、改进引进技术并将其转化为本地技术及充分有效地吸收外溢技术创造条件，它们也是提高东道国技术能力的重要途径。

五、结束语

对照反思我们改革开放40年来的成就与问题，我们似乎也能得出一些结论。我们的成就是显著的，如已成为世界制造大国，GDP每年以约8%的速度在增长，其经济总量已占全球第二位；目前是世界上第一号贸易大国；外汇储备数量巨大；2017年，我们的研发投入已占GDP的2.13%；[1] 2018年，全社会研究与试验发展（R&D）支出占GDP比重预计为2.15%，[2] 接近发达国家。但我们也必须看到问题：历史先例表明，那些技术曾经落后的国家在决定实现现代化进程后，一般均在不到30年的时间里便形成自己的核心技术，在创新能力和发展水平方面发生脱胎换骨的变化。这其中，典型代表是美国、德国、日本和韩国创新能力的提

---

[1] 陆娅楠．去年中国研发投入超1.76万亿元占GDP2.13%创新高［N］．人民日报，2018－10－10．

[2] 王静．我国2018研发支出预计占GDP 2.15%［N］．中国科学报，2019－01－11．

升，它们无不依赖技术引进、消化、吸收、再创新等模仿创新发展之路来实现技术腾飞，即通过适当的技术转让来在创新能力上发生变化。我们改革开放的重要内容之一就是通过引进技术（技术转让的一种）来达到技术能力提升之目的。但我们做到了吗？我们自主创新能力如何？我们拥有多少自主知识产权的核心技术和驰名世界的民族品牌？我们发展付出的代价如环境污染、能源耗费乃至员工身体健康遭受的损害等与我们的所得相称否？这些问题的答案无须明言，它们提醒我们：我们面临的形势不容乐观。

有人会说，美国、德国的崛起因时代的不同而缺乏可比性；日本、韩国等国家有西方发达国家无障碍的支持（如无因意识形态问题而形成的人为阻碍），而中国一直是西方国家假想的“敌人”和竞争对手，它们意图控制、限制中国的发展，对中国转让技术采取的严格管制达到了无以复加的地步。还有至为重要的一点是：美国主导的西方社会是在20世纪80年代后才开始在全球注重知识产权保护，以至像“亚洲四小龙”中的其他三个成员中国台湾、中国香港和新加坡也是在20世纪80年代前实现了经济腾飞的，因为它们可以在国际知识产权弱保护下得到技术，走模仿发展之路。而不幸的是，中国改革开放不到两年，美国在全球兴起了知识产权强保护制度，一定程度上阻碍了中国的创新能力的快速提升，继而影响中国的创新能力。所以，上述示例可借鉴性不强。

不可否认，回到美、德发展的时代已不可能，意识形态等因素支配下技术出口管制对中国技术能力的形成的确有着相当的消极作用，但我们认为这些不是中国未能在支柱产业领域里形成自己核心技术的根本原因。我们认为，在经济全球化的今天，在跨国公司日益成为全球经济主导力量的时代，利益是推动经济发展的永恒动力，市场是跨国公司永久的舞台，而跨国公司是掌握着先进技术的最主要的主体。中国巨大的市场对跨国公司的吸引力在一定程度上会弱化其母国意识形态对其的影响；只要在利益驱动下的跨国公司进入中国市场，技术外溢对今天的技术后进国（如中国）而言，意义非同小可；技术外溢是任何力量阻止不了的；关键在于我们如何利用它们来为我们形成核心技术能力助一臂之力。如同是OEM合作方式，韩国人通过它提升了技术能力，实现了技术腾飞，而在过去的近40年里，国内总体规模比韩国要庞大很多倍的OEM企业群体为何未能提升自己的技术能力，形成自己的核心技术？因此，我们应当从自身出发去反思原因。

科学发展观、建设创新型国家与构建和谐社会三者密切相关，它们在逻辑上一脉相承。其中科学发展观是指导思想，反映了我们在发展观念上的重大转变；建设创新型国家是我们落实科学发展观的必然追求，也是构建和谐社会的前提、基础和路径，而和谐社会之建成是创新型国家建设应有的目标。从中我们可以看出建设创新型国家战略之重要，而技术流转法律制度对创新型国家的建设又意义深远。我们虽然在立法上已经有诸多的有关技术流转的法律法规，但在健全、完善和丰富统一、协调的技术流转法律制度方面还需进一步努力。创新型国家建设是一个系统工程，技术流转法律制度只是服务该系统的一个组成部分，它与其他的法律制度及国家的政策和有关文化相结合才能有助于创新型国家这一战略目标的实现。

参考文献

［1］China - Certain Measures Concerning the Protection of Intellectual Property Rights［EB/OL］.［2018 - 03 - 26］. WT/DS542/1，IP/D/38.

［2］China - Certain Measures on Technology Transfer［EB/OL］. WT/DS549/1，G/L/1244，IP/D/39，6 June 2018.

［3］博登海默. 法理学：法律哲学与法律方法［M］. 修订版. 邓正来，译. 北京：中国政法大学出版社，2004.

［4］CYHN J W. Technology Transfer and International Production：the Development of the Elctronic Industry in Korea［M］. Edward Elgar，2002.

［5］KURZ R. Enterpreneurship，Innovation，and Growth：the Role of Innova-

tion Policy in West Germany [G] //SCHERER F M, PERLMAN M, 1992. Enterpreneurship, Technological Innovation and Economic Growth: Studies in the Schumpeterain Tradition. Ann Arbor: The University of Michigan Press, 1992.

[6] United States Department of Commerce Bureau of Industry and Security. ZTE Board Management Changes and Strictest BIS Compliance Requirements Ever [EB/OL]. [2018-07]. https://www.commerce.gov/news/pressreleases/2018/06/secretary-ross-announces-14-billion-zte-settlement-zte-board-management.

[7] United States Department of Commerce Bureau of Industry and Security. ZTE Denial Order [EB/OL]. [2018-04]. https://www.commerce.gov/sites/commerce.gov/files/zte-denial-order.pdf.

[8] United States Department of Commerce Bureau of Industry and Security. Secretary Ross Announces $1.4 Billion ZTE Settlement [EB/OL]. [2018-07] https://www.commerce.gov/news/press-releases/2018/06/secretary-ross-announces-14-billion-zte-settlement-zte-board-management.

[9] 陈建辉. 我国彩管业为何痛失先机 [N]. 报刊文摘，2005-02-25.

[10] 解振华. 绿色发展：实现“中国梦”的重要保障 [N]. 光明日报，2013-04-15.

[11] 李静. 中国清洁发展机制的冲动与尴尬 [N]. 瞭望东方周刊，2009-12-23.

[12] 李林焕. 国际技术转让与引进 [M]. 北京：职工教育出版社，1989.

[13] 李约瑟. 中国科学技术史 [M].《中国科学技术史》翻译小组，译. 北京：科技出版社，1975.

[14] 马忠法，陈潜. 论我国专利法存在的问题及完善 [J]. 上海财经大学学报，2004，6 (2)：60-65.

[15] 马忠法. 从自由资本主义时期国际技术转让的特点反思现行国际技术转让法律制度 [G] //知识产权论丛. 北京：知识产权出版社，2008.

[16] 马忠法. 国际技术转让法律制度理论与实务研究 [M]. 北京：法律出版社，2007.

[17] 马忠法. 科技成果流转法律制度与上海创新型城市建设之研究 [M]. 北京：知识产权出版社，2012.

[18] 马忠法. 应对气候变化的国际技术转让法律制度研究 [M]. 北京：法律出版社，2014.

[19] 全国科技工作者调查 七成以上成果转化率为零 [N]. 科技日报，2006-05-23.

[20] 王春法. 国家创新体系与东亚经济增长前景 [M]. 北京：中国社会科学出版社，2002：14-16.

[21] 熊彼特. 经济发展理论 [M]. 郭武军，吕阳，译. 北京：华夏出版社，2015.

[22] 周盛平. 我国离创新型国家到底有多远？[J]. 中国经济信息，2006(2)：24-25.

我国标准必要专利的禁令救济问题

顾　昕*

摘　要： 我国的立法和司法实践早期重点关注了专利纳入标准时未履行披露义务时禁令救济应该受到限制的类型，但司法实践中没有出现相应的纠纷，反而是立法重点关注以外的“反向劫持”问题在我国表现得更为突出。我国法院在考虑是否支持标准必要专利权人的停止侵害请求时，重点考察了双方在谈判过程中是否履行了诚实交涉的义务，并在两起诉讼案件中因实施人在谈判中存在“明显过错”而支持了专利权人的禁令请求。

一、问题所在

近些年来，我国国内逐渐建立起相对完善的移动通信产业链，全球约70%以上的手机在中国生产，❶ 手机生产商作为标准必要专利的实施人（同时也可能是其他专利的权利人），围绕着标准必要专利的许可费率、禁令救济以及反垄断等问题和标准必要专利权

---

* 顾昕：法学博士，就职于国家知识产权局知识产权发展研究中心。本文的研究得益于日本知的财产研究所组织的日中联合研究团队的指导和帮助，在此表示感谢。日文研究团队报告全文刊载的网站地址：https：//www.jpo.go.jp/resources/report/ta-koku/nicchu_houkoku/h30.html；最后访问时间：2019年7月30日。

❶ 谢毅．全球70%手机在中国生产，行业洗牌继续［EB/OL］．［2019-01-06］．http：//www.sohu.com/a/211644033_128075.

利人之间展开了激烈的争论，并引发了多起诉讼。

其中最为著名的是广东省高级人民法院2013年二审审结的华为诉IDC案件[1]。该案系全球范围内首件由法院判定标准必要专利许可费率的案件，引起了广泛的关注。和日本三星诉苹果案件[2]中所采用的计算贡献比率的“自上而下”方法不同，华为诉IDC案件中的法院采用了参照市场上可供比较的许可协议的方法。以该案为代表的我国标准必要专利许可费率计算问题，笔者拟另撰文论述。本文将重点放在标准必要专利的禁令救济上。

鉴于专利纳入标准之后存在一定程度上的公共属性，在涉及标准必要专利的案件中，对于权利人提出的停止侵害请求（亦指“禁令请求”，下同），世界上大部分国家和地区的法院（如美国、日本）均持非常谨慎的态度，原则上不予支持。[3] 我国在认同上述原则的基础上，在立法和司法实践中出现了两种涉及标准必要专利的禁令判断规则。第一种是当专利纳入标准时，专利权人没有履行披露义务的话将不能获得禁令。这种是更加严格地限制权利人行使禁令的类型。第二种是考察标准必要专利的权利人和实施人在许可费协商过程中是否履行了诚实交涉的义务，如果实施人存在明显过错的话，权利人有可能获得禁令。[4] 这种是允许行使禁令的例外情况。

由于上述两种类型的判断规则在某种程度上“有异”于国际上的通行规则，可谓是我国行政管理机关和司法机关基于我国市

---

[1] 深圳市中级人民法院（2011）深中法知民初字第857号民事判决书；广东省高级人民法院（2013）粤高法民三终字第305号民事判决书。

[2] 知財高決平成26・5・16判時2224号89頁、知財高判平成26・5・16判時2224号146頁。

[3] 李扬．FRAND劫持及其法律对策［J］．武汉大学学报（哲学社会科学版），2018（1）：120．

[4] 我国和欧洲（如Huawei v. ZTE案件）在判断是否颁发标准必要专利的禁令时，都考虑了专利权人和实施人是否履行了诚实协商的义务，我国更是建立起一套相对完整的判断规则，并在两起司法裁判中肯定了专利权人的禁令请求。

场和产业结构作出的有益尝试。上述两种类型的判断规则散见于行政机关出台的规定、最高人民法院颁布的司法解释、省高院颁布的指南及工作指引以及全国各地法院作出的判决之中。这种情况也造成了标准必要专利禁令判断规则的模糊性，导致相关产业的实务界人士难以提前预判规则。本文旨在梳理不同行政机关和司法机关出台的诸多规范性文件之间的关系，明确我国在标准必要专利禁令救济方面相对独特的两种类型的具体判断规则。

二、专利纳入标准时专利权人未履行披露义务

世界范围内多数标准化组织都针对标准必要专利披露问题制定了原则性规定，但既没有进一步细化的适用规则，也没有规定不履行披露义务时的保障措施。❶

而我国从 2008 年最高人民法院的复函开始，一直到 2013 年国家标准化管理委员会和国家知识产权局联合制定的《国家标准涉及专利的管理规定（暂行）》以及 2015 年《专利法修正案送审稿》中，都重点关注了专利纳入标准时未履行披露义务的问题，并对违反该义务的法律后果作出了规定，可谓是我国标准必要专利领域早期（2016 年之前）“重点关注”的问题。

（一）最高人民法院 2008 年复函

2008 年，最高人民法院在回复辽宁省高级人民法院的个案请示中提出：“鉴于目前我国标准制定机关尚未建立有关标准中专利信息的公开披露及使用制度的实际情况，专利权人参与了标准的制定或者经其同意，将专利纳入国家、行业或者地方标准的，视为专利权人许可他人在实施标准的同时实施该专利，他人的有关实施行为不属于专利法第十一条所规定的侵害专利权的行为。专利权人可以要求实施人支付一定的使用费，但支付的数额应明显

❶ 朱雪忠，李闯豪．论默示许可原则对标准必要专利的规制［J］．科技进步与对策，2016（12）：98－99．

低于正常的许可使用费；专利权人承诺放弃专利使用费的，依其承诺处理。”[1]

在早期的司法实践中，2008 年最高人民法院的复函对于各地法院审理标准必要专利案件具有非常重要的作用，有法官甚至认为该复函的内容在很长的一段时间“就是在处理标准必要专利唯一的一根救命稻草”[2]。

由于复函中提出在专利权人参与了标准制定或同意将专利纳入标准的情况下，视为专利权人已经“默示许可”他人在实施标准的时候同时实施该专利。部分专家认为最高人民法院的复函实际上是规定了标准必要专利的“默示许可”制度。[3]

但值得注意的是，该复函中只提到标准必要专利权人“默示许可”他人实施专利，没有附加任何条件，并没有提及专利权人是否履行了披露义务的问题。按字义直接理解的话，存在不论权利人是否履行了披露义务，均不能行使停止侵权请求权的可能。

复函中规定的“默示许可”他人实施专利的范围是否包括了已经履行披露义务的专利呢？与复函时间相隔仅 1 年的最高人民法院 2009 年关于审理侵犯专利权纠纷案件司法解释（征求意见稿）第 20 条[4]规定：只有纳入标准却未披露的专利，才视为权利人“默示许可”他人实施。尽管征求意见稿中的这条规定在之后

---

[1] 《最高人民法院关于朝阳兴诺公司按照建设部颁发的行业标准〈复合载体夯扩桩设计规程〉设计、施工而实施标准中专利的行为是否构成侵犯专利权问题的函》[（2008）民三他字第 4 号]。

[2] 邱永清（广东省高级人民法院知识产权庭副庭长）：《标准必要专利法律实务问题探讨》，在 2017 年强国知识产权论坛上的发言。

[3] 张伟君．默示许可抑或法定许可：论《专利法》修订草案有关标准必要专利披露制度的完善 [J]．同济大学学报（社会科学版），2016，27（3）：108.

[4] 2009 年最高人民法院公布的《关于审理侵犯专利权纠纷案件应用法律若干问题的解释（征求意见稿）》第 20 条：“经专利权人同意，专利被纳入国家、行业或者地方标准制定组织公布的标准中，且标准未披露该专利的，人民法院可以认定专利权人许可他人在实施该标准的同时实施其专利，但专利依法必须以标准的形式才能实施的除外。”

公布的正式司法解释文本[1]中未被采纳，但考虑到2008年最高人民法院复函（2008年7月8日）和2009年司法解释征求意见稿（2009年6月18日）相隔时间不远，也许可以在一定程度上体现最高人民法院当时对待标准必要专利“默示许可”范围的态度，即只限制未履行披露义务的专利权人的停止侵害请求权。

（二）最高人民法院2012年提审案件

最高人民法院2012年同意专利权人的再审请求，提审涉及专利纳入地方标准的案件，并于2014年初作出判决。[2]

1. 案件事实和法院判旨

作为原告的专利权人2006年1月申请发明专利，于2008年9月获得专利授权。河北省建设厅批准的《CL结构构造图集》为河北省工程建设标准设计，该图集中包括了权利人的涉案专利技术。原告权利人认为被告（专利实施人）承建居民住宅的过程中在未经授权的情况下采用的材料和施工方法侵害了涉案专利权，遂向河北省石家庄市中级人民法院提起诉讼，请求法院判令被告停止侵权行为并赔偿经济损失。

一审法院经审理认为，河北省建设厅公开发布的《CL结构设计规程》和《CL结构构造图集》系地方标准，该标准“属于公开有偿使用的技术，任何单位和个人未经权利人允许不得使用，被告承建的住宅楼未经专利权人允许，采用了涉案专利技术，构成侵权行为”[3]，一审法院支持了原告提出的停止侵权和损害赔偿请求。被告不服一审判决，向河北省高级人民法院提起上诉。

---

[1] 《最高人民法院关于审理侵犯专利权纠纷案件应用法律若干问题的解释》法释〔2009〕21号。

[2] 张晶廷与衡水子牙河建筑工程有限公司侵害发明专利权纠纷案［最高人民法院民事判决书（2012）民提字第125号］。案例评释可参见：许清．专利纳入标准后停止侵害请求权的限制：张晶廷与衡水子牙河建筑工程有限公司侵害发明专利权纠纷案［J］．中国发明与专利，2018（11）：108－111.

[3] 河北省石家庄市中级人民法院（2009）石民五初字第163号民事判决书。

二审法院引用前述2008年最高人民法院复函的基础上，依据该复函的原则作出判断："涉案专利被纳入河北省地方标准，原告专利权人参与了该标准的制定，故应视为专利权人许可他人在实施标准的同时实施该专利，被告公司的有关实施行为不属于《专利法》第11条所规定的侵害专利权的行为。一审法院认定被告公司按照已纳入专利权人参与制定的河北省地方标准的涉案专利进行施工，构成专利权人的侵害，并判决被告公司赔偿损失，适用法律不当，应予纠正。根据最高人民法院上述答复精神，在本案中，被告公司依法应支付专利权人一定数额的专利使用费。"❶ 二审法院推翻了一审法院的判断，认为依据2008年最高人民法院复函的精神，专利被纳入标准之后即意味着许可他人实施该专利，专利权人不能行使停止侵害请求权，但可以获得专利许可费用。专利权人不服二审判决，向最高人民法院申请再审。最高人民法院2012年6月作出裁定，决定提审该案。

最高人民法院经审理后认为二审法院适用法律存在错误：①2008年最高人民法院复函是对个案的答复，二审法院"不应作为裁判案件的直接依据予以援引"；②涉案专利被纳入的标准为"推荐性标准，被告作为建筑施工领域的经营者，有不选择的权利"；③原告专利权人履行了专利披露义务，在被诉侵权施工方法所依据的规程前言部分，"明确记载有识别的专利技术和专利权人的联系方式"，"本案不存在专利权人隐瞒专利的行为导致标准的实施者产生该技术为无需付费的公知技术的信赖"；④记载河北省地方标准的规程中"不包含专利技术或者专利权人向公众开放了免费的专利使用许可的意图。实施该标准，应当取得专利权人的许可，根据公平合理无歧视的原则，支付许可费。在未经专利权人许可使用，拒绝支付许可费的情况下，原则上，专利侵权救济不应当受到限制"。基于以上理由，判决结果再一次反转，最高人民

❶ 河北省高级人民法院（2011）冀民三终字第15号民事判决书。

法院又推翻了二审的判决，判定原告专利权人的再审申请理由成立，支持原告提出的停止侵害和损害赔偿请求。

至于被告专利实施人如何承担停止侵权的民事责任，最高人民法院认为“一审审理期间，被诉侵权的工程尚未完工，被告公司的被诉施工行为处于侵权状态，一审判决被告公司立即停止侵害涉案专利权的行为，并无不当”，但到了再审判决阶段，“被诉侵权的工程现已完工并交付使用，本院判决被告公司停止侵害涉案专利权的施工行为已无必要，故对原告提出被告公司应承担停止侵权的民事责任，作出相应调整”。

2. 先例意义和局限性

该案是最高人民法院首次针对标准必要专利领域的案件作出裁判，具有重要的先例意义。①最高人民法院明确了当专利实施人明知存在被纳入地方标准的方法专利，在未经授权许可的情况下仍使用该专利且拒绝支付许可费的情况下，专利权人可以行使停止侵害请求权。②同时，法院提及专利权人已经履行了披露义务，“不存在专利权人隐瞒专利的行为导致标准的实施者产生该技术为无需付费的公知技术的信赖”，在此情况下二审法院不能“简单适用”2008 年最高人民法院的复函。既然“本案中专利权人已经履行了披露义务”是不适用 2008 年复函规定的原因之一，意味着从另一个侧面印证了 2008 年复函限制标准必要专利权人行使禁令的规定中也蕴含着对“专利权人未履行披露义务”的要求。

该案法院肯定了专利权人在标准必要案件中可以行使停止侵害请求权，是否意味着推翻了 2008 年最高人民法院复函确定的原则呢？答案是否定的。原因在于该案的适用范围非常有限，其局限性体现在：①该案所涉标准为地方推荐性标准，非强制性国家标准；②专利权人并没有作出 FRAND 承诺；③专利权人履行了披露义务。鉴于以上几点，该案的判决结论并不能推及适用今后典型的标准必要专利侵权案件，甚至参考意义不大，自然也不能视为是对 2008 年最高人民法院复函所确立的原则的背弃。

（三）2013 年《国家标准涉及专利的管理规定（暂行）》

2013 年 12 月，国家标准化管理委员会和国家知识产权局联合公布了《国家标准涉及专利的管理规定（暂行）》[1]（以下简称《管理规定》）。《管理规定》是我国首部关于标准和专利的部门规范性文件，从全球来看，也是国际上首个由标准化管理部门与专利管理部门联合发布的标准与专利政策。[2]《管理规定》中的第三章规定了标准必要专利权人作出 FRAND 声明的义务，确立了专利权人必须作出该性质声明的国内法义务。

同时《管理规定》第 5 条中规定了专利信息披露义务："在国家标准制修订的任何阶段，参与标准制修订的组织或者个人应当尽早向相关全国专业标准化技术委员会或者归口单位披露其拥有和知悉的必要专利，同时提供有关专利信息及相应证明材料，并对所提供证明材料的真实性负责。"在未履行前述披露义务的情况下，第 5 条后半段也规定了相应的法律后果，即"参与标准制定的组织或者个人未按要求披露其拥有的专利，违反诚实信用原则的，应当承担相应的法律责任"。

但专利权人未履行披露义务时，第 5 条后半段所规定的"承担相应的法律责任"，究竟是何种责任？考虑到《管理规定》是一个联合的行政管理规定，两个行政部门并没有规定具体的侵权法律责任。以 2013 年《管理规定》出台当时能够相对应的"法律责任"规定来看，只有最高人民法院 2008 年复函中规定的法律责任符合条件，即专利被纳入标准时专利权人没有履行披露义务的，视为权利人许可他人实施该专利，意味着丧失了获得禁令救济的权利。

---

[1] 《国家标准涉及专利的管理规定（暂行）[EB/OL]. [2019-01-06]. http://www.sac.gov.cn/sbgs/flfg/gfxwj/zjbzw/201505/t20150504_187572.htm.

[2] 王益谊．我国的标准和专利政策：对《国家标准设计专利的管理规定（暂行）》解读［G］//国家知识产权局条法司．专利法研究 2013. 北京：知识产权出版社，2015：249.

（四）2015 年《专利法修订草案（送审稿）》

2015 年 12 月，国务院法制办公室公布了国家知识产权局报请国务院审议的《专利法修订草案（送审稿）》[1]，向社会各界征求意见。修订草案中新增加的第 85 条规定："参与国家标准制定的专利权人在标准制定过程中不披露其拥有的标准必要专利的，视为其许可该标准的实施者使用其专利技术。"该项规定意味着在国家标准制定过程中，专利权人未履行披露义务的话，将视为许可他人实施该技术，承受不能请求禁令的不利后果。

鉴于国际标准制定过程中，专利权人并不承担绝对的专利信息披露义务，标准组织的知识产权政策中一般只是要求专利权人"尽合理的努力"及时地披露"必要专利"。[2] 而我国欲通过国内法的方式明文规定"未履行披露义务标准必要专利权人将丧失禁令救济权"，对于这种立法动议，国内存在较为鲜明的正反两派观点。

持肯定的观点的如某学者认为："作为成文法国家，我国在《专利法》第四次修改中开创性地规定了标准必要专利权人违反披露义务的默示许可责任。这一规定可破解我国司法实践在有关纠纷解决中存在的困境，为相关当事方提供明确的行为指引，因而具有积极意义。"当然，该学者同时也认为第 85 条在适用范围和法律效果等问题上还有待进一步完善。[3]

持反对意见的如某企业认为：鉴于我国实践中通过"采标"的方式直接采用国际标准的情形也比较普遍，如果国内的专利权

---

[1] 国务院法制办公室．国务院法制办就专利法修订草案（送审稿）征求意见[EB/OL]．[2019-01-06]．http://www.gov.cn/xinwen/2015-12/03/content_5019664.htm.

[2] 张伟君．默示许可抑或法定许可：论《专利法》修订草案有关标准必要专利披露制度的完善[J]．同济大学学报（社会科学版），2016，27（3）：103.

[3] 朱雪忠，李闯豪．论默示许可原则对标准必要专利的规制[J]．科技进步与对策，2016（12）：99，103.

人受制于草案中新增的绝对披露义务，而国外的专利权人通过“采标”的方式进入我国反而不用遵守该义务，最终新增条文的“约束对象只是我国企业，相当于只缴了我国企业的枪”。[1]

由于理论界和实务界对此问题存在较大争议，在全国人民代表大会 2019 年 1 月 4 日向社会公开征求意见的《专利法修正案（草案）》中，删除掉了 2015 年送审稿中规定的第 85 条。

（五）目前的状况

随着最新《专利法修正案（草案）》中原第 85 条被删除，围绕专利被纳入标准而专利权人却未履行披露义务的默示许可责任的争论似乎可以暂告一个段落。但需要注意的是，即便《专利法》中没有明文规定，2013 年《管理规定》中规定的“纳入标准时专利权人未履行披露义务应当承担相应的法律责任”条款依然有效，[2] 只不过由于司法实践中尚没有出现相关问题的案例，该条款规定的“法律责任”究竟指何种责任的问题并没有“浮上水面”。

《管理规定》中没有明确规定的“法律责任”，究竟是指什么责任，目前能“回应”该责任内容的只有 2008 年最高人民法院复函中的内容了，即“视为权利人默示许可他人实施该专利”。也就是说，虽然《专利法》中没有明文规定，但司法实践中一旦出现专利被纳入标准时专利权人未履行披露义务的情况，依据 2013 年《管理规定》和 2008 年最高人民法院复函所确立的规则，专利权人仍有可能承担不能行使停止侵害请求权的不利后果。

---

[1] 宋柳平．专利法修改草案 82 条：不要缴了中国企业的枪［EB/OL］．中国知识产权（网络版）［2019－01－06］．http：//www.chinaipmagazine.com/news-show.asp?id=18483.

[2] 尽管最高人民法院 2016 年《关于审理侵犯专利权纠纷案件应用法律若干问题的解释（二）》第 24 条第 1 款规定“推荐性国家、行业或者地方标准明示所涉必要专利的信息，被诉侵权人以实施该标准无需专利权人许可为由抗辩不侵犯该专利权的，人民法院一般不予支持”，但该条仅限于“推荐性国家、行业或者地方标准”，其效力不及于强制性标准。

该项规则的法律效果也有待进一步的明确。正如《专利法修订草案（送审稿）》公开征求意见时有学者所提到的，当专利权人未履行披露义务时所承担的默示许可责任，究竟是绝对丧失停止侵害请求权，还是仅仅作为一个侵权抗辩事由、允许法院在个案中权衡后作出决定?[1] 这也有待于今后《专利法实施细则》修改或法院判例予以进一步明确。

三、协商谈判中专利实施人未履行诚实交涉义务

如前所述，尽管修法草案、行政规定和司法解释在早期（2016 年之前）更关注专利被纳入标准时专利权人未履行披露义务的法律责任，但现实中这一问题并未出现引人关注的案例，反而是标准必要专利许可费率谈判时的“反向劫持”问题在实践中引发了不少纠纷。

所谓“反向劫持”（Holdout），是指标准实施者策略性地利用 FRAND 的不确定性和模糊性，意图达到尽量少支付甚至不支付标准必要专利使用费，反向劫持标准必要专利权利人的现象。[2] 相较于西方国家所担心的标准必要专利“劫持”（Hold up）问题，在我国却是“反向劫持”问题得到了更加充分的展现。

（一）2016 年最高人民法院审理侵犯专利权纠纷司法解释

出于应对这一形势的需求，最高人民法院在 2016 年 3 月公布了《关于审理侵犯专利权纠纷案件应用法律若干问题的解释（二）》[3]。其中第 24 条第 2 款规定：“推荐性国家、行业或者地方标准明示所涉必要专利的信息，专利权人、被诉侵权人协商该专

---

[1] 张伟君．默示许可抑或法定许可：论《专利法》修订草案有关标准必要专利披露制度的完善［J］．同济大学学报（社会科学版），2016，27（3）：110－115.

[2] 李扬．FRAND 劫持及其法律对策［J］．武汉大学学报（哲学社会科学版），2018（1）：118.

[3] 《最高人民法院关于审理侵犯专利权纠纷案件应用法律若干问题的解释（二）》（法释〔2016〕1 号）。

利的实施许可条件时，专利权人故意违反其在标准制定中承诺的公平、合理、无歧视的许可义务，导致无法达成专利实施许可合同，且被诉侵权人在协商中无明显过错的，对于权利人请求停止标准实施行为的主张，人民法院一般不予支持。”

应如何理解最高法院在上述司法解释中确立的规则？曾担任西电捷通诉索尼案件[1]二审的主审法官认为该司法解释中规定了对标准必要专利权利人不予颁发禁令的条件，需同时满足两个条件，即：①在专利实施许可条件谈判中专利权人存在明显过错；②标准实施人（被控侵权人）无明显过错。两个条件缺一不可。但该法官同时认为“由于司法解释规范的内容有限，实践中还有一些问题仍然没有解决。比如，第 24 条未涉及强制性标准的问题，也未解决未被‘采标’进入我国的国际性或区域性国际组织制定的通信标准必要专利问题”[2]。

（二）地方高院出台细化判断规则的指南和工作指引

前述 2016 年最高人民法院审理侵犯专利权纠纷司法解释中虽然规定了对标准必要专利权利人不予颁发禁令的条件，但尚存在两点局限性。一是其适用范围较窄：既未涉及强制性标准，也没有规定未通过“采标”程序直接进入我国的国际性或区域性国际组织制定的通信标准必要专利问题。二是“明显过错”要件有待进一步细化。为此，受理标准必要专利案件较多的北京市高级人民法院和广东省高级人民法院均出台了进一步细化判断标准的侵权判定指南和工作指引。

---

[1] 索尼移动通信产品（中国）有限公司与西安西电捷通无线网络通信股份有限公司侵害发明专利权纠纷案二审，参见北京市高级人民法院（2017）京民终 454 号民事判决书。

[2] 标准必要专利：护航智能终端行业发展［EB/OL］.［2019-01-06］. http://www.sipo.gov.cn/mtsd/1071955.htm.

2017年北京市高级人民法院公布了《专利侵权判定指南（2017）》[1]，其中第149～153条涉及标准必要专利问题。指南进一步完善和细化了最高人民法院2016年《关于审理侵犯专利权纠纷案件应用法律若干问题的解释（二）》中确定的判断规则，较为重要的细化之处如下：①扩大了该司法解释的适用范围，将“虽非推荐性国家、行业或者地方标准，但属于国际标准组织或其他标准制定组织制定的标准，且专利权人按照该标准组织章程明示且作出了公平、合理、无歧视的许可义务承诺的标准必要专利，亦作同样处理”；②细化了该司法解释中规定的标准实施人（被诉侵权人）在标准必要专利许可协商过程中存在“明显过错”的具体表现，同时也细化了专利权人违反FRAND承诺的具体表现；③增设了双方均无过错时实施人可以通过提供担保避免禁令的规定，以及双方均存在过错时可以根据过错程度判断是否颁发禁令；④规定了专利权人需要承担的举证责任，即“在标准制定中承诺的公平、合理、无歧视许可义务的具体内容”，由专利权人承担举证责任。

广东省高级人民法院在2018年4月公布了《关于审理标准必要专利纠纷案件的工作指引（试行）》[2]，专门针对通信领域标准必要专利纠纷案件作出规定。相较于最高人民法院司法解释和北京市高级人民法院《专利侵权判定指南（2017）》中的规定，更加细化了一整套关于过错的判断规则，具体内容也存在不同，如该工作指引的适用范围没有区分推荐性标准或者国际标准等，而是定位于“审理通信领域标准必要专利纠纷案件”。

---

❶ 北京市高级人民法院．专利侵权判定指南（2017）[EB/OL]．[2019-01-06]．http：//bjgy.chinacourt.org/article/detail/2017/04/id/2820737.shtml.

❷ 广东省高级人民法院关于审理标准必要专利纠纷案件的工作指引（试行）[J]．竞争政策研究，2018（3）：100-113.

（三）西电捷通诉索尼案件

2013年在华为诉IDC标准必要专利许可费纠纷案[1]中，一审法院深圳市中级人民法院和二审法院广东省高级法院人民法院在判决中确定了标准必要专利许可使用费率，产生了广泛的影响力。[2]但在该案中原告华为是标准必要专利实施人，因此没有涉及能否颁布禁令的问题。随后的司法实践中，北京（西电捷通诉索尼）和深圳（华为诉三星）出现了两起在涉及标准必要专利的案件中法院肯定了权利人禁令请求的判决，尽管全球范围内各国相关机构和法院有讨论颁发禁令的条件，但在司法裁判中很少出现肯定权利人禁令请求的案例。这可谓是我国标准必要专利案件审理的“特色”之一。前述北京市高级人民法院《专利侵权判定指南（2017）》和广东省高级人民法院《关于审理标准必要专利纠纷案件的工作指引（试行）》所确立的具体规则也明显和两起案件的判决结果互相产生了影响。

在北京知识产权法院裁判的西电捷通诉索尼案件[3]中，原告西安西电捷通无线网络通信股份有限公司（以下简称“西电捷通公司”）2002年11月申请的名称为“一种无线局域网移动设备安全接入及数据保密通信的方法”的专利（以下简称“涉案专利”）于2005年3月获得授权，原告认为被告索尼移动通信产品（中国）有限公司（以下简称“索尼中国公司”）在手机的研发、生产和销售中使用了涉案专利，遂于2015年向北京知识产权法院起诉请求

---

[1] 华为技术有限公司与上诉人交互数字通信有限公司、交互数字技术公司、交互数字专利控股公司、IPR许可公司标准必要专利使用费纠纷案，参见深圳市中级人民法院（2011）深中法知民初字第857号民事判决书、广东省高级人民法院（2013）粤高法民三终字第305号民事判决书。

[2] 案例评释可参见：李明德．标准必要专利使用费的认定：华为公司与IDC公司标准必要专利使用费纠纷上诉案［J］．中国发明与专利，2018（6）：107-109.

[3] 西安西电捷通无线网络通信股份有限公司与索尼移动通信产品（中国）有限公司侵害发明专利权纠纷案，参见北京知识产权法院（2015）京知民初字第1194号民事判决书。

停止侵害和损害赔偿。

一审法院北京知识产权法院提出了基于“过错”来判断是否颁发禁令的裁判标准。该院认为：在许可费率谈判中“双方协商未果的情形下，被告实施涉案专利能否绝对排除原告寻求停止侵害救济的权利，仍需要考虑双方在专利许可协商过程中的过错”。具体而言：①“在双方均无过错，或者专利权人有过错，实施人无过错的情况下，对于专利权人有关停止侵权的诉讼请求不应支持，否则可能造成专利权人滥用其标准必要专利权，不利于标准必要专利的推广实施”；②“在专利权人无过错，实施人有过错的情况下，对于专利权人有关停止侵权的诉讼请求应予支持，否则可能造成实施人对专利权人的‘反向劫持’，不利于标准必要专利权的保护”；③“在双方均有过错的情况下，则应基于专利权人和实施人的过错大小平衡双方的利益，决定是否支持专利权人有关停止侵权的诉讼请求”。

一审法院在判定被告行为构成专利侵权的基础上，认为该案的具体案情符合上述标准中第②种情况，应该支持原告专利权人的停止侵害请求。其理由在于：案件双方当事人之所以迟迟未能进入正式的专利许可谈判程序，最重要原因是僵持在了“专利权人是否应该在没有签署保密协议的前提下提供权利要求对照表（实务中的侵权对比表）给实施人”这一问题。对于这一问题的协商情况，法院认定作为原告的专利权人没有过错，而被告实施人存在过错，所以在该案中肯定了原告提出的停止侵害请求权。在该案中，“是否提供权利要求对照表”成了判断是否存在过错从而颁发禁令的胜负手。法院认为在专利实施人基于已有的条件能够作出侵权评估的情形下，提供权利要求对照表不是对权利人的必需要求。被告即便在不借助原告提供权利要求对照表的情况下，“理应能够判断出其涉案手机中运行的 WAPI 功能软件是否落入涉案专利的权利要求保护范围”，却在协商过程中反复强调无法作出判断，属于“明显具有拖延谈判的故意”，“被告要求原告提交权利要求对照表并非合理”。而另一方面，原告在同意提供权利要求对照表的基础上要求签署保密协议是合理的。因此，法院判定双方迟迟无法进入正式谈判的过错在于被告实施人一方，从而肯定了原告提出的停止侵权请求。

被告不服一审判决，向北京市高级人民法院提起上诉❶。二审法院经审理后，同样通过考察双方在谈判过程中是否存在“过错”来判断是否应该颁发禁令，肯定了一审法院得出的双方当事人迟迟未能进入正式的专利许可谈判程序的过错在于原审被告的结论，最终在是否颁发禁令的问题上维持了原审法院的判决内容。值得注意的是，二审法院判断被告实施人在谈判过程中是否存在“过错”时，明显参考了北京市高级人民法院《专利侵权判定指南(2017)》中关于通过提供担保避免禁令的规定，认为被告实施人即使在诉讼阶段“也没有提出明确的许可条件，也未及时向人民法院提交其所主张的许可费或提供不低于该金额的担保，并没有表示出对许可谈判的诚意”，而这也是法院判断是否具有过错的考量要素之一。

（四）华为诉三星案件

另一起在标准必要专利案件中颁发禁令的司法案件是广东深圳的华为诉三星案❷。原告华为认为在和被告三星进行的标准必要专利交叉许可谈判中，被告存在违反FRAND原则、恶意拖延谈判的情形，请求法院责令被告停止专利侵权行为。在该案中，原

---

❶ 索尼移动通信产品（中国）有限公司与西安西电捷通无线网络通信股份有限公司侵害发明专利权纠纷二审，参见北京市高级人民法院（2017）京民终454号民事判决书。

❷ 华为技术有限公司与三星（中国）投资有限公司、惠州三星电子有限公司、天津三星通信技术有限公司、深圳市南方韵和科技有限公司侵害发明专利权纠纷案，参见广东省深圳市中级人民法院（2016）粤03民初816号民事判决书；华为技术有限公司与被告三星投资有限公司、惠州三星电子有限公司、深圳市南方韵和科技有限公司侵害发明专利权纠纷案，参见广东省深圳市中级人民法院（2016）粤03民初840号民事判决书。

告仅提出了停止侵害请求，并没有请求损害赔偿。法院同样通过许可谈判中的“过错”来判断是否颁发禁令[1]，认定在该案中被告存在明显过错，违反了 FRAND 原则，而原告没有明显过错，没有违反 FRAND 原则，从而支持了原告的禁令请求。

具体而言，法院分别从许可谈判的程序和实体两方面分析了原告和被告是否存在明显过错。在程序方面，法院首先考察被告是否存在过错，认为被告如下行为已构成恶意拖延谈判的“明显过错”：①坚持将标准必要专利和非标准必要专利打包捆绑谈判，拒绝单独就标准必要专利进行交叉许可谈判；②始终未对原告提交的权利要求对照表进行积极回应；③报价消极懈怠，不积极报价和反报价；④无正当理由拒绝依据惯例通过第三方仲裁方式解决；⑤在法院组织的谈判中没有提出实质性解决方案。而另一方面，法院认为原告虽然存在一定过错，但“事后向被告澄清了从第三方公司收购专利族数的事实，该过错并没有给双方谈判的整体进程带来重大影响，该行为不属于标准必要专利交叉许可谈判中的明显过错，没有违反 FRAND 原则”。

法院还从实体方面分析了双方是否存在明显过错，认为“原告根据自己所拥有的标准必要专利的实力，向被告给出的报价符合 FRAND 原则，而被告根据双方所拥有的标准必要专利的实力，向原告给出的报价不符合 FRAND 原则”，鉴于“被告的报价明显背离原告和被告所拥有的标准必要专利的实力”，不符合 FRAND 原则，从而认定被告在主观上存在恶意。

该案和前述西电捷通诉索尼案都是在标准必要专利案件中遵循了最高人民法院 2016 年《关于审理侵犯专利权纠纷案件应用法律若干问题的解释（二）》确立的“明显过错”判断标准，肯定了专利权人的禁令请求。但相较于西电捷通诉索尼案，华为诉三星

[1] 祝建军．标准必要专利适用禁令救济时过错的认定［J］．知识产权，2018（3）．

案至少存在以下几点不同之处。①对于双方谈判中难以达成一致的权利要求对照表问题,在西电捷通诉索尼案中,法院认为标准实施人在能够判断是否侵权的情况下仍反复索要权利要求对照表以此拖延谈判进程的行为是导致过错的原因;而在华为诉三星案中,法院认为标准实施人接受权利要求对照表后没有积极回应的行为也会导致“过错”。两个案件比对来看的话,恰好提示了实施人因不当对待权利要求对照表可能导致“过错”的两种不同类型。②西电捷通诉索尼案通过分析对待权利要求对照表的态度来判断双方是否存在过错,按照华为诉三星案法官提出的判断标准,属于通过考察“程序”事项来判断双方过错;而华为诉三星案中将双方的交叉许可费率报价是否合理也作为判断是否有过错而颁发禁令的依据,在一定程度上“介入了”许可费率高低的问题。③华为诉三星案法院在支持原告禁令请求的同时,又赋予了原告“暂缓”执行禁令的权利。这意味着法院判决生效后,如果双方达成许可协议或者经原告同意,可以不执行禁令。法院的这一做法,旨在鼓励双方继续进行标准必要专利交叉许可谈判。

四、小结

在涉及标准必要专利的案件中,专利权人的停止侵害请求权是否应该受到限制。对于这一问题,本文梳理了我国行政机关和司法机关在处理相关问题时产生的两种相对而言具有“中国特色”的实践经验。

第一种类型是专利被纳入标准时专利权人未履行披露义务可能导致无法行使停止侵害请求权。最高人民法院在2008年复函中提出:一旦专利被纳入标准(包括国家、行业或者地方标准),视为专利权人许可他人实施该专利,其停止侵害请求权受到限制。

尽管2012年最高人民法院在提审案件中判决专利权人仍然可以对已经被纳入地方标准的方法专利行使停止侵害请求权,似乎和2008年复函的原则恰恰相反,但由于该案专利被纳入的是地方

推荐性标准，并非强制性标准，且专利权人已经履行了披露义务，并不能当然适用2008年复函提出的原则，因此该案的判决和复函并不冲突，复函提出的原则依然有效。

2013年，国家标准化管理委员会和国家知识产权局两家行政机关联合制定了《管理规定》，其中规定了参与国家标准制定的专利权人未披露专利的要承担相应法律责任，从而将专利被纳入标准时的披露义务首次正式规定在了政府公布的规范性法律文件中。

由于国际标准组织在制定标准的过程中，并没有课以专利权人强制披露义务，因此国内法严于国际通行规则的做法，在理论和实务界一直存在争议。将争议推向顶点的事件是2015年《专利法修正案》中意图将专利权人的披露义务纳入其中，并规定了违反义务可能导致的默示许可责任。鉴于理论界和实务界正反两派观点存在较大分歧，难以达成统一意见，2019年初公布的最新《专利法修正草案》中删除了相关条款，相关争论也告一段落。

虽然《专利法修正案》中删除了相关规定，但2013年《管理规定》和2008年复函所确立的判断原则依然有效，专利被纳入标准时专利权人未履行披露义务的法律后果，仍有待进一步明确。

第二种类型是标准必要专利许可费率谈判过程中，专利实施人的主观过错影响法院是否支持专利权人的停止侵害请求权。由于全球半数以上的手机在我国生产和组装，作为移动通信专利实施人"集中扎堆"的国家，标准必要专利许可费率谈判过程中的"反向劫持"问题在我国表现得更为突出。

为了应对这一形势，最高人民法院在2016年司法解释《关于审理侵犯专利权纠纷案件应用法律若干问题的解释（二）》中提出了在标准必要专利案件中是否颁发禁令，需要考察在许可费率谈判过程中专利权人是否违反FRAND声明以及专利实施人是否存在"明显过错"。依据这一原则，标准必要专利案件较多的北京市高级人民法院和广东省高级人民法院分别制定了相应的判定指南和工作指引，制定了一套以许可费率谈判中的"过错"为标准来判断是否颁布禁令的规则。

司法实践中也出现了两起法院支持标准必要专利权人停止侵害请求的案件。在北京审理的西电捷通诉索尼案中，法院认为标准实施人基于已有条件可以判断是否落入权利保护范围的情况下仍反复索要权利要求对照表的行为，导致谈判双方迟迟无法进入正式的许可费率谈判，存在“明显过错”，在专利权人没有明显过错的情况下支持了其提出的禁令请求。而在广东审理的华为诉三星案中，除了认为实施人收到权利要求对照表后没有积极应对等“程序性”事由之外，在当事人仅主张禁令并未要求裁判许可费率的情况下，法院将双方许可费率是否合理也作为判断实施人是否有过错而颁发禁令的依据，支持了专利权人的禁令请求。

由于标准必要专利上存在的“公共属性”，因此一方面限制专利权人行使禁止权，另一方面也保留专利权人通过许可协议收取费用的权利，这应该是标准必要专利制度设计的初衷所在。当许可费率谈判由于实施方的“明显过错”无法顺利进行时，法院通过重新“返还”专利权人禁令的方式促使双方重新坐在谈判桌前认真谈判，这是我国法院基于本国产业结构和市场情况作出的有益尝试。但是如何能避免重新启动的谈判不流于形式，并促成双方达成合理的许可费率，仍是未来制度设计需要进一步探索的重要课题。

电子商务法视野下的平台知识产权保护责任

李小武*

摘　要： 2018 年 8 月底，经过 5 年 4 次审议之后，我国的《电子商务法》终于出台。这部法律中对平台的知识产权保护义务进行了怎样的规定？其立法进程如何？是否存在较大争议？未来电商平台在知识产权保护合规过程中可能遭遇哪些困惑？本文尝试进行梳理。本文的篇章结构如下：第一部分，对现行的《电子商务法》中的规定及其审议过程中的不同版本进行展示和对比；第二部分，探讨条文背后的一般理解和争议；第三部分，对于电商法实施过程中可能的疑惑进行了探讨；第四部分，对中国《电子商务法》中的相关规定进行了评论和总结。本文认为，《电子商务法》的规定确实与国际潮流有所不同，尤其，现行规定与平台义务设立之初的自治原则完全背离，其到底是中国的一种有意义的尝试，还是人为地增加诸多法律诉讼，有待实践检验。

2018 年 8 月 31 日下午，第十三届全国人大常委会第五次会议以 167 票赞成、1 票反对、3 票弃权的结果，表决通过了《中华人民共和国电子商务法》（以下简称《电商法》）。该法从提出到表决通过，

* 作者简介：李小武，美团点评法务部法律政策研究院高级研究员，清华大学互联网法律与政策研究中心兼职研究员。

前后历时5年，而且经4次审议，中间立法进程一度停顿，在中国立法史上亦属罕见。由于《电商法》主要针对平台而制定，该法也通常被戏称为电商平台规制法或者电商平台法。而值得注意的是，在知识产权学者参与较少的情况之下，该法通过了一系列平台义务条款。

一、《电商法》中的知识产权条款

《电商法》在第41～45条专门规定了平台的知识产权保护责任，具体如下：

> 第四十一条 电子商务平台经营者应当建立知识产权保护规则，与知识产权权利人加强合作，依法保护知识产权。
>
> 第四十二条 知识产权权利人认为其知识产权受到侵害的，有权通知电子商务平台经营者采取删除、屏蔽、断开链接、终止交易和服务等必要措施。通知应当包括构成侵权的初步证据。
>
> 电子商务平台经营者接到通知后，应当及时采取必要措施，并将该通知转送平台内经营者；未及时采取必要措施的，对损害的扩大部分与平台内经营者承担连带责任。
>
> 知识产权权利人因通知错误造成平台内经营者损害的，依法承担民事责任。
>
> 第四十三条 平台内经营者接到转送的通知后，可以向电子商务平台经营者提交不存在侵权行为的声明。声明应当包括不存在侵权行为的初步证据。
>
> 电子商务平台经营者接到声明后，应当将该声明转送发出通知的知识产权权利人，并告知其可以向有关主管部门投诉或者向人民法院起诉。电子商务平台经营者在转送声明到达知识产权权利人后十五日内，未收到权利人已经投诉或者起诉通知的，应当及时终止所采取的措施。
>
> 因通知错误造成平台内经营者损害的，依法承担民事责任。恶意发出错误通知，造成平台内经营者损失的，加倍承

担赔偿责任。

第四十四条　电子商务平台经营者应当及时公示收到的本法第四十二条、第四十三条规定的通知、声明及处理结果。

第四十五条　电子商务平台经营者知道或者应当知道平台内经营者侵犯知识产权的，应当采取删除、屏蔽、断开链接、终止交易和服务等必要措施；未采取必要措施的，与侵权人承担连带责任。

在总计89条的篇幅中，《电商法》以多达5条的内容来规定知识产权保护，可见立法者对于平台知识产权保护的重视。四审稿中的变化可见表1。

表1　《电商法》立法进程中四次审议文本有关知识产权保护条款变化情况

立法进程	草案（一审稿）	二审稿	三审稿	四审稿（提交审议稿）
主要条款	第五十三条　电子商务经营主体应当依法保护知识产权，建立知识产权保护规则。电子商务第三方平台明知平台内电子商务经营者侵犯知识产权的，应当依法采取删除、屏蔽、断开链接、终止交易和服务等必要措施。	第三十五条　电子商务平台经营者应当建立知识产权保护规则，依法保护知识产权。 第三十六条　知识产权权利人认为其知识产权受到侵害的，有权向电子商务平台经营者发出通知，要求电子商务平台经营者采取删除、屏蔽、断开链接、终止交易和服务等必要措施。通知应当包括构成侵权的初步证据。	第四十条　电子商务平台经营者应当建立知识产权保护规则，与知识产权权利人加强合作，依法保护知识产权。 第四十一条　知识产权权利人认为其知识产权受到侵害的，有权向电子商务平台经营者发出通知，要求电子商务平台经营者采取删除、屏蔽、断开链接、终止交易和服务等必要措施。通知应当包括构成侵权的初步证据。	第四十条　电子商务平台经营者应当建立知识产权保护规则，与知识产权权利人加强合作，依法保护知识产权。 第四十一条　知识产权权利人认为其知识产权受到侵害的，有权通知电子商务平台经营者采取删除、屏蔽、断开链接、终止交易和服务等必要措施。通知应当包括构成侵权的初步证据。

续表

立法进程	草案（一审稿）	二审稿	三审稿	四审稿（提交审议稿）
主要条款	第五十四条　电子商务第三方平台接到知识产权权利人发出的平台内经营者实施知识产权侵权行为通知的，应当及时将该通知转送平台内经营者，并依法采取必要措施。知识产权权利人因通知错误给平台内经营者造成损失的，依法承担民事责任。 平台内经营者接到转送的通知后，向电子商务第三方平台提交声明保证不存在侵权行为的，电子商务第三方平台应当及时终止所采取的措施，将该经营者的声明转送发出通知的知识产权权利人，并告知该权利人可以向有关行政部门投诉或者向人民法院起诉。	电子商务平台经营者接到通知后，应当及时采取必要措施，并将该通知转送平台内经营者；未及时采取必要措施的，应当对损害的扩大部分与平台内经营者承担连带责任。知识产权权利人因通知错误给平台内经营者造成损失的，依法承担民事责任。 第三十七条　平台内经营者接到前条规定的通知后，可以向电子商务平台经营者提交保证不存在侵权行为的声明。声明应当包括不存在侵权行为的初步证据。	电子商务平台经营者接到通知后，应当及时依法采取必要措施，并将该通知转送平台内经营者；未及时采取必要措施的，应当对损害的扩大部分与平台内经营者承担连带责任。知识产权权利人因通知错误给平台内经营者造成损失的，依法承担民事责任。 第四十二条　平台内经营者接到前条规定的通知后，可以向电子商务平台经营者提交保证不存在侵权行为的声明。声明应当包括不存在侵权行为的初步证据。	电子商务平台经营者接到通知后，应当及时采取必要措施，并将该通知转送平台内经营者；未及时采取必要措施的，对损害的扩大部分与平台内经营者承担连带责任。知识产权权利人因通知错误造成平台内经营者损害的，依法承担民事责任。 第四十二条 平台内经营者接到转送的通知后，可以向电子商务平台经营者提交不存在侵权行为的声明。声明应当包括不存在侵权行为的初步证据。

续表

立法进程	草案（一审稿）	二审稿	三审稿	四审稿（提交审议稿）
主要条款	电子商务第三方平台应当及时公示收到的通知、声明及处理结果。	电子商务平台经营者接到声明后，应当及时终止所采取的措施，将该经营者的声明转送发出通知的知识产权权利人，并告知权利人可以向有关部门投诉或者向人民法院起诉。 第三十八条　电子商务平台经营者应当及时公示收到的通知、声明及处理结果。 第三十九条　电子商务平台经营者知道或者应当知道平台内经营者侵犯知识产权的，应当采取删除、屏蔽、断开链接、终止交易和服务等必要措施；未采取必要措施的，与侵权人承担连带责任。	电子商务平台经营者接到声明后，应当及时终止所采取的措施，将该经营者的书面声明转送发出通知的知识产权权利人，并告知权利人可以向有关主管部门投诉或者向人民法院起诉。 第四十三条　电子商务平台经营者应当及时公示收到的本法第四十一条、第四十二条规定的通知、声明及处理结果。 第四十四条　电子商务平台经营者知道或者应当知道平台内经营者侵犯知识产权的，应当依法采取删除、屏蔽、断开链接或者终止交易和服务等必要措施；未采取必要措施的，与侵权人承担连带责任。	电子商务平台经营者接到声明后，应当将该声明转送发出通知的知识产权权利人，并告知其可以向有关主管部门投诉或者向人民法院起诉。电子商务平台经营者在转送声明到达知识产权权利人后十五日内，未收到关于权利人已经投诉或者起诉通知的，应当及时终止所采取的措施。 第四十三条 电子商务平台经营者应当及时公示收到的本法第四十一条、第四十二条规定的通知、声明及处理结果。 第四十四条 电子商务平台经营者知道或者应当知道平台内经营者侵犯知识产权的，应当采取删除、屏蔽、断开链接、终止交易和服务等必要措施；未采取必要措施的，与侵权人承担连带责任。

二、知识产权条款的一般理解和背后争议

从《电商法》的立法进程看，这五条在初稿时尚不成体系，从二审稿开始，就一直保留现在的结构。在2018年8月底的四审稿中，条文有些微改动，主要是增加了最后一句话，即“电子商务平台经营者在转送声明到达知识产权权利人后十五日内，未收到关于权利人已经投诉或者起诉通知的，应当及时终止所采取的措施”。而最终的《电商法》，第42条后还增加了一句：“恶意发出错误通知，造成平台内经营者损失的，加倍承担赔偿责任。”

以下我们分别看一下条文的基本内容。

（一）第41条是宣示性条款

首先，《电商法》第41条是宣示性条款。不过，这一条或许为后续的平台治理提供了便利。

例如，根据《电商法》第63条，平台可以考虑建设在线争端纠纷解决机制，将在线纠纷解决模式作为平台知识产权治理的一部分。同时，根据《电商法》第58条，平台收取保证金在法律上已经获得了承认。那么如果平台内经营者被诉出售假名牌产品时，平台在对商标侵权者进行下架处理的过程中，还可以考虑用保证金对于购买了假货的消费者进行赔付。这些都可以成为平台知识产权保护规则的一部分。

（二）知识产权权利人得到更强的保护

《电商法》第42～45条是核心内容条款。但《电商法》第42～43条的平台的通知删除或者通知下架义务，从一开始就争议很大。[1]

一个最重要的原因是，在知识产权界的学者看来，通知删除义务是从《信息网络传播权保护条例》而来，但该条例针对的是

---

[1] 参见：杨明.《电子商务法》平台责任条款之失［EB/OL］. http：//wemedia.ifeng.com/16042679/wemedia.shtml.

网络著作权侵权，《电商法》则扩展到了商标权保护和专利权保护方面。如果说网络著作权是否侵权比较容易判断的话，那么商标权和专利权的侵权判定则相对困难。法院在受理商标或者专利侵权案件往往要花很长的时间进行裁判，平台凭什么比法院做得还好？即便是判定通知里是否包含“侵权的初步证据”，这个任务交给平台也有些勉为其难。

当然，民法学者则认为《侵权责任法》第 36 条早就给出了答案，因而这一规定不过是该条的具体体现，谈不上什么保护的扩张。❶

不管如何解释，在以往的电商实践中，商标权人和专利权人在主张自己是权利人以及提供了初步证据之后，并不能当然地获得电商平台的支持，对涉嫌侵权产品的链接进行删除，或者直接将商户产品下架。平台往往还是会在权利人和涉嫌侵权人之间进行沟通，希望权利人将诉求告知执法部门或者司法部门，等待执法部门或者司法部门的处理意见，然后采取相应的行动。因而可以认为，这几条意味着商标权和专利权人获得了比以往更强的保护。

也有可能，这些条款主要目的是回应其他国家希望中国加强知识产权保护的呼吁。美国 2017 年、2018 年针对全球的《特殊 301 报告》的中国部分都提到了《电子商务法》的立法工作。特别是，在 2017 年的报告中，美国贸易代表办公室呼吁：“中国于 2016 年 12 月底公布电子商务法草案以征求意见。至关重要的是，该法的最终版本一定不能破坏有关网络服务提供者（ISP）的侵权通知和停止侵权函制度，同时一定要建立一个平衡有效的通知-下架机制，利用该机制解决网络盗版和假冒问题并向 ISP 提供合理

❶ 参见：杨立新. 如何理解侵权责任法中网络侵权责任［EB/OL］. http://www.mlr.gov.cn/wskt/flfg/201004/t20100425_716682.htm.

保障。”[1]

不过，从全球知名的电商平台 Amazon 和 eBay 现行规则看，它们的在线知识产权保护仅仅限于商标和版权争端，而完全没有考虑专利保护。[2]

（三）防止滥用通知的可能

知识产权权利人获得更强保护的另一面，是可能的滥用通知权。既然法律要求权利人提供的是初步证据，商标权人和专利权人只要有相关权利证书，平台就应该考虑履行删除或者下架义务。这可能诱发名义上的知识产权权利人或者恶意的竞争对手，滥用通知程序，刁难合法电商经营者。

立法者显然考虑到了这一可能，因而初稿就规定“知识产权权利人因通知错误给平台内经营者造成损失的，依法承担民事责任”。同时，为抗衡无理通知，立法者从初稿就采用了一种反通知的规定，即“平台内经营者接到转送的通知后，向电子商务第三方平台提交声明保证不存在侵权行为的，电子商务第三方平台应当及时终止所采取的措施，将该经营者的声明转送发出通知的知识产权权利人，并告知该权利人可以向有关行政部门投诉或者向人民法院起诉”。通过事后追究通知人的责任，以及赋予被诉方发反通知的权利这两种手段，滥诉行为能够得到一定的控制。

同时，由于平台在保护平台过程中的重要作用，为了让电子平台进行合作，二审稿开始出现“电子商务平台经营者知道或者应当知道平台内经营者侵犯知识产权的，应当采取删除、屏蔽、断开链接、终止交易和服务等必要措施；未采取必要措施的，与

---

[1] 参见：美国2017年《特别301报告》［EB/OL］. http：//www. ipr. gov. cn/zhuanti/Reports/2017_Special_301_Report. html.

[2] 关于 Amazon 的情况，可参见 https：//sellercentral. amazon. com/forums/t/advice－on－notice－dispute－amazon－and－trademark－infringement－defense/309289。关于 eBay 的情况，可参阅 https：//www. ebay. com/help/policies/listing－policies/selling－policies/intellectual－property－vero－program？id＝4349。

侵权人承担连带责任”的规定。本来，这一规定是为了加强平台的监管义务；但是，与前面的两条规定结合起来看，可能反而给平台制造了麻烦。

最典型的例子是：甲商家作为权利人通知了乙平台，要求乙平台上的丙商家下架涉嫌侵权产品的销售，丙商家反通知乙平台认为自己不侵权，乙通知了甲方，告诉甲方应该找法院处理。甲方当然可以找法院处理，但在找法院处理的同时，也再次告诉乙方平台：“丙方侵权，你应该下架它的产品！”面对甲的再次通知，乙方在等待甲方到法院正式起诉期间，算不算是已经知道侵权而没有采取必要措施呢？会不会成为连带责任人呢？

可能因为有这样的顾虑，立法者在四审稿前夕进行了调整，将权利人的通知的作用放大，即通知之后，如果满足初步证据条件，原则上平台就应该对被诉方进行下架。至于反通知，依据现在的规定，并不会导致恢复禁止措施的结果，只有在权利人接到反通知之后仍然在 15 天之内仍然不起诉的，则平台应该恢复上架。

同时，对于权利人恶意利用通知程序的处罚加大，改为“加倍承担责任”。

经过这样的调整之后，反通知基本上就没有什么法律效力，除非被诉方同时寻求司法部门的介入。平台的责任也很明晰，基本上是权利人一满足通知要求，就下架。然后等待权利人起诉。权利人其实也很清楚，通知平台进行下架的时候几乎就意味着一场官司在前面。因为如果通知了导致了下架的结果之后，还不起诉，就意味着被诉方不清不楚地损失了至少 15 日以上的网上经营。

（四）《电商法》第 44 条如何理解

《电商法》第 44 条，要求公示纠纷冲突的整个过程，结合《电商法》第四章“电子商务争议解决”尤其是第 59 条、第 62 条、第 63 条的要求看，要求平台争议解决机制化及流程公开化，要求纠纷解决过程中透明且留痕，对于知识产权权利人的维权、取证，以及最终的法庭审理都有很大的帮助，这当然有值得鼓励之处。不过，公示的制度建设首先需要电子商务平台额外的投入，而且，公示到底是对争议双方，还是对双方的客户，还是面向网络平台的消费者，这里并没有清楚的规定。按理，应该是全面的公开，但是对于商业机构之间的纠纷，平台有没有必要这么做？是否局限于纠纷的双方更好？而且，政府在其中是否也应该发挥一定的作用？欧盟根据电商条例，建立了全欧盟的电子商务公共投诉网站，在商家或者消费者进行投诉之前由官方进行身份认定，从而保证投诉网不被滥用。而且政府建立官方网站，防止了重复建设，也统一了全欧的平台争议解决标准。尽管中国的情况和欧盟 20 多个国家拥有各成体系的法律系统的格局很不一样，但政府建立公网是否值得借鉴？尤其是在中国政府已经大力打造了“12315”这一类全国性的消费者权益保护平台的情况下。以上，都是可以商榷的问题，也有待实践中进一步观察。

三、合规疑惑

由上，在 2019 年 1 月 1 日《电商法》实施之后，存在以下的合规疑惑：

（一）关于通知删除义务

由于知识产权客体的逐渐扩张，通知删除义务是否会扩展到类似商业秘密、集成电路、植物新品种的保护上？侵权的初步证据标准是否以后会逐渐类型化？比如针对版权和商标、专利侵权有不同的标准，专利侵权中的外观设计、实用新型和发明专利又有不同的证据标准？如此，执法部门或者司法部门在日后是否应该出具相应的规章或者司法解释以总结这些经验？

这些困惑，在《电商法》实施之后的一段时间内不仅没有得到澄清，反而更为混乱。原因在于，在民法典分编的编撰过程中，电商法的立场得到加强，根据《民法典侵权责任编（二审稿）》第

970 条至第 972 条的规定，网络服务提供商对所有的民事权利，而不仅仅是知识产权的保护，都要采取类似的通知删除流程；而在《专利法修正案（一审稿）》中，《电商法》的立场似乎受到冲击。新增的第 71 条则规定：“专利权人或者利害关系人可以依据人民法院生效的关于是否侵权的判决书、裁定书、调解书，或者管理专利工作的部门作出的责令停止侵权的决定，通知网络服务提供者采取删除、屏蔽、断开侵权产品链接等必要措施。网络服务提供者接到通知后未及时采取必要措施的，对损害的扩大部分与侵权网络用户承担连带责任。负责专利执法的部门对假冒专利作出责令改正的决定后，可以通知网络服务提供者采取删除、屏蔽、断开假冒专利产品链接等必要措施。网络服务提供者接到通知后应当及时采取必要措施。”这似乎意味着，对于专利权侵权，权利人应该提供的是司法裁判文书或者行政决定书，才能起到通知的效果。

尽管这两部大法还在修订中，但出现如此紧张的对立，让平台何去何从？

另外，通知删除程序是否在实践中仍然存在被滥用的可能？尽管立法者已经穷其智慧，但或许仍有意想不到的实践出现。2019 年 1 月 24 日，杭州互联网法院对首例因恶意发出错误通知，造成平台内经营者损失承担赔偿责任的案件进行在线宣判。

该案中，投诉人江某并非涉案商标权利人，而是伪造印章、冒用商标权利人的名义，使用虚假的身份材料和商标证书向淘宝公司投诉，而被投诉的原告王某所售的产品均为海外直邮，直接发货至国内。根据商标平行进口理论，特定商品的商标已获得进口国知识产权法的保护，并且商标权所有人已在该国自己或者授权他人制造或销售其商标权产品的情况下，进口商未经商标权人或者商标使用权人许可从国外进口相同商标商品不构成侵权，所以王某有权进口相同商标的商品并且销售。尽管该案法官最后判决江某赔偿原告 210 万元，但该案的恶意通知时间实际是在电商法实施之前，也没有适用加倍赔偿。但该案已经充分体现出滥用的难断。

（二）关于争议的公示

《电商法》第 44 条的平台公示义务，固然有立法者的良好动机。但是全面公开是否也会带来一些负面效果？最佳的合规实践应该是什么？是执法部门以第三方的方式进行公开吗？发达国家的全球跨境电商比如 eBay 以及 Amazon 等，在保护用户权益方面包括争端解决的公示与否以及如何公示方面已经进行过一些探索，但它们的实践与我国现行法的规定似乎不符。例如，eBay 为了更有效地打击售假，有一个知识产权人认证计划，对商标权人和版权权利人进行确认，形成知识产权权利人清单，一旦这些清单上的权利人提出某些链接或者展示侵权，eBay 将直接断链或者屏蔽图片，而不通知涉嫌侵权的商户。而这些被删除的链接，在商户界面将持续 180 天，然后就自动消失。但是这一过程并不公开。对于其他的商户和消费者而言，不过是这家商户好像不卖某些东西了而已。Amazon 既往的知识产权争端解决经验也并没有争议的公示环节。对于平台而言，公示是增加成本增加风险的举措，没有外部压力，它何必采取如此行动？

四、对电商法的知识产权条款的评论

在《电商法》制定过程中，知识产权学者没有太多发声。一个很重要的原因是，电商法立法过程中并没有太多知识产权学者参与，而且，大多数学者可能并不认为，这样一部包罗万象、过于综合、立法目的来回转换的法律会获得通过。当然，这种想法已经被事实无情击碎。

真正关注这部法的进程的，可能更多地来自企业，尤其是类似 BAT 一类的大型网络平台公司。而在企业的呼声中，对于知识产权相关条款从一开始就认为其将版权侵权与商标、专利侵权的判定与后续维权的标准混在一起并不妥当。但这种声音，受到三

审稿之前几乎毫无变化的法律文本的压制。但就在公众普遍认为四审稿对知识产权条款也不会有调整之时，四审稿对于通知删除的整体流程进行了更改，直接导致未来的权利人的维权模式以及平台的应对与《电商法》之前的普遍实践有重大差别。

这种变化，对平台而言，可能并非负担。相反，因为现行条文表述清晰，对于接到权利人通知之后的平台应该采取的相应的措施并没有太多歧义。首先，平台必须对通知是否构成了侵权的初步证据进行判定，尽管这种判定的标准还存在一定的模糊地带，但一旦确认满足初步证据，平台就必须采取相关删除或者下架的措施；其次，平台还必须在收到被诉人的反通知之后将反通知转给权利人，并且开始计时，看15天之后权利人是否起诉，从而决定是否解除已经对被诉人采取的措施；最后，平台必须为解决知识产权纠纷争端而建立公示模块，使得争端的流程透明可见——尽管多大范围内的公开仍然可以商榷。

但是，从另外一个角度看，现行规定基本上排除了平台对知识产权争端解决的居中协调的作用，与英美发达国家在电商法发展之初希望通过平台实现平台自治（self regulation）的理念完全不同。

平台争议解决的相关流程，尤其是通知删除义务以及避风港原则的设定，在很大程度上是为了鼓励平台参与纠纷解决，以迅速处理市场交易过程中的诸多琐碎的争端，满足知识产权权利人的维权需要。但避风港的设置也使得很多平台可以置身事外，不进行事前的积极作为。而且在《电商法》之前，反通知成立之后就可以解除相关的措施，这就让平台可以发挥居中协调的作用，成为自治过程中最重要的一方。

现有的规定将打破这种格局，平台将不可能在自治过程中发挥主导作用。[1] 相反，平台更有可能变成一个纯粹的信息传递通道，对于主动进行纠纷解决处理的积极性将进一步降低。以笔者的认知，为了确保自身的利益，平台将成为一个优秀的二传手，将电商平台上的纠纷转给法院或者执法部门，而将自身排除在电商经营者的纠纷之外。这样一种转变，对于那些积极维护知识产权的平台而言，就不具有正面效果。但它至少保证了平台对于权利人的积极配合。

整个通知反通知流程的设定，与第 42 条第 3 款结合，事实上还将产生另外一个后果，即权利人维权行为的谨慎。已经有法官指出，一旦导致被诉人受损，应该是权利人也即提起通知的人进行赔偿。如果没有恶意，则应该是根据填平原则赔偿；如果是恶意通知，则必须加倍赔偿。[2]

这些条款的设置，确实与发达国家的既有经验有所不同，它掺杂了中国立法者的思考。从现在的内容看，权利人对于整个维权流程的设计肯定是满意的，平台也能够接受，但它是否会给被诉人造成一些不必要的负担？这需要时间来检验。

---

[1] 平台大概在区分不同的知识产权类别，要求根据不同的类别提供不同的初步证明的标准上还有一些作为的空间，这一空间或可控制有效通知的时间。

[2] 蒋强．解读电子商务法第四十二条第三款：无过错责任［EB/OL］．http：//wemedia.ifeng.com/81783591/wemedia.shtml.

人工智能生成内容的产权保护模式分析

袁真富*

摘　要： 当人工智能生成内容（以下简称 AI 内容）具有与人类作品相当的价值时，给予适度的产权保护有其正当性基础。不过，为 AI 内容提供著作权保护，将面临人工智能能否"创作"、AI 内容能否构成"作品"、"作者"是谁、权利主体是谁、人身权利归属问题、是否保护"过度"、"作品"是否泛滥等诸多质疑或问题。在现有的无形财产权体系无法提供适当的产权安排时，只有为 AI 内容寻求创设新的产权类型，并通过注册保护制和年费缴纳制等制度设计加以规制。从立法选择上看，将 AI 内容的产权保护植入著作权法框架只是权宜之计，单独立法或制定人工智能法皆是适宜的立法选择，当然这绝非易事。

引言

以谷歌 Alpha 系统为代表的人工智能（Artificial Intelligence，AI）技术已经取得了令人惊叹的成就，加之科幻影视剧的渲染，人们对人工智能生成内容（以下简称"AI 内容"）可以达到媲美人类的创造性，似乎开始深信不疑。事实上，在诗歌、绘画等领域，

* 作者简介：袁真富，上海大学知识产权学院副教授，研究方向为知识产权法。

人工智能在某种程度上已经做到了。

是否应当为这些AI内容提供适当的产权保护，成为一个颇受关注的话题。虽然目前主流的观点是主张给予AI内容以著作权（版权）保护，但从著作权的角度看似乎存在诸多的制度障碍或者令人担心的问题。有鉴于此，是否有必要突破当前的无形财产权体系，面向未来创设一种新型的产权类型，并重新设计相应的保护制度？这正是本文期待解决的问题。

一、人工智能生成内容产权保护的基础

假定人工智能可以自主生成具有创造性的内容，那么为何要对机器或者软件系统产生的内容给予法律保护？著作权法对作者的贡献予以认可并赋予其对作品享有著作权，是为了让作者能够运用该权利维护自己的人格利益和赖以生存的经济利益，从而激励作者通过创作来繁荣文化、艺术和科学事业。[1] 那么给予AI内容法律保护的正当性在哪里？当然，并非AI内容都值得保护，这里仅仅讨论是否保护那些与人类作品在创造性方面相仿的AI内容，也可以称之为AI“作品”——但这样容易让其与著作权画上等号。总体上看，保护AI内容的正当性可以从以下几个方面观察。

（一）AI内容有与人类作品相当的价值

如果承认人类创作的作品具有丰富社会文化、艺术生活，促进科技发展、社会进步的价值，那么与人类作品外观相仿的AI内容（作品）同样可以发挥相同的作用。作品是否具有值得法律保护的价值，显然不是由作者的身份所决定的，而是由作品自身的独创性所决定的。如果AI内容达到作品的独创性高度，没有理由不给予产权保护。有学者还担心，假若对AI内容不予保护，那么

---

[1] 雷炳德．著作权法：2004年第13版［M］．张恩民，译．北京：法律出版社，2005：7．

大量的具有独创性的AI内容直接进入公有领域，人类将有大量的免费优质内容可以使用，而不再需要通过付费获取内容，反而损害了人类创作者的版权利益。[1]

（二）AI内容仍然带有自然人的烙印

即使人工智能可以自主生成内容，但并不能否定人的作用。暂且不讨论人工智能机器或其程序开发人的技术贡献，即使一个开发成熟的人工智能系统，要生成具有价值的内容，也离不开它的开发人、所有权人或者使用人的信息饲喂或成长陪伴，就像父母付出了难以计数的时间、精力和财力，才把一个婴儿抚养成可以创作的作家一样（这个比方或许并不那么恰当）。甚至可以说，AI内容可能会带有对人工智能施加影响的自然人的烙印，诸如见识、视野、风格、趣味和偏好等。因此，给予AI内容产权界定，激励的不是人工智能本身，而是有可能作为权利主体的开发、拥有甚至使用人工智能的那些人。

（三）AI内容公有将导致难以归责的抄袭

没有自然人作者的AI内容，似乎可以直接进入公有领域，如同无主的信息一样，不为任何主体所控制。但将AI内容作为“无主物”对待，将会因为没有产权保护，而导致泛滥成灾的内容复制甚至抄袭行为，这并不利于发展一个井然有序的内容产业。理论上可以将擅自复制或抄袭的行为规定为违法行为加以规制，但如此一来，完全将AI内容置于公法规制的领域，公权力是否有余力、是否有兴趣对其管制，难以预料。何况，完全可以私法自治的领域，无须引入公共权力，并耗费公共行政的资源。

（四）防止“剽窃”AI内容的不道德行为发生

即使将AI内容置于公有领域，而不给予产权保护，也不能排

---

[1] 孙那．人工智能创作成果的可版权性问题探讨［J］．出版发行研究，2017（12）：17－19，61．

除自然人或法人为寻求经济利益或精神激励，故意不披露该内容系人工智能生成的事实，并自许为作者，从而让该内容可能因具备作品的表现形式而实际受到了著作权保护。从制度经济学的视角看，显然是制度的缺陷刺激了此种“剽窃”的不道德行为的发生。

（五）AI 内容的产权保护不意味着强保护

应该给予 AI 内容以产权保护，但并不是一定要给予强有力的保护。当前较多学者建议以著作权或邻接权的模式保护 AI 内容，可能并不适当，因为著作权法给予的保护力度太强，比如著作权的保护门槛太低，保护期限太长。根据 AI 内容的产生方式和激励目标，建立适度保护的机制，更有助于各方的利益平衡。

二、人工智能生成内容著作权保护的困境

主张对 AI 内容进行保护的学者，绝大多数都将焦点集中于著作权保护。然而，从著作权的角度看似乎存在诸多的制度障碍或者令人担心的问题。不过，很多制度障碍可能只是由于当前《著作权法》的构建是以人类智力为中心的，如果抛弃人类中心主义，也许会是另一番结论。

（一）人工智能能否“创作”的质疑

人工智能生成的小说、绘画、诗歌等已经屡见不鲜。人工智能微软“小冰”的原创诗集《阳光失了玻璃窗》已于 2017 年 5 月问世，[1] 媒体皆称之为人类历史上第一部 100％由人工智能创造的诗集。在进入机器学习阶段之后，人工智能通过深度学习这一突破性的技术进展，在没有人类的指示或者信息提供等帮助下，也可以自行收集和判断新的数据，主动学习并独立生成新的内容。但是，不少学者认为，目前人工智能仍然只是创作工具，其运作

---

[1] 小冰．阳光失了玻璃窗［M］．北京：北京联合出版公司，2017：1－240．

过程并没有脱离人类作者的算法预设，因而人工智能创作物仍是作者思想的延伸表达；[1] 迄今为止的人工智能只能按照人类预先设定的算法、规则和模板进行计算并生成内容。因此，人工智能的内容产生过程并不属于创作。[2] 在人工智能达到影视剧里的惊诧水平之前，即使 AI 内容具备了作品外观，相信会一直存在人工智能能否“创作”的质疑。

（二）能否构成“作品”的难题

虽然 AI 内容有可能具备“作品”的外观，甚至能够发挥“作品”一样的效用；但是，根据主流的著作权理论，作品传递的是自然人的思想和感情。几乎所有的著作权理论都强调作品必须是人类创作（human authorship）的作品。[3] 因此，类似动物、人工智能等非由人类“创作”的东西，不属于著作权法意义上的“作品”。美国版权局也强调“必须是人类创作的”作品才受保护：“对机器产生的作品、没有任何创造性输入或没有人类作者的干预而通过自动或随机运行的机械方法产生的作品，版权局也不会登记。”[4] 如果无法从理论上消除作品的“人格因素”，让作品摆脱自然人的思想和感情束缚，就很难为 AI 内容取得著作权法意义上的“作品”待遇。

（三）谁是“作者”的问题

在传统著作权理论的视野里，作品倾注了作者的创造性劳动，是作者精神人格的再现。虽然在例外情形下，法人和其他组织也可被视为作者，但大多数情况下，仅自然人才是作者。动物和机

---

[1] 王小夏，付强．人工智能创作物著作权问题探析［J］．中国出版，2017（17）：33－36．

[2] 王迁．论人工智能生成的内容在著作权法中的定性［J］．法律科学，2017（5）：137－147．

[3] 梁志文．论人工智能创造物的法律保护［J］．法律科学，2017（5）：156－165．

[4] U. S. Copyright Office，Compendium of U. S. Copyright Office Practices［Z］．§313.2（2014）．

器由于没有人格，即使“创作”出作品，也最多是人类的一种工具，而无法成为创作者。如果因为人工智能能够生成“作品”，就赋予其著作权法意义上的“作者”地位，显然会削弱以人类为中心的主体地位。如果人工智能不是作者，显然人类也不应该取而代之以“作者”身份，如此一来，在AI内容的著作权保护上，会出现“作者”缺位的不正常现象。

（四）谁是权利主体的困扰

先抛开AI内容进入公共领域从而没有权利主体这个观点，如果AI内容构成作品，其著作权的权利主体是谁？归纳起来，权利主体至少有六种主张：①人工智能创制人；②人工智能所有人；③人工智能使用人；④人工智能投资人；⑤人工智能本身（先虚拟拥有，所有权最终还是分配给了人类）；⑥人工智能技术所有人或机器所有人。[1] 无论哪种观点，AI内容所享有的权利最终都归属于人类，而非人工智能本身。显然，赋予这些主体以著作权的依据，大多不是因为他们付出了“创作”劳动，而是基于投资保护或孳息理论。从本质上看，著作权首先是为了奖赏创作者的独创性贡献，但在AI内容的著作权原始归属上，是与人工智能有着投资、所有、使用等关系的自然人（或法人）拥有了著作权，而作为“创作者”的人工智能没有获得，似乎也不应该获得著作权——以吴汉东教授为代表的绝大多数学者都否认人工智能拥有法律主体资格。[2]

（五）人身权利归属的难题

著作权的内容可以区分为人身权利与财产权利。基于政策考量以及人类中心主义，完全可以把AI内容的著作权均归属于自然人或法人——暂且不论其是人工智能创制人、所有人还是其他何

---

❶ 袁真富．人工智能作品的版权归属问题研究［J］．科技与出版，2018（7）：103－112．

❷ 吴汉东．人工智能时代的制度安排与法律规制［J］．法律科学，2017（5）：128－136．

种身份。但是，AI内容作为“作品”的人身权利，尤其是署名权亦归属于自然人或法人，显然并不合适，因为署名权本质上是表明作者身份的权利，如此操作反倒变成“身份欺骗”了。如果为了客观反映人工智能创作的事实，仍将署名的权利保留给人工智能本身，似乎又将人工智能作为权利主体加以对待了。

（六）保护“过度”的担心

著作权较强的保护力度是众所周知的，根据我国《著作权法》，任何类型的作品保护期都不会低于50年，这已经足以让人质疑给予AI内容如此高规格待遇的必要性。毕竟AI内容是自主生成的，给予过长的保护期，可能导致激励过度，使得大量的AI内容挤占版权市场。如果说绝大多数的自然人作者穷其一生难以创作出几部有影响、有价值的作品，因而给予其50年以上的保护期尚且有其理据，那么，AI内容既可以量产，又与自然人的人格利益关联极弱，显然不需要给予每一篇AI内容（作品）如此漫长的保护期。

（七）海量“作品”泛滥的疑虑

有学者担心，如果鼓励给人工智能“作品”提供著作权保护，会不会产生一个可怕后果：由于人工智能技术的发展，原本向市场输入的数量有限的作品将变得泛滥起来？《著作权法》原本为繁荣文化市场而精密设计的利益分配体系也将失去平衡。[1] 日本《知识财产推进计划（2016）》即指出：“人工智能创作物中的音乐、小说等作品一经创作完成即可得到知识产权的保护，这可能导致著作权作品数量的急剧增长，未来的制度改革中有必要优先考虑此点。”[2] 不过，即使不提供著作权保护，AI作品同样可能泛滥成灾，不如纳入法律保护的框架内有序引导，可能效果更佳。

---

[1] 曹源. 人工智能创作物获得版权保护的合理性［J］. 科技与法律，2016（3）：488－508.

[2] 日本知的財産戦略本部. 知的財産推進計画2016［EB/OL］.（2016－05－09）［2018－06－16］. http：//www.kantei.go.jp/jp/singi/titeki2/kettei/chizaikeikaku20160509.pdf.

三、人工智能生成内容产权保护模式的重构

（一）现有权利类型适用的困境

专利权保护的是技术成果，商标权保护的是商标标识，都不适合保护 AI 内容。至于商业秘密，理论上可以对 AI 内容进行保密，但这又与 AI 内容作为类似“作品”的利用方式背道而驰。因此，尽管以著作权保护 AI 内容存在诸多困难，甚至制度障碍，但客观地讲，在无形财产权（主要是知识产权）体系中，著作权已然是相对比较接近的产权选择了。

有学者主张用邻接权来保护 AI 作品。AI 作品上的权利应该是为了保护投资利益而存在的，它是一种广义上的邻接权。[1] 不过，设立邻接权的目的主要是保障传播者基于作品传播所付出的劳动，AI 内容的创作行为显然不是传播作品的行为，采取创设邻接权的模式可能会引发著作权理论体系的进一步混乱。[2]

（二）反不正当竞争法保护的局限

作为弥补知识产权法不足的兜底性保护，《反不正当竞争法》一直发挥了重要的作用。特别是近年来，在互联网领域层出不穷的纠纷，原告往往缺乏明确的权利基础，纷纷寻求《反不正当竞争法》一般条款来支持自己的主张。《反不正当竞争法》的一般条款能够克服现行知识产权法的不完备性，增强法律的适用性与权威性，并为竞争行为提供道德标准和价值判断。[3]

但是，采用《反不正当竞争法》保护仍然存在不少缺陷：①《反不正当竞争法》只提供消极的保护，并不能提供积极的产权确认，

---

[1] 易继明．人工智能创作物是作品吗？[J]．法律科学，2017（5）：137－147．

[2] 曹源．人工智能创作物获得版权保护的合理性［J］．科技与法律，2016（3）：488－508．

[3] 张平．《反不正当竞争法》的一般条款及其适用：搜索引擎爬虫协议引发的思考［J］．法律适用，2013（3）：46－51．

这对AI内容的产权利用和保护仍然有很大的限制。②从实践上看，大多数法院对于适用《反不正当竞争法》一般条款来规制竞争行为，十分谨慎。在AI内容的产权还处于模糊不清的情形下，他人使用该AI内容能否构成不正当竞争行为，将会在认定上面临很大的挑战。

（三）AI内容新型产权的创设

如前所述，将AI内容嵌入著作权体系中，要么按现行《著作权法》的规则获得过高且不必要的保护水平，要么修改著作权立法以保证对AI内容的适度保护。但基于AI内容的著作权保护而修改著作权立法，并不是简单的规则调整，而是对著作权制度根基的重大动摇。因此，对AI内容授予著作权（包括邻接权）保护，必须慎之又慎。当然，现有的其他无形财产权体系，也没有AI内容的容身之处。

目前来看，没有一种现成的产权模式可以适用于AI内容，在权利法定的原则之下，似乎只有寻求立法创设新的权利类型，才能满足AI内容的保护需求，避免AI内容的利用失序。通过为AI内容创设新型的产权，可以抛开以自然人作者为中心的著作权法理论，直接回避诸如人工智能能否“创作”、AI内容是不是“作品”、谁是AI内容的“作者”、谁是AI内容的著作权主体、AI内容的著作权保护是否过度等难题。更重要的是，可以借此为AI内容设计全新的产权保护制度，比如，取得权利须履行一定的保护程序、从投资激励的角度来确定权利主体、给予适当的权利内容和较短的保护期限、建立独特的侵权判断及法律责任制度等；同时，可以建立相应的机制防止海量的AI内容成为受产权保护的对象。

（四）AI内容产权保护的制度限制

创设一个新的无形财产权，并非易事，需要谨慎评估AI内容保护的必要性和可行性，尤其要坚持适度保护的原则。考虑到AI内容可以量产，要避免过度的产权供给；同时考虑到权利主体对

AI 内容的“独创性贡献”投入有限，坐享其成应当承担一定的义务（对价），因而有必要加以制度限制，兹举两例：

（1）对 AI 内容采用注册保护制。日本知识产权本部认为，应当建立类似商标那样的注册制度，以代替版权，或者通过修订《反不正当竞争法》等，禁止擅自利用人工智能创作物。[1] 对 AI 内容采取注册保护的模式，就相同或相似 AI 内容的注册或登记，按申请在先的原则将产权授予先申请人。注册保护制优势颇多，值得推崇：①抛弃著作权自动保护的原则，注册保护模式必然会指引申请人有限地挑选 AI 内容进行注册保护，防止海量 AI 内容涌进产权市场。②注册机关可以建立适当的内容审查机制，将独创性较低的 AI 内容扔进公有领域，从而有效限制大量独创性较低的内容获得权利。同时，可以采取技术手段防止抄袭或侵权的发生。③AI 内容的注册保护明晰了权利主体，确定了权利归属，有助于使用者、传播者判断内容来源，并协商内容授权。④通过注册保护可以厘清侵权责任。假设人工智能抄袭了他人（包括人工智能）的作品，按权利与责任相适应的原则，由注册人来承担适度的责任。

（2）对 AI 内容采用年费缴纳制。基于 AI 内容生成的特殊性，应当给予其远低于一般著作权所享有的保护期限，比如缩短保护期限至 10 年。即便如此，AI 内容的产权保护也不应当像商标一样缴纳一次注册费即存续 10 年之久，而更应当参照专利保护的模式，不仅注册保护应当缴纳注册费，权利维持期间还应当每年缴纳一定的年费，其原因在于：①借此经济负担让申请人更加谨慎地选择和注册保护 AI 内容，也有助于防止 AI 内容的产权供应失控。②通过年费缴纳进行经济调节，促使这些经过注册的优质 AI 内容早日进入公有领域。③由于需要缴纳年费，再加上注册费，申请人必然需要去甄别、发现市场价值较大的 AI 内容，从而促使

---

[1] 日本知的財産戦略本部．知的財産推進計画 2016［EB/OL］．（2016-05-09）［2018-06-16］．http：//www.kantei.go.jp/jp/singi/titeki2/kettei/chizaikeikaku20160509.pdf.

申请人对受保护的AI内容有了发现、选择或筛选的智力劳动参与，让该等AI内容获得产权保护更具合理性。[1]

四、人工智能生成内容产权保护的立法模式

（一）AI内容产权保护的立法选择

1. 植入著作权法模式

虽然AI内容即使满足独创性的要求，也不宜纳入著作权（包括邻接权）保护的范围；但是，从立法技术上考量，也不排斥在著作权法上增设关于AI内容保护的专门章节或条款。正如地理标志和普通商标差异甚大，但也不妨碍包括中国在内的诸多国家的商标法将地理标志保护一并收编。[2] 毕竟受保护的AI内容比较接近自然人创作的“作品”，因而AI内容的产权保护可以暂时栖身于著作权法（但仍然是独立于著作权的新型产权）。

2. 单独立法模式

考虑到现行法律（包括知识产权法）均无法直接包容AI内容的保护，为赋予AI内容以独立的产权地位，可以单独制定保护AI内容的法律法规。类似的情形可以参照欧盟“数据库保护指令”，该指令作为数据库特殊权利保护制度，相对于著作权、反不正当竞争保护或者合同、技术措施控制而言，可能是最合理、最有效的一种模式。[3] 通过为AI内容单独立法，可以彻底摆脱著作权的枷锁，更加自由地定义受保护的对象、权利获得的程序、权利归属的规则，以及权利维持的要求等。

3. 人工智能法模式

随着人工智能的飞速发展，受到挑战的绝对不只是知识产权

---

[1] 袁真富. 人工智能作品的版权归属问题研究［J］. 科技与出版，2018（7）：103－112.

[2] 王莲峰. 商标法学［M］. 北京：北京大学出版社，2007：200－201.

[3] 李扬. 数据库特殊权利保护制度的缺陷及立法完善［J］. 法商研究，2003（4）：26－35.

制度，整个法律体系都将面临重大的调整和变革。人工智能已经开始渗透到各个领域，涉及主体、人格、隐私、产品质量、侵权责任等问题，触及民事、刑事等越来越广泛的法律领域，甚至有发展为机器人法的趋势。[1] 从这个角度看，如同我国正在制定中的《电子商务法》一样，在未来我国极有可能专门制定《人工智能法》，全面规制人工智能涉及的各个方面的法律制度，包括 AI 内容的产权保护问题。

（二）各类立法模式的比较

将 AI 内容置身于著作权法的框架下，长远来看可能只是过渡性的制度安排，或者说是立法便利的权宜之计，虽然没有颠覆传统的著作权理论，但也会不可避免地危及著作权法体系。而为 AI 内容单独立法当然是最为理想的状态，但单独制定一部新的法律，并且创设新型的产权，从操作上讲绝非易事。至于人工智能法的模式，也不失为一种适当的选择，但牵涉到更为广泛的法律领域，若非人工智能在其他领域的法律问题亟待解决，否则全面启动人工智能法的制定，可能比为 AI 内容单独立法更为困难。

五、结语

在当前还处于“弱人工智能”的时代，AI 内容的独创性还没有完全征服人类，因此，人工智能的投资人、所有人等利益相关方对于 AI 内容的产权保护并没有那么强烈的要求。随着人工智能技术的高速发展，在未来进入“强人工智能”时代之后，如何有效保护 AI 内容必将成为迫切的需求，因而有必要及早做好理论储备和立法准备，确定 AI 内容产权保护的模式选择，以因应时代发展和技术进步所引发的法律需求。

---

[1] CALO R. Robotics and the Lessons of Cyberlaw [J]. California Law Review 2015，103 (3)：513.

人工智能与专利制度

张　鹏*

摘　要：涉及人工智能的专利问题主要集中在三类人工智能创新成果的专利保护方面：第一类是通用的已学习模型的专利保护问题；第二类是利用人工智能在某一特定技术领域进行的发明创造；第三类是人工智能作为一种创新工具参与研发过程所完成生成物的专利保护。本研究集中在上述三类创新成果与专利法相关问题，指出：在通用的机器学习模型方面，结合了人工智能程序与机器学习后获得参数的权重等已学习模型可以作为计算机程序获得《专利法》的保护，而对于类似于数据的机器学习后获得的参数权重难以获得《专利法》的保护，但可以通过《反不正当竞争法》从商业秘密角度获得保护；在某一领域利用人工智能进行发明创造方面，比如利用人工智能程序研制新药，可以作为计算机程序获得专利法保护，即为解决发明提出的问题，以人工智能算法为基础，由此编制计算机程序，对计算机外部对象或者内部对象（某一具体技术领域的应用）进行控制或处理的技术方案；在利用人工智能获得的生成物方面，主要涉及何者认定为专利权主体。对此，参与了“课题设

* 作者简介：张鹏，中国社会科学院法学研究所助理研究员，中国社会科学院知识产权中心研究员。

定”“解决手段的探寻”“验证与评价”的主体都可能被评价为权利主体。在现有人工智能技术环境下，难以排除自然人对于上述环节的参与，因此与传统专利法意义上“人”利用“工具”进行的发明创造活动没有本质区别。而伴随着人工智能技术的发展，即使达到了可以在上述环节中完全排除“人”的参与的情况下，亦不应将AI拟制为发明人，防止破坏专利制度激励人类创新活动的制度初衷。

一、问题概观

“工业革命”一词反映了最新技术发展的普遍性和破坏性潜力。虽然之前的工业革命导致重复体力劳动的自动化程度不断提高，但主要是由大数据、人工智能和物联网推动的第四次工业革命将此进程更推进了一步：导致整个工业活动的大规模自动化，包括以前由人类执行的重复智力任务。第四次工业革命可以显著提高生产过程的效率和灵活性，并增加产品和服务的价值。向人工智能的过渡已成为行业和政策制定者面临的重大挑战。现实中，在运输（自动驾驶车辆）、能源（智能电网）、城市、医疗保健和农业等领域中都深刻地改变了这些部门的组织方式[1]。

在此背景下，本报告将以中国对于通过人工智能完成的创新成果的专利法保护问题为中心进行分析和研究。其中涉及人工智能的专利问题主要集中在三类人工智能创新成果的专利保护方

[1] MÉNIÈRE Y, RuDYK I, VALDES J. Patents and the Fourth Industrial Revolution: The inventions behind digital transformation [EB/OL]. Munich: Europe Patent Office, 2017: 14. http://documents.epo.org/projects/babylon/eponet.nsf/0/17FDB5538E87B4B9C12581EF0045762F/$File/fourth_industrial_revolution_2017_en.pdf.

面[1]：第一类是通用的已学习模型的专利保护问题；第二类是利用人工智能在某一特定技术领域进行的发明创造；第三类是人工智能作为一种创新工具参与研发过程所完成生成物的专利保护。本研究集中在上述三类创新成果与专利法相关问题，指出：在通用的机器学习模型与算法方面，结合了人工智能程序与机器学习后获得参数的权重等已学习模型可以作为计算机程序获得专利法的保护，而对于类似于数据的机器学习后获得的参数权重难以获得专利法的保护，但可以通过反不正当竞争法从商业秘密角度获得保护；在某一领域利用人工智能进行发明创造方面，比如利用人工智能程序研制新药，可以作为计算机程序获得专利法保护，即为解决发明提出的问题，以人工智能算法为基础，由此编制计算机程序，对计算机外部对象或者内部对象（某一具体技术领域的应用）进行控制或处理的技术方案；在利用人工智能获得的生成物方面，主要涉及何者认定为专利权主体。对此，参与了“课题设定”“解决手段的探寻”“验证与评价”的主体都可能被评价为权利主体。在现有人工智能技术环境下，难以排除自然人对于上述环节的参与，因此与传统专利法意义上“人”利用“工具”进行的发明创造活动没有本质区别。而伴随着人工智能技术的发展，即使达到了可以在上述环节中完全排除“人”的参与的情况下，亦不应将 AI 拟制为发明人，防止破坏专利制度激励人类创新活动的制度初衷。

二、AI 算法专利

人工智能和机器学习基于用于分类、聚类、回归和降维的计算模型和算法，例如神经网络、遗传算法、支持向量机、k 均值、核回归和判别分析等。这些计算模型和算法本身具有抽象的数学

[1] 河野英仁．AI/IoT 特許入門：AI/IoT 発明の発掘と権利化の勘所［M］．経済産業調査会，2018：139．

性质，而不管它们是否可以基于数据的“训练”[1]。其中较为典型的机器学习过程（模拟神经网络下生成具有不同权重的参数）是一个类似于矩阵方程求解的过程。在 $y=kx$ 中，x 代表了已知的输入数据，y 代表了已知的欲求解的数据。而机器学习的过程就是机器不断通过试错找到代表不同权重的参数 k 的过程。这在中国专利法上构成“智力活动的规则和方法”（《专利法》第 25 条第 1 款第（二）项）。对于在中国专利法上被排除的“智力活动规则和方法”，在《专利审查指南 2010》[2] 第二部分第一章第 4.2 节中有具体的解释，即智力活动，是指人的思维运动，它源于人的思维，经过推理、分析和判断产生出抽象的结果，或者必须经过人的思维运动作为媒介，间接地作用于自然产生结果。智力活动的规则和方法是指导人们进行思维、表述、判断和记忆的规则和方法。由于其没有采用技术手段或者利用自然规律，也未解决技术问题和产生技术效果，因而不构成技术方案。在判断涉及智力活动的规则和方法的专利申请要求保护的主题是否属于可授予专利权的客体时，应当遵循以下原则：①如果一项权利要求仅仅涉及智力活动的规则和方法，则不应当被授予专利权。如果一项权利要求，除其主题名称以外，对其进行限定的全部内容均为智力活动的规则和方法，则该权利要求实质上仅仅涉及智力活动的规则和方法，也不应当被授予专利权。例如……计算机的语言及计算规则、计算机程序本身……②除了上述①所描述的情形之外，如果一项权利要求在对其进行限定的全部内容中既包含智力活动的规则和方法的内容，又包含技术特征，则该权利要求就整体而言并不是一种智力活动的规则和方法。

---

[1] European Patent Office. Guidelines for Examination：Part G - Patentability，Chapter II - Inventions，3. List of exclusions，3. 3 Mathematical methods，3. 3. 1 Artificial intelligence and machine learning [EB/OL]. https：//www. epo. org/law - practice/legal - texts/html/guidelines/e/g_ii_3_3_1. htm.

[2] 国家知识产权局. 专利审查指南 2010 [M]. 北京：知识产权出版社，2010.

由于计算机程序算法作用的对象往往是抽象的数据信息，与人类的思维步骤有着紧密的联系，并往往是利用纯粹的数学模型进行的设计，因此，在审查所要求保护的主题是否具有整体技术特征时，诸如“支持向量机”“推理引擎”或“神经网络”之类的表达通常属于缺乏技术特征的抽象模型。这样各领域通用的单纯的已学习模型作为一种广义的算法，属于《专利法》不保护的“智力活动的规则和方法”范畴。而对于人工智能和机器学习在各种技术领域中得到的应用则可以作为计算机程序申请专利并在满足专利要件的基础上获得保护（后述）。

对于单纯的学习后生成的权重是否可以受到专利保护的问题，由于已学习后生成的各参数权重仅可作为信息的提供与陈述，因此被排除出专利权保护的客体。已学习后生成的各参数权重仅可在与 AI 程序的结合基础上获得专利保护，但是此种情况下无法禁止他人单纯的抽出作为数据的“已学习后生成的权重”进行利用。“已学习后生成的权重”可以成为独立于 AI 程序而单独进行交易，并在其他载体上实现“移植”的情况下，对其财产价值的保护将成为重要的课题。[1] 事实上，现实中通过不断机器学习的过程更新不同参数的权重所生成的新的数据对于不断提高企业的生产效率有着十分巨大的影响，因此这些数据通过独立的传输和交易可以产生巨大的市场价值，在此种情况下，尽管存在有必要针对其创设一种 sui generis 保护的呼声。但是从恰当的给予该种创新活动的激励角度看，可能通过商业秘密的途径进行保护更加妥当。[2]

---

[1] 奥邨弘司. 人工知能における学習成果の営業秘密としての保護［G］//外川英明，高松孝行，加藤暁子，藤田晶子. 知的財産法のモルゲンロート：土肥一史先生古稀記念論文集. 東京：中央経済社，2017：216.

[2] 奥邨弘司. 人工知能における学習成果の営業秘密としての保護［G］//外川英明，高松孝行，加藤暁子，藤田晶子. 知的財産法のモルゲンロート：土肥一史先生古稀記念論文集. 東京：中央経済社，2017：217.

三、利用 AI 的专利

对于人工智能和机器学习在各种技术领域中得到的应用，例如在“基于人工智能的混凝土配合比设计方法”案❶中所述权利要求为：通过样本的混凝土性能指标与混凝土配合比之间的关系的分析学习，建立人工神经网络模型；基于该模型，采用遗传算法，设计优化出满足所有性能要求且成本最低的混凝土配合比。利用 AI 进行的创新活动离不开计算机程序的控制，因而这些创新方案在寻求专利保护时面临的主要问题仍然聚焦于“涉及计算机程序的发明专利”的保护问题。以下将结合中国与日本现有实践对于利用 AI 的专利要件与保护范围问题一一进行探讨。

（一）权利要求的撰写方式

2017 年国家知识产权局对《专利审查指南 2010》第二部分第九章第 5.2 节涉及计算机程序的相关发明申请的撰写要求进行了修改，❷ 修改内容涵盖以下几个方面：其一是将《专利审查指南 2010》第二部分第九章第 5.2 节第 2 段中所有的“功能模块”修改为“程序模块”；其二是将《专利审查指南 2010》第二部分第九章第 5.2 节第 1 段第 3 句中的“并详细描述该计算机程序的各项功能是由哪些组成部分完成以及如何完成这些功能”修改为“所述组成部分不仅可以包括硬件，还可以包括程序”；其三是将《专利审查指南 2010》第二部分第九章第 2 节第（1）项第三段第一句中的“仅由所记录的程序限定的计算机可读存储介质”修改为“仅由所记录的程序本身限定的计算机可读存储介质”。这样缩小了“计算机程序本身”的范围，进而允许采用“存储介质＋计算机程序”

---

❶ 原国家知识产权局专利复审委员会第 54952 号决定。

❷ 国家知识产权局《关于修改〈专利审查指南〉的决定》(2017)（局令第 74 号）2017 年 2 月 28 日发布，2017 年 4 月 1 日起实施。

的方式来撰写权利要求❶。在此种情况下对于计算机程序类发明创造的权利要求撰写方式上可以采取：以硬件装置为中心的产品权利要求、以程序模块为中心的产品权利要求、以流程为中心的方法权利要求以及以存储介质为中心的介质类权利要求。与此相对应，对于利用了AI技术的发明创造亦可以撰写出方法、软硬结合的装置、程序模块构架以及存储介质四种类型的权利要求❷。

对于利用AI专利的撰写方式，在日本2017年3月公布的《IoT相关技术审查标准》❸中在原有的方法专利、产品专利、存储介质和计算机程序四种权利要求撰写模式的基础上增加了结构化数据、数据构造以及已学习模型。其中已学习模型包括AI程序与已学习后生成的各参数权重相结合的一种新的权利要求种类。

对于此种已学习模型的创新过程，可以就生成已学习模型的计算机软件、利用已学习模型进行预测的计算机软件、已学习模型、具备已学习模型的设备、已学习模型的传送方法、已学习模型生成的权重的更新方法等撰写权利要求获得专利权保护❹。

（二）可专利性问题

"技术方案"是对要解决的技术问题所采取的利用了自然规律的技术手段的集合，即技术方案通常应当包含以下三要素：解决了技术问题、采用了利用自然规律的技术手段、获得了符合自然规律的技术效果的方案❺。而对于涉及计算机程序的发明专利申

❶ 洪岩．浅析人工智能技术的专利保护：以医疗领域为例［J］．知识产权，2018(12)：76.

❷ 洪岩．浅析人工智能技术的专利保护：以医疗领域为例［J］．知识产权，2018(12)：77.

❸ 特許庁調整課審査基準室．IoT関連技術の審査基準等について～IoT、AI、3Dプリンティング技術等に対する審査基準 審査ハンドブックの適用について～［EB/OL］．2017．https：//www.jpo.go.jp/shiryou/kijun/kijun2/iot_shinsa_161101.htm.

❹ 河野英仁．AI/IoT特許入門：AI/IoT発明の発掘と権利化の勘所［M］．経済産業調査会，2018：182.

❺ 北京市高级人民法院（2013）高行终字第1202号行政判决书。

请，则需考虑执行该计算机程序的目的是不是解决技术问题，或者运行该计算机程序对外部或内部对象进行控制和处理的过程是否是利用了自然规律的技术手段，以及所产生的技术效果是否符合自然规律。❶

在中国实践中对于利用 AI 的专利是否满足可专利性主题的要求，存在肯定例与否定例。其中作为肯定例，在“机器学习方法和装置”案❷中权利要求 1 请求保护一种机器学习方法，其利用不同的方法从未标注的数据集中自动标注和获取 n 个不同的种子集合；利用所述 n 个已自动标注的种子集合分别训练相应的 n 个分类器；对于所述 n 个已自动标注的种子集合中的每个种子集合，利用所述 n 个分类器中的除由该种子集合训练的分类器之外的部分或全部分类器对该种子集合进行验证，以及利用经验证的所述 n 个种子集合分别再次训练所述相应的 n 个分类器。对此，专利复审委员会合议组认为：“该方法采用了计算机设备对数据集进行自动标注并从中获取种子集合、利用种子集合训练分类器、交叉验证和再次训练分类器等数据处理的技术手段，解决了人工标注效率低、随机标注噪声大的技术问题，获得了提高数据标注的可靠性和准确性的技术效果。因此，权利要求 1 属于《专利法》第 2 条第 2 款规定的技术方案。”该案中认定满足可专利性要件的标准在于在分类方法用于技术目的的情况下，如果它们支持实现该技术目的，则生成训练集和训练分类器的步骤也可以有助于本发明的技术特征。在“用于转导数据分类的方法和系统以及使用机器学习方法的数据分类方法”案❸中独立权利要求 6 请求保护“一种用于使专利分类适应文件内容的变化的方法，其特征在于包括：接收至少一个有标记种子文件；接收一个无标记文件；使用所述至

---

❶ 国家知识产权局．专利审查指南 2010［M］．北京：知识产权出版社，2010：第二部分第九章．

❷ 原国家知识产权局专利复审委员会第 90317 号决定。

❸ 原国家知识产权局专利复审委员会第 97010 号决定。

少一个种子文件和所述无标记文件，训练一个转导分类器；使用处理器来使用所述分类器，将具有高于一个预设阈值的置信级别的无标记文件分类到多个现有的类别；自动创建至少一个之前非现有的新的类别和使用所述分类器将具有低于一个预设阈值的置信级别的无标记文件分类到所述至少一个新的类别；使用所述分类器，将至少部分所述之前分类的文件重新分类到所述现有的类别和所述至少一个新的类别；和将所述分类的文件的标识符输出给一个用户、另一系统以及另一过程中的至少一个”。对此，合议组认为：该解决方案采用了结合计算机装置的至少以下技术手段，例如，使用分类器将具有高于预设阈值的置信级别的无标记文件分类到现有的类别；而对于具有低于预设阈值的置信级别的无标记文件，则自动创建至少一个新类别并实现该文件到新类别的分类。由此可见，基于以上技术手段，本申请所要解决的问题是如何由机器自动学习调整对外部技术数据的分类从而在海量数据中及时发现所需的数据，属于技术问题。相应地，该解决方案获得了适于专利文件内容的变化而机器自动重新分类的效果，这属于技术效果。

而否定例为在“一种无创型健康评估模型的通用建立方法及其装置”案❶中，申请的权利要求1为请求保护“一种无创型健康评估模型的通用建立方法”，其表述为建立一种精确度较高的无创型健康评估模型的具体步骤，实质则是表现为一种计算机程序数据库，并通过本申请权利要求4，即个人计算机或微计算机、健康评估个体、无创型生物信息传感器、模拟/数字转换器的相互结合，从而实现对人体进行健康评估的目的。对此，判决指出：首先，根据本申请权利要求书的记载，执行该计算机程序的目的在于利用数据库中收集和统计的健康评估模型对某一个具体的人体进行健康评估，这一过程属于健康管理的范畴，不存在所要解决

---

❶ 北京市高级人民法院（2013）高行终字第1202号行政判决书。

的技术问题；其次，本申请所要保护的无创型健康评估模型，其所采用的积累多个个体案例的建立方法属于已有技术或公知常识；最后，该技术方案的实质仅仅是通过计算机、传感器和人体的连接，通过收集人体的相关信息，按照计算机数据库中收集的健康评估资料对该个体进行健康评估，其并没有给计算机的内部性能如数据传输、内部资料管理等带来改进，也没有给计算机的构成或功能带来任何技术上的改变，本申请的技术方案只是执行计算机程序所产生的结果，不属于符合自然规律的技术效果。从该案判旨可以看出：发明的构想如果过于抽象的话，没有脱离人脑的思维，那么不论在撰写权利要求中是否与硬件相连接，都不能满足可专利性。即某一个具体的人体进行健康评估，这一过程属于健康管理的范畴。而满足可专利性的情况是发明出了机器学习模型与硬件的具体连接，给计算机的构成或功能带来技术上的改变。

在可专利性要件方面，日本在《IoT 相关技术审查标准》附属书 B 第一章事例 2－14[1] 中就以"分析住宿声誉的已学习模型"为例，分析了发明适格性要件。该发明的权利要求为："对于相关的住宿声誉文本数据的输入，输出量化值的声誉住宿，使计算机运行第一与第二神经网络学习模型得到输出。"该发明的学习模型用于具有 CPU 和存储器的计算机中。根据来自存储在存储器中的学习模型的命令，计算机的 CPU 计算输入到第一神经网络的输入层的输入数据（与住宿设施的声誉有关的文本数据）。例如，基于在第一和第二神经网络中学习的加权系数和响应函数计算出通过语素分析获得的特定单词的出现频率，并且它用于从神经网络的输出层输出结果（值量化声誉）。由于通过使用硬件资源具体实现了软件的信息处理，因此根据权利要求的学习模型是利用自然法产

[1] 特許庁調整課審査基準室：《IoT 関連技術の審査基準等について》（2017 年），附属書 B 第 1 章 コンピュータソフトウエア関連発明〔事例 2－14〕"宿泊施設の評判を分析するための学習済みモテル"。

生的技术思想，满足“发明适格性”要求。

（三）充分公开问题

根据中国《专利法》第26条第3款规定的“所属技术领域的技术人员能够实现”的要求，一项发明创造可以获得授权需要满足所属技术领域的技术人员依据说明书记载的内容，并可结合所属领域技术人员的普通技术知识能够实现。具体到利用AI的专利是否满足该要求，在“小i机器人”发明专利无效行政纠纷案[1]中即涉及该问题。该专利权利要求为：“一种聊天机器人系统，至少包括：一个用户和一个聊天机器人，该聊天机器人拥有一个具有人工智能和信息服务功能的人工智能服务器及其对应的数据库，该聊天机器人还拥有通讯模块，所述的用户通过即时通讯平台或短信平台与聊天机器人进行各种对话。”对此判决指出：“说明书仅仅记载了具有一个游戏服务器以及提到实现互动游戏的设想，而对于游戏服务器与聊天机器人的其他部件如何连接，例如，对什么样的用户输入的什么内容传送到游戏服务器以及如何将用户的指令传送到游戏服务器中，完全没有记载。此外，根据说明书的记载和教导，过滤器对用户输入语句进行判断，判断为格式化语句的则通过查询模块24输出到查询服务器4，而判断为自然语句的则通过对话模块23输出到人工智能服务器3。因此，根据本专利说明书的记载，本专利的聊天机器人系统中，如果用户输入的是和游戏相关的语句，即使其能够由过滤器分析处理，其也只是被过滤器判断为自然语句或格式化语句，而送到人工智能服务器3或查询服务器4中，而根本不可能送到游戏服务器5中。由此可见，本专利说明书未充分公开如何实现本专利权利要求1所限定的游戏功能，违反了专利法第26条第3款的内容……”在本案中，“小i机器人”专利的说明书仅记载了具有一个游戏服务器以及提到实现互动游戏的设想，而对于游戏服务器与聊天机器人的

[1] 北京市高级人民法院（2014）高行（知）终字第2935号行政判决书。

其他部件如何连接，信息如何在用户和游戏服务器间传送等内容未作任何记载，因此认定不满足充分公开要件的要求。

（四）创造性问题

根据中国《专利法》第 22 条第 3 款的规定："创造性，是指与现有技术相比，该发明具有突出的实质性特点和显著的进步。"创造性要件是专利审查标准中的核心问题，同时也将实质性影响人工智能发明是否可以获得授权。在中国审查实践中现阶段存在正反两个涉及利用人工智能的发明创作是否满足创造性要求的案例。作为肯定满足创造性要求的案例，在"人工智能判定实现系统及方法"案[1]中，合议组认定："在具体实现一个系统时，如何对问题进行建模，如何进行编码设计，以满足上述多个目标，一直是软件实现中最关键、最困难的地方，其设计和实现也具有多样化。具体到人工智能判定系统，算法复杂，判定组合多，将判定需求抽象为两种类型，对应两个判断类，并将条件与条件权重对应设计成条件接口，将判定需求所用到的条件都通过条件接口实现为多个新建条件，在判断类中引用新建条件进行判定，其不是本领域技术人员容易想到的。因此上述区别技术特征作为一个整体也不属于本领域的公知常识。"在该案中合议组首先确定了欲解决的技术课题的复杂性，进一步认定专利申请人为解决技术课题所采取的技术方案，相比于现有技术具有创造性。即专利申请人所提出的人工智能采集的参数与条件所进行的判定，不是本领域技术人员容易想到。

作为否定满足创造性要求的案例，在"一种利用机器学习对网络设备进行分类的方法"案[2]中，合议组首先明确了权利要求与现有技术的区别，即权利要求 1 请求保护的技术方案与对比文件 1 所公开的技术内容相比，区别在于：a. 权利要求 1 的分类方法应

---

[1] 原国家知识产权局专利复审委员会第 139487 号决定。

[2] 原国家知识产权局专利复审委员会第 150141 号决定。

用于对网络设备的行为分类，对比文件 3 的分类方法应用于对网络流量的分类；b. 权利要求 1 中量化的数据包属性信息还进一步包括：所有相通信的节点数、与每个节点通讯量的分布、数据包的协议总数、主要使用的协议、设备型号、设备生产厂商。进而认定：对于上述区别 a，本领域技术人员熟知，网络流量是网络设备行为最直接、最具代表性的体现，在对比文件 3 公开了进行网络流量分类的基础上，本领域技术人员可以根据实际应用需要想到采用同样的分类方法对产生网络流量的网络设备进行分类，这属于本领域的惯用技术手段；对于上述区别 b，对比文件 3 公开了对数据流的持续时间、分组数量、分组长度等属性信息进行量化用于分类的方案，而权利要求 1 中列举的通信的节点数、节点通讯量、数据包的协议、设备型号、设备生产厂商属于网络通信领域中常用的数据包属性信息和设备自身属性信息，要对数据流量进行分类或对网络设备进行分类时，本领域技术人员通常会考虑到量化这些常用的属性信息，这属于本领域的惯用技术手段。

在创造性的判断方面，日本在《IoT 相关技术审查标准》附属书 A 事例 32 中就以“生产线的质量控制流程”❶ 为例，分析了创造性要件。根据权利要求 1 所述的发明为通过深学习训练神经网络，并使用学习后生成的神经网络，来估计造成不合格产品的制造条件。其中与现有技术相比所引用的发明和众所周知的技术在使用机器学习结果执行高度准确的估计方面具有共同的问题。通过应用公知的技术引用发明，通过使用所学习的神经网络通过深学习来学习神经网络，来估计造成产品不合格的制造条件，本领域的技术人员将容易想到它能够做到。对此，预想满足创造性要求，事例指出需要补充神经网络的加权参数乘以学习时的变量因子，此外，需要增加通过使用这样的遗忘系数可以构建更合适的

❶ 特許庁調整課審査基準室：《IoT 関連技術の審査基準等について》（2017 年），附属書 A 進歩性に関する事例集〔事例 32〕“製造ラインの品質管理フロクラム”。

学习神经网络所产生的不同于现有技术的技术效果。

（五）保护范围

对于利用AI的发明创造获得授权后其在侵权诉讼中的保护范围问题，中国尚没有类似案件发生。当然在中国的司法实践中存在与计算机程序相关的专利侵权案件。日本亦是同样的情况，即尚不存在实际发生的利用AI的专利侵权诉讼。唯一涉及利用人工智能的专利侵权案件可能是“会计处理装置”案。[1] 该案中被控侵权方法不同于原告而是使用了机器学习的方法进行会计类别的处理。对此，法院认定：被控侵权人通过实施手法的变更，且在原告的说明书中并未披露被告所使用的机器学习的实施方法，因此被告实施方法并不属于原告权利要求范围。对于一般性质的计算机程序专利的保护范围问题，日本既有司法实践均采取了较为严格的解释。诸如在被控侵权主体采取了手段变更、流程顺序的变更、硬件的更替等情况下均否定了侵权构成。[2] 值得关注的是在近期“金融商品交易管理系统案”[3] 中二审判决推翻了一审判决，作出了肯定侵权成立的结论。其中该案被控侵权人亦是通过实施手法的变更，且实施了在原告的说明书中并未披露被告的实施方法的情况。因此该案是否意味着日本司法实践对于计算机程序专利的保护范围问题改变了既有严格的立场仍有待观察。

四、利用AI的生成物专利

利用AI而产生的生成物相关的专利法问题主要涉及：如果在满足专利法上授权要件的情况下，是否可以获得专利权，以及何

---

[1] 東京地判平成29.7.27平成28年（ワ）第35763号（会計処理装置事件）。

[2] 更为详尽的研究请参考：李思思．侵害訴訟にみるソフトウェア特許：特許庁と裁判所の「連携プレイ」と裁判所の「単独プレイ」による保護範囲の限定の現況[J]．知的財産法政策学研究，2018（51）：161－192．

[3] 知財高裁平成29年12月21日判決（平成29年（ネ）第10027号（金融商品取引管理システム事件）。

者可以作为专利权的原始归属主体。依据大陆法系传统的“发明人主义”，认定只有从事了发明创造活动的“自然人”才可以作为发明人，进而再依据《专利法》上的权利归属规则确定专利权/专利申请权的原始归属主体。中国《专利法实施细则》[1] 第13条规定：专利法所称发明人，是指对发明创造的实质性特点作出创造性贡献的人。在完成发明创造过程中，只负责组织工作的人、为物质技术条件的利用提供方便的人或者从事其他辅助工作的人，不是发明人。在利用AI而产生生成物的发明人确定问题就转化为了参与发明创造活动的一系列主体中何者可以作为对发明创造的实质性特点作出创造性贡献的人。一般情况下，设定某一需要解决的技术问题的过程往往是显而易见的，对于发明创造并不具有突出贡献，而针对设定的课题通过技术手段探寻解决途径的主体往往被认定为“发明人”。但是如果提出某一需要解决的技术问题具有突出的非显而易见性，相反解决该技术问题的手段却是显而易见的情况下，设定课题的主体也会被评价为发明人。[2] 在某些情况下（诸如化学及药品等领域），即使能够通过自然选择随机设定研究课题与生成技术方案，但若要满足实施的要求，设计方案仍然需要人类“亲力亲为”来检测和实施，以使得该方案能够切实服务于人类所需，[3] 因此对于技术方案进行“验证与评价”的主体亦可成为“发明人”。也就是说参与了“课题设定”“解决手段的探寻”“验证与评价”的主体都可能被评价为对发明创造的实质性

[1] 中华人民共和国国务院令第569号（2010年1月9日发布，2010年2月1日实施）。

[2] 田村善之．第四次産業革命と知的財産法制度［J］．知的財産法政策学研究，2018（50）．

[3] 季冬梅．人工智能发明成果对专利制度的挑战：以遗传编程为例［J］．知识产权，2017（11）：65．

特点作出创造性贡献的人。❶

结合到利用 AI 而产生生成物的发明人判断问题上，在创新过程中，获取与整理数据的主体，设计 AI 学习程序的主体，使用 AI 学习程序发出学习指令的主体，设定研究课题的主体，对于创新成果进行评价和选择的主体，创新生成物的专利申请主体等均可能被评价为“发明人”。❷ 特别是在现有弱人工智能环境下所产生的 AI 生成物，与传统《专利法》上“人”利用“工具”进行的发明创造活动没有本质区别，在满足专利要件的情况下参与创新活动的自然人可以成为 AI 生成物专利权的主体。

问题的焦点是随着人工智能技术的发展，在脱离了人的参与而自律的进行创新活动的强人工智能环境下，如何评价 AI 生成物的可保护性与权利归属。也就是说，在激励理论之下是否有必要改变现有制度，即仅将自然人评价为发明人，进而认定专利权的归属，而在强人工智能环境下将 AI 拟制为发明人，使得不存在“人”参与的发明创造活动所取得的生成物获得专利保护。对此，有学者指出：通过给予结构化数据与 AI 程序本身一定程度的知识产权保护，已然可以实现对于创新活动的激励，已无必要一定要针对人工智能自律性质的创新活动再给予更多的激励，❸ 同时强人工智能环境下的生成物上的专利可能导致就同一主题产生大量发明活动，造成申请量过大、审查迟延等问题，并对于先申请制度下，最先申请的主体获得过度的保护。

---

❶ 在南京麦澜德医疗科技有限公司诉南京伟思医疗科技股份有限公司专利权权属纠纷案［最高人民法院（2017）最高法民申 4145 号民事裁定书］中就分别将“提出专利要解决的技术问题”“研发技术方案”“技术方案的可行性进行评估”的主体认定为发明人。

❷ 知的財産研究教育財団 知的財産研究所. AIを活用した創作や3Dプリンティング用データの産業財産権法上の保護の在り方に関する調査研究報告書［R］. 2017.

❸ 田村善之. 第四次産業革命と知的財産法制度［J］. 知的財産法政策学研究，2018（50）.

论药品专利领域利益平衡制度之构建

张永华*

摘　要：药品是一种特殊的商品，制药业也是对专利制度依赖最高的领域之一。在这一特殊的领域中，专利制度不仅肩负着激励药品创新的责任，也要兼顾到药品可及性。各国不断探索在专利法中对药品专利作出一系列特殊规定，以希望平衡好各方利益。本文着重探讨如何在药品专利领域构建这种利益平衡制度。

药品是人类用来战胜疾病维持健康的一种特殊商品。人类健康水平的不断提高离不开药品的创新。据统计，进入 20 世纪以后，人类的人均预期寿命有了显著提高，主要得益于药品和医疗技术的不断创新。以欧洲为例，公元前欧洲人的平均预期寿命仅 20 岁左右，以后持续缓慢地延长，1850 年左右才达到 40 岁，即在漫长的近 2000 年的历史中才延长了 20 岁。进入 20 世纪以后，人口的平均预期寿命迅速提高，2018 年欧洲主要国家人均预期寿命已经超过 81 岁，与古代形成了鲜明对比。这主要得益于新药物不断被研发出来，例如抗生素和疫苗等新药物使得导致人口大批

* 作者简介：张永华，北京市环球律师事务所合伙人。本文仅代表作者个人观点，不代表作者所在单位。

死亡的流行性传染病得以根治。[1] 不过在成就面前我们也一定要清醒地认识到，今天的人类仍然面临着很多不能治愈的疾病，例如癌症、艾滋病、心脑血管疾病、糖尿病等；还有不断出现的新疾病，例如SARS、埃博拉病毒导致的出血热等。人类要应对这些挑战，都要依赖新药品的创新。

与此同时也应该认识到，“尽管我们已经取得了令人瞩目的进步，但仍有数百万人因为缺少卫生技术而遭受和死于可治疗的病症。”[2] 要让药品真正能够真正治病救人，还要保障合理的价格，使患者能够负担得起。如果有药可用但患者买不起，药再好也没有用。在药品可及性方面我们同样面临严峻挑战。2016年联合国秘书长药品可及性高级别专家组发布的一份研究报告指出：“我们一方面，见证着科学和技术推动医学和医疗保健发展的巨大潜力；另一方面，我们也面临着解决许多国家和社区的疾病负担和新兴疾病方面所存在的差距和失败的挑战。”[3] 因此，一国的法律制度如何在药品研发者和患者之间维持一种利益平衡，不断考验着政策制定者的智慧，也引发了很多关注和争议。尤其是在药品专利保护方面，法律制度一方面肩负着激励药品创新的使命，另一方面也要照顾到药品可及性。这一平衡过程中涉及原研药企、仿制

---

[1] 人均预期寿命，是指假若当前的分年龄死亡率保持不变，同一时期出生的人预期能继续生存的平均年数，参见百度百科：https：//baike. baidu. com/item/人口平均预期寿命/7626803？fr＝aladdin。

[2] The United Nations Secretary－General's High－Level Panel on Access to Medicines Report：Promoting Innovation and Access to Health Technologies [R/OL]. 2016：7.（2016－09－14）. https：//static1. squarespace. com/static/562094dee4b0d00c1a3ef761/t/57d9c6ebf5e231b2f02cd3d4/1473890031320/UNSG＋HLP＋Report＋FINAL＋12＋Sept＋2016. pdf.

[3] The United Nations Secretary－General's High－Level Panel on Access to Medicines Report：Promoting Innovation and Access to Health Technologies [R/OL]. 2016：3.（2016－09－14）. https：//static1. squarespace. com/static/562094dee4b0d00c1a3ef761/t/57d9c6ebf5e231b2f02cd3d4/1473890031320/UNSG＋HLP＋Report＋FINAL＋12＋Sept＋2016. pdf.

药企和患者等各方的利益。本文将从药品专利保护制度方面分析这一平衡制度的构建。

专利制度不论对于激励创新还是药品价格都有非常重要的影响，因此也在这一利益平衡中起着非常关键的作用。一方面，由于药品研发具有周期长、投入高、风险大的特点，所以要激励药品创新必须给创新者一个稳定的回报预期，而专利保护制度就是其中最有效的保障制度之一，通过独占权让创新者能够获得“垄断”利润；另一方面，通过对专利保护设置一定期限，在保护保证创新者获得合理回报后，就不再保护该药品专利权，允许仿制药上市，而且要尽可能方便仿制药上市，通过更充分的市场竞争降低药价，提高药品可及性。纵观各国专利制度，多为药品专利保护问题作了特别规定，以保障上述目标的实现，这些特别规定包括药品专利延期、Bolar 例外、药品专利链接、专利实施强制许可等制度。接下来我们通过了解不同主体的利益博弈，来分析如何在专利制度中构建原研药企、仿制药企及患者之间的利益平衡。

一、药品专利保护的特点

我们先通过分析药品专利保护的特点，来了解一下不同主题在专利保护背后的利益博弈。

首先，原研药企业对专利保护制度的依赖度是非常高的，药品研发前期投入非常高，失败风险也非常高，回报周期往往需要数年甚至数十年的时间。要激励各种创新要素不断投入药品研发，就要给创新者一个充分稳定的市场回报预期。专利保护能够让创新者在一定时期内独占新产品的市场，防止他人的抄袭和“搭便车”，从而能够获得相对较高的利润，保障其收回投资获得合理回报，这对于药品创新者来讲无疑是最重要的制度保障。如果没有专利保护或者说专利保护力度不够，药品创新这一人类战胜疾病挑战的“源头活水”就会受影响。因此，药品行业的创新是专利保护驱动最明显的行业，也是对专利保护依赖度最高的行业。因此专利制度必须要保证创新者能够获得合理的投资回报，否则就会影响到药品创新者的积极性。

其次，药品专利保护对药品价格有重要影响。这一点，在世界贸易组织2001年的《TRIPS与公共健康多哈宣言》中已经取得共识。[1] 专利保护保证了原研药企能够独占其专利药的市场，获取相对更高的利益回报。在药品专利期限届满仿制药上市后，由于市场竞争的原因，药品价格会明显下降。行业内往往用“专利悬崖”来形容原研药专利到期仿制药上市导致的药品价格急速下降的情形。因此制度制定者也希望在专利期限届满、原研药企获得充分利益回报后仿制药能够尽快上市，以降低公众用药负担。各国根据自己的不同国情，在各自制度的天平上维持原研药企和仿制药企的利益平衡。

最后，原研药企业一般自己独占市场，很少向仿制药企业发放专利许可，所以仿制药企很难在专利保护期限内通过购买专利许可去生产仿制药，只能等到药品专利期限届满。这似乎也是药品专利领域的一大特点，其他领域专利权人自己生产的同时也经常向他人发放专利许可，还经常会发生专利的交叉许可，但药品领域这种情况很少见。药品专利权人的目的当然是把自己的利益最大化。另外，药品市场的特点也使这种做法具备了可行性。对于一般消费品，消费者的需求是有差异化的，例如手机，如果市场只有一个品牌的手机，那简直不可想象。而药品则不同，治疗某一疾病的药品，全世界可能只有一种。而药品现代化的生产能力也让这种垄断具有可行性，一个现代化药厂的产能就可以供应全球市场。此外，药品的经济寿命一般很长，一款新药直到专利

---

[1] Declaration on the Trips Agreement and Public Health：WT/MIN（01）/DEC/2［EB/OL］. https：//www.wto.org/english/thewto_e/minist_e/min01_e/mindecl_trips_e.htm. 宣言第三段表示：“We recognize that intellectual property protection is important for the development of new medicines. We also recognize the concerns about its effects on prices”。

期限届满其市场需求仍然很大。例如，阿司匹林已经发明 100 多年了，现在仍然在临床广泛应用。在这种情况下，药品专利权人为了延长某一药品的市场独占期，往往会围绕新药及其各种改进去申请化合物、制备方法、晶型、剂型、给药方法、辅料等一系列专利，绵延不断。持反对意见者将其形象地称为“常青专利”[1]，认为原研药企业是在不当利用专利制度阻碍仿制药上市。当原研药核心专利期限临近届满时，仿制药会想办法尽快上市，原研药企业可能会以其他专利阻止其上市，这种利益博弈往往会在仿制药上市审批期间集中爆发。如何建立这一特殊时期的利益平衡规则，也是药品专利保护制度需要重点关注的。

二、关于药品专利的特殊制度

纵观世界各国专利法，多为了维持原研药企、仿制药企和公众的利益平衡，专门针对药品作了一些特殊规定，包括药品专利延期、Bolar 例外、药品专利链接、药品专利的强制许可等。下面我们将依次分析这些特殊制度的作用。

（一）药品专利延期

药品专利延期也称为药品专利期限补偿，是指在原研药上市审批周期过长而导致专利药品市场独占期过短的情况下，通过相应延长其核心专利保护期而补偿其市场独占期的制度。药品专利延期制度起源于美国，此后日本、韩国、欧洲等国家和地区先后建立了延期制度。

根据《药品管理法》的规定，为了保障用药安全，新研制的药品要想上市销售，必须经过国务院药品监督管理部门批准。要

[1] The United Nations Secretary - General's High - Level Panel on Access to Medicines Report：Promoting Innovation and Access to Health Technologies [R/OL]. 2016：5.（2016 - 09 - 14）. https：//static1. squarespace. com/static/562094dee4b0d00c1a3ef761/t/57d9c6ebf5e231b2f02cd3d4/1473890031320/UNSG＋HLP＋Report＋FINAL＋12＋Sept＋2016. pdf.

想获得批准需要先按照规定向药监部门报送研制方法、质量指标、药理及毒理试验结果等有关资料和样品，经国务院药品监督管理部门批准后，再进行临床试验。在完成临床试验并通过审批后，再由国务院药品监督管理部门批准，发给新药证书。[1] 这个过程需要花费数年甚至10多年的时间。等原研药企拿到新药证书上市销售时，其专利权保护期限相对于其他产品专利而言已经所剩不多。相对于药品的高投入来讲，往往不足以保证其获得足够的回报。为了激励新药研发，很多发达国家就在专利法中引入了药品专利延期制度，将药品审评审批耽误的一部分时间以专利保护期限的方式补偿给原研药企。《巴黎公约》和《与贸易有关的知识产权协定》（TRIPS）并没有将药品专利延期作为成员的义务。所以，引入药品专利延期制度的主要是发达国家；而发展中国家缺乏新药研发能力，缺少激励的对象，专利延期反倒会延缓仿制药上市，影响药品可及性，所以绝大多数发展中国家没有引入这一制度。

（二）Bolar 例外

所谓仿制药，是指与某种原研药具有相同的活性成分、剂型、给药途径和治疗作用的替代药品。[2] 也就是原研药专利到期后，其他药企生产同样的药品就属于仿制药。对于仿制药而言，该种药品安全有效已经被证实，如果再申请上市的话，就不需要像原研药一样从头作实验来证明其安全有效性，只需证明仿制药与原研药具有相同的有效成分、剂型、药效及生物等效性，即可被批准上市。虽然仿制药的审批程序和所要提交的材料简单一些，所需时间稍短一些，但仍然需要不少时间。如果要让仿制药企等到原研药专利到期再开始准备试验数据提交申请，那么要等好几年的时间才能获批上市，这相当于变相延长了原研药专利的市场独占期。为了让患者能够在原研药专利到期后尽快买到价格相对低廉

---

[1] 《中华人民共和国药品管理法》第29条。

[2] https：//baike. baidu. com/item/仿制药/10483601？ fr＝aladdin.

的仿制药，很多国家的专利法都规定了一种不视为侵权的例外情形，即仿制药企在原研药专利到期前，为了准备将来上市审批所需要的实验数据而实施原研药专利的，不视为侵权行为。这一制度也是起源于美国，习惯上被称为“Bolar 例外”。

Bolar 例外的引入，能够为仿制药的迅速上市提供便利，有效提高药品可及性。

（三）药品专利链接

如前所述，如果原研药专利临近到期，仿制药启动上市申请程序，这时双方的利益冲突将集中爆发，而且是围绕原研药专利展开。

其实药品上市审批程序只评价药品的安全有效性，对于是否侵犯其他专利权并不是其需要判断的内容。而且多数国家专利法都有 Bolar 例外的规定，因此药品专利权人以提出上市申请的仿制药侵犯其专利权为由向法院起诉的，法院一般也不会介入。实际上，各国法律规定及药品审批部门的做法并不一样。如果药品审批程序完全不考虑是否侵犯专利权的问题，则不存在药品专利链接制度，专利纠纷只能等到仿制药上市后再解决；如果药品审批程序考虑是否侵犯专利权的因素，建立一套处理规则并引入法院对申请的仿制药是否侵犯专利权进行认定，药品审批部门根据法院判决来决定是否批准仿制药上市，就是建立了所谓的药品专利链接制度。

由于药品审评审批程序和专利纠纷解决程序都非常复杂，导致将二者结合起来的药品专利链接制度也非常复杂。以美国的链接制度为例，在仿制药上市审批程序中，如果遇到专利纠纷，药品审批程序会暂停 30 个月，等待法院对纠纷的裁决。中止期限届满前获得了法院判决，则据之决定是否批准仿制药上市；中止期限届满没有获得法院判决，则不再将专利纠纷作为考虑因素，继续审批程序。这套制度主要包括以下几方面的内容：橘皮书制度、仿制药专利声明、审批中止期和首仿药市场独占期制度等。

（1）橘皮书制度。相当于专利信息披露，是整套链接制度的基础。要求原研药企业在申请新药上市时，披露与该药有关的专利信息，并通过橘皮书向社会公布。并且要求列入橘皮书的专利仅包括涉及原研药的化合物、剂型、组合物和药品用途等专利。没有列入橘皮书的专利，不得作为在链接程序中主张权利的基础。

（2）仿制药专利声明。仿制药上市时，需要核对原研药企业登记在橘皮书上的专利信息，并根据不同情形分别作出以下四种之一的声明：一是没有相关专利登记在橘皮书上；二是橘皮书上登记的专利已过期；三是仿制药企业将在橘皮书所列专利到期后才开始制造、销售仿制药；四是橘皮书中所列专利无效，或仿制药企业申请的仿制药并不侵犯橘皮书中所登记的专利权。前述第四种声明也称为“专利挑战”。

（3）仿制药审批中止期。对于提交前述第一和第二种声明的仿制药申请，美国食品药品管理局（FDA）推定其没有专利问题而径直审批。对于提交第三种声明的仿制药申请，FDA 将等到相关专利期限届满后再批准。而如果仿制药企业提交第四种声明，则应提交未侵权或原研药企业专利无效的证明材料，并通知专利权人。如果专利权人在获得通知后 45 日内向法院起诉的，FDA 将暂停仿制药上市审批 30 个月，直到法院作出判决，或中止期届满。

（4）首仿药市场独占期。这是一项促进仿制药上市的措施。原研药专利只是被推定为有效，而且仿制药的技术方案和原研药专利之间的对应关系也并非一目了然，因此当原研药企认为仿制药落入其药品专利保护范围时，仿制药企业可以抗辩专利无效，或者抗辩自己的技术方案没有落入原研药专利的保护范围。但这可能都需要花费人力物力，如果宣告专利无效后，其他仿制药企业也可因此而顺利获得上市，似乎不太公平。为了鼓励仿制药企业去挑战原研药专利，该法案规定第一家成功挑战原研药专利并获得上市许可的仿制药企业，将享有 180 天的市场独占期。在这

180 天内，FDA 不会再批准其他仿制药厂的上市申请。“挑战专利成功”包括无效原研药相关专利，以及司法判决确认仿制药不侵犯原研药专利。

因此，药品专利链接制度是指将药品上市审批程序与药品专利侵权判断程序相衔接的制度。其是为了调整仿制药上市过程中原研药与防制药生产者之间的利益博弈而建立的一套规则。这一制度能够让法院提前介入药品专利纠纷，避免事后解决纠纷给各方造成更大损失。专利链接制度起源于美国，其后加拿大、韩国、澳大利亚等国也引入了这一制度。

（四）专利实施强制许可

所谓专利实施强制许可制度，是指特定情况下，行政主管机关可以作出决定，允许强制许可请求人在未经专利权人许可的情况下实施其专利的制度。强制许可制度最早规定在《巴黎公约》中，它允许各成员国设立自己的强制许可制度，目的是防止专利权人滥用其权利。强制许可制度虽然不是针对药品专利作出的特殊规定，但世界各国已发生的强制许可案例多数都是针对药品专利。因为药品专利权人一般是拒绝发放许可的，而药品又是与公共利益最直接相关的技术领域，所以导致强制许可多发。2005 年，世界贸易组织自其成立后第一次修改 TRIPS 协定，就是修改其有关强制许可的规定，增加了关于允许以药品出口为目的的强制许可的规定。

我国专利法规定了五种理由的专利强制许可，针对的情形都是当专利权的行使妨害到公共利益时，对专利权的行使进行一定限制，即可以未经专利权人许可实施其专利。当药品专利权人自己不实施也不许可他人实施，仿制药企请求获得专利权人的许可，专利权人无正当理由拒绝许可的，可以请求给予强制许可；为了公共健康，也可以颁发强制许可决定，不经过专利权人的许可实施药品专利，用以保障公共健康问题。

三、药品专利领域规则构建的基本原则

药品的专利保护对于激励药品创新以及药品价格都有至关重要的影响，虽然专利保护会推高药价，但这又是激励创新的必要手段。二者虽然表面上看是冲突的，但实际上是短期利益和长期利益的冲突，长远来看二者目标是一致的。只有解决好二者短期的利益冲突，才能服务于长远目标。因此，专利法律制度要平衡好各方的利益，需要遵循以下原则：

（一）激励创新为基础的原则

人类要战胜疾病的挑战，最根本的还是要靠药品的创新。而药品研发投入高、周期长、风险高的特点决定了这一领域需要特殊的制度安排，以给予创新者稳定的回报预期。创新是仿制的源头，如果没有原研药，仿制药也就无药可仿了。人们对于专利保护推高药价是有不少反对意见，但抱怨较多的是如何防止原研药企滥用专利制度阻碍仿制药上市，防止药品专利权人利用专利制度获得额外的利益，这是需要完善制度而绝不是否定制度来实现的。因此，通过充分的专利保护激励药品领域的创新，是药品专利领域规则的基础和前提。

（二）兼顾药品可及性的原则

充分有效的专利保护能够激励药品创新的积极性，但在专利保护期限届满后，就要尽可能地方便仿制药的上市，兼顾药品可及性问题，不要使专利制度成为阻碍仿制药正常上市的因素。尤其要关注的是如何防止药品专利权人滥用专利权阻碍仿制药上市，例如，如何防止“药品长青专利”问题，如何充分利用 Bolar 例外的规定，如何利用专利强制许可制度解决极端和紧急情况下的公共健康问题等。

（三）利益平衡原则

鉴于药品的特殊性，专利制度在构建这一领域的规则时必须

兼顾各主体之间的利益平衡。不同国家由于经济发展水平、医疗保障水平有差异，具体制度设计可能有差异，但基本宗旨是相同的，即在激励创新的同时，尽可能地保障药品的可及性。但需要更进一步认识到，专利制度的主要作用还应是通过保护激励创新，而保障药品可及性只是专利制度兼顾的职责。总体来看，保障药品可及性还是要依赖社会医疗保障体系建设，通过全社会的努力来降低患者的负担，而不是仅仅通过降低创新者的获利来实现。因此，专利制度在提高药品可及性方面，主要是建立防止药品专利权人滥用权利的制度，保障仿制药在药品专利过期后能够尽快上市。

四、利益平衡制度的构建

各国通过长期实践，已经摸索出一套制度。本文第二部分介绍的四种制度就是各国采用较多的制度，各制度相互配合，以维持原研药企、仿制药企及公众的利益平衡。药品专利延期制度，是根据药品的特殊性在专利制度中作出特别安排，用以保障药品研发者能够利用专利保护收回其投资并获得合理回报，以此激励药品领域的研发行为。而 Bolar 例外制度，也是根据药品上市审批的特殊性在专利制度中作出特殊的规定，保证在原研药专利过期后，仿制药能够迅速地上市，以在充分保护药品专利的同时，最大限度地提高药品可及性。药品专利链接制度则用一套复杂的规则解决药品审批过程中原研药企和仿制药企之间的潜在利益冲突，不仅保障对药品专利的保护，也能防止专利权人滥用权利阻碍仿制药上市。而专利强制许可制度是一种兜底的保障制度，当药品专利权人拒绝许可的行为妨害到公共利益时，或者发生公共健康危机时，可以对药品专利权进行一定限制，保障公共健康。

我国专利法从一开始就根据《巴黎公约》规定了强制许可制度，历次专利法修改都对强制许可制度进行了修改完善。《专利法》在 2008 年第三次修改时增加了 Bolar 例外的规定，为仿制药的顺利上市提供了制度便利。2017 年 10 月 8 日，中共中央办公厅、国务院办公厅联合印发《关于深化审评审批制度改革鼓励药品医疗器械创新的意见》(厅字〔2017〕42 号)，提出多项涉及药品知识产权的改革措施，包括探索建立药品链接制度、试点药品专利期限补偿制度等。2018 年 3 月 21 日，国务院办公厅发布《关于改革完善仿制药供应保障及使用的政策意见》，明确了促进仿制药生产销售的若干措施，其中包括按照鼓励新药创制和鼓励仿制药研发并重的原则，研究完善与我国经济社会发展水平和产业发展阶段相适应药品知识产权保护制度，充分平衡药品专利权人与社会公众的利益。

2019 年 1 月 4 日，全国人大就《专利法（修正案草案）》公开征求意见，草案建议在第 42 条增加一款规定："为补偿创新药品上市审评审批时间，对在中国境内与境外同步申请上市的创新药品发明专利，国务院可以决定延长专利权期限，延长期限不超过五年，创新药上市后总有效专利权期限不超过十四年。"明确了建议在专利法中引入药品专利期限补偿制度。如果这一建议被采纳，则药品专利延期、Bolar 例外、强制许可都写入了专利法，仅剩药品专利链接制度尚未写入。从制度平衡的角度看，这一套制度是相互配合的，共同维护各方利益平衡。如果药品专利延期引入专利法，将一定程度上延缓仿制药的上市，二者在上市审批阶段的利益博弈将更加激烈。从利益平衡角度看应当一并引入药品专利链接制度，以明确的规则解决仿制药上市过程中可能出现的专利纠纷。

对于未来我国药品专利链接制度的构建，有以下几方面的问题需要重点考虑：

一是充分考虑公众利益。药品专利链接制度不仅涉及原研药企和仿制药企的利益，还涉及广大患者的利益，对药品可及性有重要影响。因此应当充分考虑原研药企、仿制药企和公众三方利益的平衡。例如挑战专利成功的首仿药的一定时间的市场独占期

的设置，虽然原研药企的市场独占权被剥夺，但将市场独占权转移到首仿药企后，仍然没有形成市场自由竞争，不能有效降低药品价格。因此首仿药独占期的长短不仅仅要考虑原研药企和仿制药企的利益，还要充分考虑对公共利益和药品可及性的影响。再如，专利链接程序中，原研药企可能在面临专利挑战时与仿制药企和解，以赢得“双赢”的结果，但这种和解协议可能排除、限制竞争，损害公共利益，因此需要反垄断执法机构介入调查。

二是降低权利被不当行使的风险。药品专利链接制度相当于赋予专利权人一种类似禁令救济的中止权，有权中止仿制药审批程序，但该权利行使的门槛远低于禁令救济权。法院颁发临时禁令要对是否侵权及是否必要发放禁令进行初步评估，权利人还要缴纳担保金，如果最后认定不当行使权利，还要赔偿对方因禁令所遭受的损失。而药品权利人只要拿到法院受理通知就可以中止仿制药上市审批程序，法院受理的门槛很低，权利人也不需要缴纳担保金，没有任何后顾之忧。这种权利义务的不对等容易导致权利的不当行使，美国制度在实践中出现的一些问题已经证明了这一点。因此，药品专利链接制度在设计时应当考虑如何平衡好各方权利义务，降低权利被滥用的风险。

三是进一步明确上市药品目录集专利信息的披露规则。上市药品专利信息披露是后续专利纠纷程序的基础，信息披露的完整性和准确性直接影响链接制度实施的效率。为了保证披露信息的准确性，应当进一步明确披露的规则和不披露的法律责任。例如美国法规定，只有涉及原研药的化合物、剂型、组合物和药品用途等专利才能够列入橘皮书；而药品包装专利、代谢产物或中间体专利不得列入，只有列入的专利才能够成为权利人主张权利的基础。

四是法院介入专利链接程序的方式。因为我国专利法有 Bolar 例外的规定，仿制药企为提供行政审批所需要的信息，制造、使用、进口专利药品或者专利医疗器械的，以及他人专门为其制造、进口专利药品或者专利医疗器械的，不视为侵犯专利权，所以在仿制药审批阶段法院会以不侵权为由驳回原研药企的诉讼请求。因此，要构建专利链接制度，让法院在仿制药审批阶段就将来可能发生的专利纠纷提前进行判断，还需要有配套制度。美国专利法为此专门规定了针对药品专利的“拟制侵权”制度，将仿制药提交上市审批申请视为“拟制侵权”行为，以此作为法院受理此类案件的理由。为了让人民法院在仿制药上市审批阶段介入专利纠纷并作出判断，可以参照现有的确认之诉，规定在专利链接程序中，无论药品专利权人还是申请上市审批的仿制药企，都可以请求法院确认申请上市的仿制药技术方案是否落入某药品专利的保护范围，并作出裁判。

五是中止期和首仿独占期的期限设置。这两个期限的长短直接关系到原研药企和仿制药企的利益，决定了它们利用链接制度的积极性，也决定了这一制度被恶意利用的风险。例如，如果中止期过长，原研药企很容易利用这一制度延缓仿制药上市，因为启动链接程序也不需要承担因此给对方造成的损失。所以这两个期限的长短不仅要考虑到专利纠纷的审理期限，也要考虑到药品审评审批期限，以在许可的范围内将中止程序给仿制药审批程序带来的影响降到最低。

美国专利侵权惩罚性赔偿制度研究

俞风雷　张　正*

摘　要：我国郑重表示要引入惩罚性赔偿制度，在公开的《专利法修改草案（征求意见稿）》中首次将惩罚性损害赔偿引入到专利侵权赔偿中。由于在专利侵权案件中，补偿性损害赔偿往往难以充分弥补受害人的损失，需要适用惩罚性损害赔偿来填补不足；同时，惩罚性损害赔偿也能够对侵权人的行为起到惩治和遏制的作用。美国的专利侵权惩罚性损害赔偿制度已有234年历史，其具体原则发展和运用已相当成熟，对我国的立法和司法实践都有很强的借鉴意义。

惩罚性损害赔偿是指，为了惩罚带有主观恶意的侵权人，法院可以判给胜诉的专利权人2～3倍的损害赔偿，❶ 其作用在于弥补补偿性赔偿的缺陷，当侵权人带有恶意、故意、欺诈或者放任等主观态度，对受害人实施加害行为时，侵权人需要赔偿高于受害人实际损失的赔偿金。❷ 其有助于补偿受害人，惩罚侵权行为，

* 作者简介：俞风雷，天津大学法学院教授，知识产权法研究基地执行主任，早稻田大学法学博士（通信作者）；张正，天津大学知识产权法研究基地研究助理。资金项目：本文系国家知识产权局软科学课题“合成生物的知识产权保护体系研究”（项目编号：SS18-B-32）的阶段性研究成果。

❶ 李明德. 美国知识产权法［M］. 北京：法律出版社，2003：82.

❷ 张玲. 美国专利侵权惩罚性赔偿制度及其启示［J］. 法学杂志，2013（2）：47.

遏制重复侵权。

惩罚性损害赔偿是为了惩罚并威慑侵权人，[1] 防止侵权人重复侵权，同时警戒他人，降低侵权行为发生率，因此惩罚性赔偿多用于惩罚侵权行为。我国目前虽可以适用惩罚性赔偿，但主要体现在侵犯消费者权益、合同违约以及食品安全问题等案件中，知识产权侵权诉讼中还没有确立惩罚性损害赔偿。我国在《专利法修改草案（征求意见稿）》中首次提出对专利侵权适用惩罚性赔偿，[2] 随后的《专利法修订草案（送审稿）》（以下简称《专利法修改草案》）进一步完善了惩罚性赔偿规则。[3] 因关于引入的合理性以及具体的制度设计，学界仍存有争议，本文结合美国专利侵权中惩罚性损害赔偿的设定原则，分析研究我国引入惩罚性赔偿的正当性以及制度设计的展望。

一、惩罚性损害赔偿制度的发展

（一）惩罚性赔偿的起源与特征

对于惩罚性赔偿的起源，一些学者认为，公元前 2000 年的汉穆拉比法典是利用民事惩罚性赔偿最早的法律制度之一，公元前 1400 年的赫梯法律中也出现了惩罚性的赔偿损害的形式，以及公元前 200 年的印度法典中也有惩罚性赔偿的出现，甚至在《圣经》中包含的摩西法律，其中也有对盗窃等犯罪采用多重损害赔偿进

---

[1] HAWLEY D L. Punitive and Aggravated Damages in Canada [J]. Alta. L. Rev., 1980, 18 (3): 486.

[2] 《专利法修改草案（征求意见稿）》第 65 条第 3 款："对于故意侵犯专利权的行为，人民法院可以根据侵权行为的情节、规模、损害后果等因素，将根据前两款所确定的赔偿数额提高至二到三倍。"

[3] 《专利法修订草案（送审稿）》第 68 条第 1 款："对于故意侵犯专利权的行为，人民法院可以根据侵权行为的情节、规模、损害后果等因素，在按照上述方法确定数额的一倍以上三倍以下确定赔偿数额。"

行补救的案例。[1] 还有一些学者认为，早在古希腊、罗马和埃及多重赔偿就已被使用了，惩罚性赔偿的概念甚至出现在罗马法中。[2] 而英美法系惩罚性赔偿的起源，人们普遍认为最早出现在18世纪的英国，1763年的Huckle v. Money案[3]使惩罚性赔偿制度开始发展，也就是说，如果被告是出于恶意，陪审团可以裁定赔偿额超过原告的实际损失。[4] 美国最早适用惩罚性赔偿是在1784年的Genay v. Norris一案[5]中。起初，惩罚性赔偿只适用于诽谤、诱奸、恶意攻击、诬告、不法侵占住宅、占有私人文件、非法拘禁等给受害人造成名誉损失与精神伤害的案件中，后来则在各类案件中广泛适用。[6] 特别是对侵权行为，英美法系国家在民事诉讼中均允许惩罚性赔偿。[7]

美国的惩罚性赔偿制度最为完善，在知识产权上也广泛地适用。1793年的专利法案，首次确立了惩罚性赔偿在专利侵权中的适用，该法规定：可以裁决侵权人赔偿至少3倍于权利人转让或许可费用的赔偿金。[8] 为了满足司法实践中的要求，美国在1800年、1836年、1952年和2011年对专利侵权中的惩罚性赔偿规则进行了修改和完善。1800年法案将损害赔偿额从“至少等于专利权人转让或许可费用的3倍”修改为“损害赔偿额相当于实际受到损害的3倍”。1836年法案将法定最低限额的3倍赔偿金作为法

---

[1] SALES J B, Jr. COLE K B. Punitive Damages: A Relic That Has Outlived Its Origins [J]. Vand. L. Rev. 1984, 37 (5): 1119.

[2] 王利明. 惩罚性赔偿研究 [J]. 中国社会科学，2000 (4): 113.

[3] Huckle v. Money, 2 Wils. K. B. 206, 207, 95 Eng. Rep. 768, 769 (1763).

[4] INGRAM J D. Punitive Damages Should Be Abolished [J]. Cap. U. L. Rev., 1988, 17: 206-207.

[5] Genay v. Norris, 1 S. C. L. (1 Bay) 6 (1784).

[6] 王利明. 美国惩罚性赔偿制度研究 [J]. 比较法研究，2003 (5): 3.

[7] 阳庚德. 普通法国家惩罚性赔偿制度研究：以英、美、澳、加四国为对象 [J] 环球法律论，2013 (4): 145.

[8] 冯灵. 美国专利侵权惩罚性赔偿制度及其启示 [J]. 商业经济研究，2015 (6): 111.

定最高赔偿额，不超过实际损失的3倍。1952年法案保留了1836年规定的3倍赔偿的规定，允许“陪审团未确定赔偿金额时，法院可以进行评定，将赔偿金额增加到判定数额3倍以内”。[1] 2011年对专利侵权中惩罚性赔偿的规定主要体现在故意侵权的认定上，而数额的规定没有变化。美国专利侵权中的惩罚性赔偿制度的演变，表明惩罚性赔偿在专利侵权的适用中越来越严格。

（二）惩罚性赔偿的特征

惩罚性赔偿是在弥补补偿性赔偿的基础上产生的，二者之间存在有机联系。首先，在适用的条件上，只有满足补偿性赔偿的要件，才会考虑是否适用惩罚性赔偿。其次，计算惩罚性赔偿的数额，是以补偿性赔偿金为基础。美国法院在确定惩罚性赔偿金额时，要求在合理范围内，并与补偿性赔偿存有某种联系。因此，惩罚性赔偿在适用时具有其独有的特征。

1. 法定性

补偿性赔偿的确定是可以依照当事人约定的，例如，在《合同法》中，当事人可以就违约损害赔偿问题达成协议。虽然有时约定的数额大于实际损害，但该协议不是惩罚性赔偿，只是基于当事人的意思自治而产生。相比较而言，惩罚性赔偿具有法定性，必须由法律直接规定，或者由法官和陪审团决定，不得由当事人自由商定。

2. 惩罚性

惩罚性赔偿的作用包括赔偿和惩罚两个方面。一方面，惩罚性赔偿要赔偿受害人的实际损失，并且这种损失不仅仅是实际的财产损失，还应该包括精神损害以及因诉讼而支出的费用等。特别是在精神损害或其他损害难以计算时，惩罚性赔偿可以最大程

---

[1] MEANS S C. The Trouble with Treble Damages: Ditching Patent Law's Willful Infringement Doctrine and Enhanced Damages [J]. U. Ill. L. Rev., 2013 (5): 2009.

度维护受害人的利益。另一方面，确定的惩罚性赔偿数额会比受害人的实际损失多，具有惩罚性和制裁性。比如在专利诉讼中增加损害赔偿的理由更多是基于阻止侵权人，而不是赔偿专利所有人。[1] 这种加倍的赔偿，是对侵权人实施恶意侵权行为的惩罚和制裁，遏制重复侵权。[2] 同时也是为了警示他人，避免侵权行为的发生。所以惩罚性赔偿又称为"示范性赔偿"(exemplary damages)，就是要公开举例说明被告的不当行为，不仅要惩罚被告，而且要威慑他人，使他们因为担心后果而不做同样的事。[3]

3. 主观故意性

惩罚性赔偿是对侵权人要求的加倍赔偿，其具体的数额以补偿性赔偿额数为基础进行确定，因此惩罚性赔偿是在确定侵权行为已经构成补偿性赔偿后适用的，但因其赔偿的力度比补偿性赔偿更加严厉，在适用时需要以侵权人具有主观故意为条件。赔偿数额的确定也要考虑多种因素，比如加害人主观故意的程度、情节的轻重等。

4. 赔偿范围广泛性

补偿性赔偿仅赔偿受害人的实际损失，其数额是有限的，有时包括可得利益。但是惩罚性赔偿不需要限定在实际损失范围内，其数额几乎都大于实际的损失。在某些情况下，惩罚性赔偿适用于无法准确确定实际损害的情况，而且受害人的损失仅靠补偿性赔偿不能补偿。

二、专利侵权中引入惩罚性赔偿的正当性

从美国惩罚性赔偿的适用实践看，该制度在实施的过程中出

---

[1] ROPSKI G M, COOPERMAN M S. Damages in US Patent Litigation [J]. Int'l Bus. Law, 1993, 21: 470.

[2] JARPE G P. Winning Punitive Damages [J]. Litig, 1997, 23: 37.

[3] ROPSKI G M, COOPERMAN M S. Damages in US Patent Litigation [J]. Int'l Bus. Law, 1993, 21: 470.

现过一些问题，美国也通过几次修法对惩罚性赔偿的相关条款进行修改和完善。结合我国目前发展的需要以及惩罚性赔偿制度一定的优越性，本文认为在专利侵权中引入惩罚性损害赔偿具有正当性。

（一）适应我国法治环境建设的要求

惩罚性赔偿的引入顺应我国新时代知识产权保护与发展的趋势。2008 年，我国开始实施国家知识产权战略。10 年来，尤其是党的十八大、十九大以来，我国越来越重视知识产权的保护和发展。“必须坚持质量第一、效益优先原则，以供给侧结构性改革为主线，推动经济发展质量变革、效率变革、动力变革，提高全要素生产率，着力加快建设实体经济、科技创新、现代金融、人力资源协同发展的产业体系”“倡导创新文化，强化知识产权创造、保护、运用”[1] 等思想和策略不断被贯彻落实，加强知识产权保护，逐步形成了“严保护、大保护、快保护、同保护”的格局。2018 年 11 月 5 日召开的中国国际进口博览会上，习近平主席提出“将引入惩罚性赔偿引入知识产权侵权中，显著提高违法成本”。这表明引入惩罚性赔偿符合我国强化知识产权保护的要求，同时有助于促进发明创造创新，促进经济发展。

我国的经济建设正在蓬勃发展，国内自主知识产权的数量和质量也在日益提高，我国也更加注重知识产权的保护，知识产权权利人和相关大众对于加强司法保护力度，提高知识产权侵权赔偿额度的要求也越来越多。惩罚性赔偿的确立，是强化知识产权保护的重要方式，在一定程度上可以有效打击侵权行为，是顺应知识产权大发展的需要，符合我国新时代建设法治国家的要求。

将惩罚性赔偿适用于专利侵权中，可以起到赔偿、制裁与遏制的作用，在很多国家和地区适用，具有一定的积极作用。首先，惩罚性赔偿的适用能够加强对专利权人的保护，遏制侵权的发生。

---

[1] 参见《习近平在中国共产党第十九次全国代表大会上的报告》。

由于专利侵权的特殊性，专利权人往往要付出取证、鉴定和诉讼等高额的维权成本，又很难证明自身的实际损失，因而得到的赔偿与预期相差较大。另外，即使权利人最终胜诉，获得赔偿，但由于侵权成本较低，重复侵权时有发生。而惩罚性赔偿的赔偿数额是很高的，对于故意的侵权行为，会给侵权人造成较大的经济负担，有助于威慑侵权人。同时，惩罚性赔偿提高的侵权成本会让侵权人以及不确定的第三人望而却步，有助于减少侵权行为，制造良好的专利创造和实施氛围，推进社会和经济的发展。因此惩罚性赔偿既能够对重复侵权起到一定的遏制作用，又可以维护权利人的合法权益。

其次，惩罚性赔偿可以打破填平性原则的禁锢。我国目前的专利侵权损害赔偿金额的确定是以民法的填平性原则为基础的，其目的是弥补侵权所造成的损失。填平性原则的目的是对受害人进行完全补偿，以期使权利人与侵权人的财产状况回归侵权发生前的状态。这种补偿性赔偿的后果就是，权利人由于难以证明实际损失而得不到充分的赔偿，填平性原则失去作用，而侵权人因较低的侵权成本而重复侵权。侵权行为得不到遏制，权利人的合法利益难以保障。而惩罚性赔偿能够提高侵权成本，弥补补偿性赔偿的缺陷，保障权利人的利益。

（二）符合专利法的立法目的

专利法的立法目的在于保护专利权人的合法权益，鼓励发明创造。首先，基于专利权客体的无形性，专利权人不能以占有的方式保护该权利，侵权人很容易从公开的专利中获得其信息。并可能根据该信息创造出相同的专利产品，或者适当改造成更适合销售的专利产品，而专利权人不一定能在第一时间了解到自己的权利被侵犯。即使专利权人知道被侵权，根据我国现有的救济程序，权利人在收集证据以及举证上也比较艰难，最后获得的赔偿数额也相对较低。而对侵权人来说，侵权的成本相对较低，重复侵权的现象就可能会发生。惩罚性赔偿即产生，惩罚性赔偿的实施符合《专利法》"保护专利权人合法权益"的立法目的，能够通过增加违法成本加强对专利权人的保护。

其次，惩罚性赔偿除了保护专利权人的合法利益外，还能够阻止侵权人侵权以及继续侵权，同时也有一种示范的效果。对潜在的侵权人具有威慑的效果，能阻止或者减少侵权的发生。给予技术创新一个相对良好的环境，达到鼓励发明创造、推动技术革新的目的。

（三）满足公平正义的价值追求

公平正义是法追求的重要价值。在专利侵权案件中，主观具有故意的侵权人实施的加害行为，不仅会给专利权人造成财产上的损失，还可能会产生尊严等非财产上的损害。如果仅适用补偿性赔偿，专利权人的损害难以充分补偿，即会产生不公平。此时惩罚性赔偿作为一种矫正不公平的手段，符合法实现公平正义的目标。

在专利侵权中适用惩罚性赔偿，虽也有可能产生助长排除竞争行为，但通过惩罚性赔偿制度的设计，能够减少对经济发展的消极影响。应该注意到许可费用是影响惩罚性赔偿数额确定的因素之一，因此不能排除专利权人提高专利许可费用，而滥用惩罚性赔偿的可能。这种情况，将不利于企业提高创新能力，被许可人之间的纵向竞争以及许可人之间的横向竞争都可能受到限制。[1]此时惩罚性赔偿可能为专利权人滥用专利权提供捷径，从而增加排除竞争行为。

更应注意可能会导致裁判者在适用时滥用惩罚性赔偿的可能性。惩罚性赔偿数额的确定是法官或者陪审团的权力，给予了其较为宽泛的自由裁量权，在这种情况下容易导致权力滥用。美国

---

[1] LOVE N C. Nominal Reasonable Royalties for Patent Infringement [J]. U. Chi. L. Rev., 2008, 75 (4): 1750.

的陪审员也曾指出惩罚性赔偿容易出现惩罚性的审判方式。[1] 也就是说，在专利侵权中适用惩罚性赔偿时，法官将可以根据案件的情况在规定的最高惩罚性赔偿额范围内进行自由裁量，这可能会给予被侵权人过度的赔偿，而忽略侵权人的实际侵权情况。因此，我国引入惩罚性赔偿时应考虑到其局限性，合理地进行具体制度设计。

三、制度引入构建上的设想

（一）主观要件认定

惩罚性赔偿旨在惩罚侵权人的行为，防止侵权人及第三人实施侵权行为。因此被处罚的行为必须是故意行为（intentional acts），被告出于故意（deliberate）进行的。[2] 我国《专利法修改草案》第 68 条规定的惩罚性赔偿，适用的前提即“故意侵权”，那么关于“故意”应该以什么样的标准进行认定，是一个绕不开的难题。

1. 美国对故意侵权的认定

在美国由于专利侵权是一种严格的责任违法行为，侵权人的意图与确定专利是否受到侵害无关；即使事先不知道侵权，被告也可能要对专利侵权负责。但是，侵权人的心态在确定侵权是否故意（willful）时是相关的。根据美国专利法第 284 条，法院可以判决侵权人赔偿 3 倍于侵权赔偿数额的损害赔偿金。[3] 而对于如何认定“故意”，美国大致经历了 3 次大的变革。

---

[1] GOODING M K，ROOKLIDGE W C. The Real Problem with Patent Infringement Damages [J]. J. Pat. & Trademark Off. Soc'y，2009，91 (7/8/9)：485-486.

[2] HEWLEY D L. Punitive and Aggravated Damages in Canada [J]. Alta. L. Rev.，1980，18 (3)：493.

[3] MICHELETTI R R. Willful Patent Infringement after In Re Seagate：Just What is Objectively Reckless Infringement [J]. Chi.-Kent L. Rev.，2010，84 (3)：978.

(1)“合理的注意义务”标准。美国联邦巡回上诉法院(CAFC)在1983年的水下案件中首次确立了“合理注意义务”标准，以判定故意侵权行为。在该案中，原告对海洋管道专利主张专利权，被告在原告进行的许可投标中中标后，其律师以专利无效为由拒绝协商许可费用。法官认为，当潜在侵权人被实际告知存在另一专利权时，存在“合理注意义务”，也就是说“在相同或者相似情况下，一个谨慎的人能够注意到”。这种义务要求，潜在的侵权人对于自身可能进行的侵权活动，包括审查专利申请文件等材料之前，应征求律师的充分意见。该案后，法院在对侵权人的“故意”进行认定时，会要求被告提供法律意见，而一旦以律师与客户之间存在保密义务为由拒绝提供，就可能承担不利后果。❶这种“合理注意义务”的标准使侵权人在程序上处于极大的劣势地位，其需要承担举证责任，证明自己尽到了注意义务，并且很多时候被告被迫选择披露律师的意见作为辩护理由，❷这在一定程度上违背了律师与当事人之间的保密特权以及律师工作成果豁免权，侵权人若不提供律师的意见，承担惩罚性赔偿的可能性就很大。而对于权利人来说，诉讼成本降低，并有机会获得更多的损害赔偿。

(2)“客观轻率”标准。2007年，CAFC在希捷案中将“类似于疏忽”(akin to negligence)的主观标准提高到客观标准。专利权人因被故意侵权而寻求加倍的赔偿，首先需要有明确并令人信服的证据来证明，虽然侵权行为构成侵犯有效专利的客观可能性很高，但侵权人依然这样做。❸具体来说，该案中，原告起诉被告侵权其专利权，而被告出具了律师意见书以证明该专利的有效性存在质疑，并得到了法院的认可。而上诉法院认为“合理注意义

---

❶ 秦乐. 美国惩罚性赔偿最新判例对我国的启示［J］. 电信网技术，2017 (1)：16.

❷ HEFFAN I V. Willful Patent Infringement［J］. Fed. Cir. B.J., 1997, 7：115.

❸ In re Seagate Tech., LLC, 497 F.3d 1360, 1371 (Fed. Cir. 2007).

务”的标准太低，不利于对主观故意的认定，因此确定了“客观轻率”标准。该标准在适用中需要进行两步检验：第一，专利权人必须用明确且令人信服的证据来证明，虽然侵权人意识到自己的行为极有可能在侵犯有效专利权，但仍在从事相关的行为；第二，专利权人提供明确且令人信服的证据来证明被指控的侵权人知道或者应该知道侵权的风险。因此举证责任从侵权人回到了权利人，并且这种证明标准对于权利人的要求是比较高的。原告要证明被告构成“故意侵权”很难，进而无法获得惩罚性赔偿，降低了违法成本，难以遏制重复侵权。

（3）“主观恶意”标准。2016 年，在 Halo Electronics，Inc. v. Pulse Electronics，Inc. 案中，美国联邦最高法院对“故意侵权”提出了新的标准。该案中，原告光环电子公司认为被告脉冲公司侵犯了其专利权，并在发现被告销售其专利产品后，写信给被告提议将自己的专利授权给被告。被告主张原告的专利无效拒绝购买，并继续销售被控侵权产品。初审法院认为被告侵权，但由于原告提供的证据难以满足“明确且令人信服的证据来证明，虽然侵权人意识到自己的行为极有可能在侵犯有效专利权，但仍在从事相关的行为”这个要求，没有判定被告是故意侵权。[1] 上诉法院维持原判。美国联邦最高法院否认了之前的判决，其认为按照“客观轻率”标准，惩罚性赔偿只能用于特别严重的侵权行为，而这种限制过于严格。另外，对于专利权人来说，“明确且令人信服”的证明标准过高，如果没有达到这种标准，即使法院知道被指控侵权人的肆意和恶意行为，也无法加以规范。

因此美国联邦最高法院重新确立了判断主观故意的标准：首先，侵权人是否具有主观故意，是确定能否适用惩罚性赔偿的前提；其次，以“优势证据”代替“明确和令人信服的证据”；再

[1] 张慧霞．美国专利侵权惩罚性赔偿标准的新发展［J］．知识产权，2016（9）：107.

次，地区法院在惩罚性赔偿方面具有自由裁量权；最后，为防止非专利实施主体（NPE）利用漏洞，在判定三倍赔偿金时，必须检查侵权人是否存在极其严重的不当行为。

2. 对我国的借鉴意义

通过美国联邦最高法院的判决，我们看到专利权人的证明标准降到了优势证据规则，给了法官自由裁量的空间；同时，专利权人提供的证据不需要达到“明确且令人信服”的标准，给了专利权人信心维护自身权利，鼓励其在侵权发生时更主动和详细地通知侵权人，为在诉讼中主张惩罚性赔偿留存证据。

在我国的《专利法修改草案》中，适用惩罚性赔偿的前提是侵权人的行为是“故意侵权”，但并未明确何为“故意”，因此我国可以参考美国的判定标准，设计相对合理的规则。在故意侵权的认定上，可以综合考虑：侵权人是否故意剽窃他人的思想或者设计思想，其设备与专利权人的专利是否有某种程度的相似性；是否有故意隐瞒侵权行为的意图；侵权人是否采取了避免侵权的行为；侵权人在收到可能侵权通知后是否继续侵权；在民事诉讼中是否有故意隐瞒证据的行为等。[1] 在举证责任分担上，应该有专利权人举证其是否向侵权人发出过详细的侵权通知；而侵权人在明知自己可能侵害了有效专利的专利权人利益时，是否采取了避免措施，是否停止侵权采用优势证据的标准来判断。

（二）赔偿数额的确定标准

惩罚性赔偿数额的确定也是适用惩罚性赔偿的重要一环，要确定惩罚性赔偿的数额，需要考虑两个部分，一是惩罚性赔偿数额的计算基础，即在多大数额的基础上加倍赔偿；二是惩罚性赔偿的限额，过度的赔偿有可能产生消极影响，损害惩罚性赔偿的

---

[1] MICHELETTI R R. Willful Patent Infringement after In Re Seagate: Just What is Objectively Reckless Infringement [J]. Chi. -Kent L. Rev., 2010, 84 (3): 988.

救济功能。因此要严格限制赔偿的最高数额，防止惩罚性赔偿的滥用，导致过度赔偿。

1. 惩罚性赔偿的计算基数

根据《专利法修改草案》的规定按照权利人的实际损失、侵权人的利益、许可费的合理倍数和法定赔偿的顺序，确定惩罚性赔偿的计算依据，[1] 关于这四种确定赔偿数额的计算方式，目前我国存在的问题有：

(1) 关于权利人的实际损失。专利侵权赔偿属于民事赔偿，以恢复原状为目标，因此以权利人的实际损失作为惩罚性赔偿额的基数是符合民法上的补偿性原则的。然而在实践中，权利人的实际损失在计算或者认定时较为困难。多数情况下，原告以被告销售其专利成果，导致自身销售减少，来主张侵权并证明自己的损失。但侵权产品的出现并不是权利人销售量减少的唯一原因，侵权人可以以此来抗辩专利权人主张的实际损失。另外，专利权人的专利产品有可能晚于侵权人的产品上市，此时的实际损失更难以计算。因此，权利人的实际损失虽然最能够反映权利人受到的损害，最适合作为惩罚性赔偿计算的基数标准，但在实际适用中比较困难。

(2) 关于侵权人获得的利益。侵权人获得的利益是指侵权人获得的实际利益，如果侵权人获得的利益极少甚至没有获利，那么权利人将无法得到赔偿。因而美国在 1946 年修改其专利法时，

[1] 《专利法修改草案》第 68 条第 1 款和第 2 款："侵犯专利权的赔偿数额按照权利人因被侵权所受到的实际损失确定；实际损失难以确定的，可以按照侵权人因侵权所获得的利益确定。权利人的损失或者侵权人获得的利益难以确定的，参照该专利许可使用费的倍数合理确定。对于故意侵犯专利权的行为，人民法院可以根据侵权行为的情节、规模、损害后果等因素，在按照上述方法确定数额的一倍以上三倍以下确定赔偿数额。赔偿数额还应当包括权利人为制止侵权行为所支付的合理开支。权利人的损失、侵权人获得的利益和专利许可使用费均难以确定的，人民法院可以根据专利权的类型、侵权行为的性质和情节等因素，确定给予十万元以上五百万元以下的赔偿。"

取消了非法获利这种损害赔偿的计算方式。[1]

在我国，计算侵权人获利时，通常证据是由侵权人掌握，而侵权人往往会不提供或者提供虚假证据。根据《专利法修改草案》的规定[2]以及《最高人民法院关于审理侵犯专利权纠纷案件应用法律若干问题的解释（二）》第 27 条的规定，侵权人不提供或者提供虚假的账簿、资料可能会作出有利于专利权人的判决，但在实践中，侵权人提供的证明材料真实性难以分辨，即使侵权人提供的是真实的，也可能存在侵权人无效率的实施专利，赚不到利润，这时候根据侵权人获利来计算赔偿额，权利人得到的赔偿就会很少。因此，要把侵权人获得利益作为惩罚性赔偿数额的基数，要综合考虑侵权人提供的资料以及权利人提供的相关材料，选择性适用。

（3）专利许可费的合理倍数。一些学者认为现有立法中的专利许可费的合理倍数以及法定赔偿是惩罚性赔偿，这种说法是不符合实际的。许可费的合理倍数与法定赔偿的适用是有顺位的，是在权利人的实际损失与侵权人的获益无法确定的情况下适用的。这只是计算补偿性赔偿的代替方法。但是以专利许可费的合理倍数作为惩罚性赔偿数额的计算基数是否合理，一般认为在特殊情况下可以使用：专利的价值可以通过专利许可来实现，而许可费用的确定，受到多种因素的影响，比如许可方式、许可双方的谈判能力及其对技术的依赖程度、经济运行周期等。因此，即使是同一种专利技术，在不同的时期，针对不同的当事人，也会出现不同的许可费用，其合理性也往往难以判定。

---

[1] 和育东. 专利侵权损害赔偿计算制度：变迁、比较与借鉴［J］. 知识产权，2009（5）：9.

[2] 《专利法修改草案》第 68 条第 3 款："人民法院认定侵犯专利权行为成立后，为确定赔偿数额，在权利人已经尽力举证，而与侵权行为相关的账簿、资料主要由侵权人掌握的情况下，可以责令侵权人提供与侵权行为相关的账簿、资料；侵权人不提供或者提供虚假的账簿、资料的，人民法院可以参考权利人的主张和提供的证据判定赔偿数额。"

由此可见，专利许可费的合理倍数作为惩罚性赔偿的基数欠缺合理性。但是如果有明确的专利许可费，又有诉讼双方的同意，基于意思自治原则，专利许可费的合理倍数也可以作为计算惩罚性赔偿数额的基数。

（4）对于法定赔偿，由于前三种计算方式在确定赔偿数额方面的局限性，法官更多的会在法定赔偿金额范围内确定赔偿金。但法定赔偿数额在《专利法修改草案》中规定的范围是 10 万元以上 500 万元以下，这是在不区分侵权人是否是故意侵权的情况下适用的，就目前的适用来看，确定的数额往往较低，对于企业来说达不到威慑的效果。因此，如果以法定损害赔偿作为惩罚性赔偿的依据，应该在故意侵权的条件下，先确定一个法定赔偿的范围，再根据案件的具体情况确定惩罚性赔偿的具体基数。

2. 惩罚性赔偿的限额

关于惩罚性赔偿的最高限额，美国经历了从“至少 3 倍”到“至多 3 倍”的转变。其背景在于，1793 年制定专利法时期，专利制度尚未发展起来，人们对专利权充满敌意，陪审团对专利权人有一定的偏见，为了使专利权人获得完整的赔偿，规定了至少 3 倍的赔偿。而随着专利制度的发展，专利权人的权利更受到重视，陪审团在确定数额时往往带有对侵权人的惩罚倾向。另外，对侵犯专利权的处罚力度是侵犯其他财产权的 3 倍，这种差异尚未有充分的解释说明。[1] 此时设立惩罚性赔偿的目的，更多的是补偿被侵权人的损失，而不是惩罚侵权人，因此要限制赔偿的数额。由此我国在制度设计时也不应该超过 3 倍。

3. 遵循比例原则

惩罚性赔偿是为了起到遏制侵权的作用，而不是一味地惩罚侵权人，因此在适用时还需要考虑比例原则。在确定赔偿数额时，将侵权人的主观恶意程度、损害后果等作为参考因素，有助于兼

---

[1] Seymour v. Mccormick，57 U. S. 480（1853）.

顾双方利益与社会利益，避免惩罚过度或过轻。而侵权人的赔偿能力则不需要考虑，如果将侵权人的赔偿能力作为赔偿数额的考虑因素，实际上是在变相保护小企业，在实践中，许多小企业因不愿意支付高额的许可费用而承担侵权风险。

（三）适用的例外

专利制度建立的最终目的是推动全社会进行创新，提高科学技术水平。如果专利技术只掌握在专利权人的手中，却不应用，就会阻碍技术革新和社会的发展。惩罚性赔偿是对专利权保护的加强，但这种保护需要在一定的限度内，过度的保护将不利于社会公共利益。因此惩罚性赔偿在适用中也要考虑例外的情况。

专利权人掌握重要专利却不实施，也不许可他人实施（时间上未达到《专利法》规定的强制许可的条件或者未申请强制许可）。有的专利技术在其领域具有重要的价值，是进入该领域或者进行技术突破的关键技术，这样的专利被使用才能够发挥作用。如果拥有该专利的专利权人怠于实施该专利，而侵权人又曾经要求过许可交易并被拒绝，侵权人实施该专利的行为在本质上不会造成严重后果，相反却推动了技术进步。在这种情况下，虽然侵权人具有主观故意，但适用惩罚性赔偿加强对专利权人的保护是不符合社会公共利益的，也违反了《专利法》的立法宗旨，因此不适用惩罚性赔偿。

综上所述，在专利侵权诉讼中，损失赔偿是对专利权人基本的救济方式，使专利权人获得最大程度的补偿，能够保障其合法权益。同时为了减少侵权行为的发生，应引入惩罚性赔偿制度。特别是在我国专利侵权中引入惩罚性赔偿，提高专利侵权成本，加强对专利权人的保护，已是必然趋势，而在具体的制度设计上，可以参考美国已较为成熟的具体规定，根据我国的实际情况进行更为可行的体系构建。

近期日本国内对专利纠纷处理机制的探讨

古谷真帆*

摘　要：：2019 年日本专利法修订的目的在于通过对取证和损害赔偿额的计算进行修改，使专利诉讼更加便捷。为了强化专利权人的权利，只针对专利诉讼程序中设置了个别规定。对此修改是否能有效地发挥作用取决于今后的运用。

2002 年 7 月，日本制定了《知识产权战略大纲》，并据此在同年 11 月制定了《知识产权基本法》，规定了知识产权的内容以及国家、地方政府等的责任义务，并在内阁设立知识产权战略本部，由内阁总理大臣（即日本首相）担任部长，所有国务大臣为其成员，共同协调各部门推进实施知识产权立国战略。2004 年 6 月，日本国会通过《知识产权高等法院设置法》，设立专门审理知识产权案件的高等法院的支部。

自知识产权法院成立以来，日本国内有过几次关于专利诉讼处理机制的讨论。本文首先介绍最近日本政府（日本特许厅）提出的对专利诉讼处理机制的改革方案，然后介绍各个利益相关者，比如律师协会、专利代理人协会的意见，以及有反对声音的产业界的意见。最后从本次讨论的出发点探讨专利诉讼制度的目的。

* 作者简介：古谷真帆，东京大学政策前景研究中心客员研究员。

一、日本特许厅对专利诉讼改革的提案

2018 年 10 月，日本特许厅召开了产业结构审议会知识产权分组会特许制度小委员会（以下简称“特许制度委员会”）探讨知识产权纠纷处理机制的修正。在会上，日本特许厅提出了题为《知识产权纠纷处理机制的现状》的资料[1]，其中列举了专利侵权诉讼的特殊性，即侵权容易、举证困难、防止侵权困难；同时整理了 2016 年知识产权研究所报告[2]的问卷调查内容，以此介绍社会公众对改革的期待。此后从 2018 年 10 月 16 日至 11 月 16 日的 1 个月间，日本特许厅还对如下几点进行了公开征求意见：

（1）日本知识产权纠纷处理机构的现状：①是否十分确保权利保护？②是否可以适当调取证明侵权而认定赔偿额的证据？

（2）关于强化取证程序：①为了强化调取证据，应当采用什么样的制度？②起诉前后应当引进什么样的制度合适？

（3）关于在专利审判中对商业秘密的保护：现行日本专利法中，法院对泄露商业秘密的人可以发布命令保持秘密的禁令（第 105 条之四），没有限制当事人的诉讼记录阅览请求的制度。怎样对被控侵权人的商业秘密给予相当的保护，同时能够调取需要认定赔偿额的证据？（如）限定商业秘密的公开对象为代理人，没有向当事人公开。

（4）考虑确定损害赔偿额的程序：现行制度中如原告请求专利权侵权损害赔偿，确认侵权是否存在和确定损害赔偿额作为一件案件来处理。

---

[1] ［EB/OL］.［2019－03－01］. https://www.jpo.go.jp/shiryou/toushin/shingikai/pdf/newtokkyo_shiryou25/03.pdf.

[2] 2015 年特许厅产业财产权制度问题调查研究报告书（産業財産権制度問題調査研究報告書「知財紛争処理システムの活性化に資する特許制度·運用に関する調査研究報告書」）［EB/OL］.［2019－03－01］. https://www.jpo.go.jp/shiryou/toushin/chousa/pdf/zaisanken/2015_12.pdf.

(5) 考虑损害赔偿制度：现行日本专利法在实际上发生损害的填补范围内规定赔偿额的认定：(如) 是否可以超出"实际上发生损害"的范围?

①利益剥夺型赔偿：剥夺侵权人保持的利益；

②追加型赔偿：对恶意的侵权行为给予制裁型的赔偿。

(6) 其他：诉讼费用负担分配。

2018年11月，日本特许厅召开了特许制度委员会，在会上介绍问卷调查的结果。回答问卷调查的对象为企业10家，团体10个，个人7名，一共27个对象给予答复。研究具体每一个答复的内容，能够得知日本国内对这次改革持有谨慎的态度。

尽管日本国内对这次改革还没得到充分的讨论，2018年12月，日本特许厅在特许制度委员会上介绍了《知识产权纠纷机制修正的方向》[1]，其中提出了三个修正点：起诉后的查察制度、赔偿额认定方法、两步诉讼审理方式。

二、此次修改的情况

其实这次专利诉讼的改革论点，已经经过几次修改而变成现行法律规定的内容。因此，考虑采用政府提案，我们还需研究现行制度的不足之处、到底有没有立法理由及改革需求等。这里介绍一下取证程序及赔偿额认定有关规定的法律变迁。

(一) 关于取证程序

1.1999年修改

(1) 作为文档提交命令的对象追加了"为了举证侵权行为必要的文档"(日本专利法第105条第1款)；

(2) 新规定法院进行的"in-camera"程序(日本专利法第105条第2款)；

---

[1] 知財紛争処理システムの見直しの方向性[EB/OL].[2019-03-01]. https://www.jpo.go.jp/shiryou/toushin/shingikai/pdf/newtokkyo_shiryou27/03.pdf.

(3) 引入了明示具体的证据的义务（日本专利法第 104 条之二)。

2.2003 年修改

(1) 新规定专门委员诉讼程序的参与（日本民事诉讼法第 92 条之二);

(2) 规定通过起诉预告通知，诉前可以进行咨询及取证（日本民事诉讼法第 132 条之二至第 132 条之四)。

3.2004 年修改

(1) 新规定当事人、代理人、補佐人能够参与“in-camera”程序（日本专利法第 105 条第 3 款);

(2) 新规定保密命令的规定（专利法第 105 条之四至第 105 条之六);

(3) 新规定停止公开当事人询问等规定（专利法第 105 条之七)。

4.2018 年修改

(1) 引入判断文档提交的必要性的“in-camera”程序（专利法第 105 条第 2 款);

(2) 新规定专门委员对“in-camera”程序的参与（专利法第 105 条第 4 款)。

这里介绍一下最近日本政府对专利诉讼取证程序的动向。2016 年 5 月，日本政府发表《知识产权推进计划 2016》，其中规定由经济产业省（日本特许厅）负责起诉后的取证程序。根据该计划，日本特许厅召开了特许制度委员会（第 14～19 次)。2017 年 3 月，该委员会公开了《我国[1]强化知识产权纠纷处理机制的功能》。2017 年 5 月，日本政府发表《知识产权推进计划 2017》，明示了 2017 年度之内进行讨论而决定修法的方向。根据该计划，日本特许厅召开了特许制度委员会（第 21～24 次)。2018 年 2 月，该委

---

[1] 指日本。

员会又公开了《对应第四次产业革命等的知识产权制度的修正》[1]。

2018 年 6 月，日本政府发表《知识产权推进计划 2018》，其中没有写明取证程序的内容。关于起诉后的查察制度，回顾日本民事诉讼法等的修改，笔者认为首先要考虑现在的制度是否对权利人没有给予充分的保护。

（二）关于赔偿额的认定

日本有关专利侵权赔偿额的认定，可以参考表 1 所示的法律变迁。

表 1　日本有关确定专利侵权赔偿额的法律规定变革情况

年份	法律规定
1959 年	• 规定推定侵权人利益为损害额［日本专利法第 102 条第 2 款（旧第 1 款）］。 • 新规定相当于使用费的数额为损害额［日本专利法第 102 条第 3 款（旧第 2 款）］。 • 新规定过失的推定（日本专利法第 103 条）。
1998 年	• 新规定逸失利益的算定方法（日本专利法第 102 条第 1 款） • 在相当于使用费的赔偿额的认定上，删除了通常的语言，能够考虑了个别的情况，如专利发明的价值、当事人业务上的关系、侵权人获得利益等（日本专利法第 102 条第 3 款）
1999 年	• 新规定相当的赔偿额的认定（日本专利法第 105 条之三）

三、各界对改革方案的反应

下面通过各个利益团体的意见来看其对这次方案的改革的需求。

[1] ［EB/OL］.［2019-03-31］. https://www.jpo.go.jp/shiryou/toushin/toushintou/pdf/180215_tokkyo_houkoku/180215_tokkyo_houkoku.pdf.

（一）日本律师联合会

1. 取证程序：赞成

提起诉讼后，根据当事人的申请，在一定的必要条件下，法院可以请中立公正的专家收集在对方当事人的工厂等里的需要的资料，并制作报告书。但是，在引进该制度时，不应对命令的发令条件（特别是“补充性”要求）进行严格的判断，而且不应该设置对有关取证程序决定不服而申请行政程序的制度。此外，为了提高制度的预见性预测性，要明确命令的条件和效果。

2. 损害赔偿制度：赞成

关于日本专利法第 102 条第 1 款和第 3 款有关的修改的提案，应更具体地讨论作为其前提的立法事实、修改的宗旨，要明确适用的必要条件。

关于日本专利法第 102 条第 2 款和第 3 款的重叠应用，应当独立地讨论重叠应用的可否和要求；如果承认重叠应用，则明确其要求。

3. 两步诉讼审理方式：继续讨论

为了广泛作为纠纷解决手段的选择，作为促进在专利侵权事实确认后的当事者之间的和解解决的机制值得考虑，希望继续被讨论。

（二）日本专利代理人协会

日本专利代理人协会对上述三项改革内容均持赞成态度。

在 2019 年 3 月 1 日日本内阁会议通过《修改部分专利法等的法律草案》后，日本专利代理人协会在 2019 年 3 月 7 日表示了赞成的态度，并且表示协会对该法律实施提供适当的协助。

对此，专家团体大多持肯定意见，但产业界强烈表示反对。因为为了在 2019 年通常国会上通过，日本政府在短期内勉强进行讨论，没有充分听取产业界的意见，所以产业界表示不满。另外，实际上，日本政府这次选出审议会的成员，没有从日本知识产权

协会和日本经济团体联合会等选取委员。对于这样的人选，也被认为政府没有打算充分听取产业界的意见。

（三）日本经济团体联合会

1. 取证程序：反对

（1）理由1：没有急于修改法律的立法事实。

关于强化收集证据的手续，在2017年3月的专利制度小委员会报告书中，提出了引进“in-camera”程序等新的制度。这个内容在2018年的法律修正中实现了，但是法律至今仍未执行。也就是说，还没分析好前面引入的新程序的效果，又引入新的取证程序没有说服力。

（2）理由2：外国制度是只能作为参考的，没有经过充分探讨而轻易引进外国制度，危害日本的国家利益。

根据上述报告书，在新的取证程序的制度设计中，保留着向申请人公开内容涂黑前报告书的余地。

另外，日本经济团体联合会还考虑了对双方人在程序上能够得到充分的商业秘密保护的重要性。

2. 损害赔偿制度：反对引进惩罚性赔偿制度、利益剥夺型赔偿制度的讨论

“利益剥夺型赔偿制度”违反民法上的填平原则，损害的赔偿应当为补偿；在专利诉讼中，如侵害行为是否恶劣等问题成为焦点，可能会导致对专利侵害的不必要的处罚。

3. 两步诉讼审理方式：反对，几乎没有人要求引进两步诉讼审理方式

关于“两步诉讼审理方式”，引进该制度的理由为早期停止侵权，但目前也可以申请临时处分要求得到充分的救济。另外，不论在法院内外，知识产权纠纷中的谈判、综合讨论权利的稳定性及金钱条件等多个要点，互相让步达到和解的实际情况，在两步诉讼审理方式下判断专利的有效性之后，只进行金钱的和解（损害赔偿额）谈判，当事人双方都不会满意。

（四）日本知识产权协会

1. 取证程序：赞成

日本知识产权协会大体赞成取证程序的修法方案。但是，实际作为最后手段设置该制度，需要慎重适用该程序。这意味着对该程序启动的条件（必要性、盖然性、补充性、相当性）应当设定为严格标准。

2. 损害赔偿制度

日本知识产权协会没有明确反对重叠适用日本专利法第 102 条第 1 款或者第 2 款及第 3 款，但是认为法院需要梳理产业界的实务，判断是否进行重叠适用。日本专利法以外的产业财产权法应当不用采用重叠适用。

另外，日本知识产权协会强烈反对引进惩罚性赔偿制度。

3. 两步诉讼审理方式：反对

专利权人可以以优越的立场进行谈判，没有体现专利本身真正的技术价值。

四、进展与评价

虽然产业界有反对的声音，但最终法案在 2019 年 3 月 1 日由日本内阁会议决定送交日本国会进行审议。[1]

1. 取证程序：建立中立技术专家进行现场调查的制度（查察制度）

在有侵犯专利权的可能性的情况下，中立的技术专家进入侵权嫌疑人的工厂等，进行专利权的侵害证明必要的调查，并向法院提交报告书的制度。

这是为应对侵权证明困难，所以研究决定设立新的取证程序制度，在即使分解制造方法、程序等侵权产品也不明白或无法得

[1] ［EB/OL］.［2019-03-31］. https：//www.clb.go.jp/contents/diet_198/reason/198_law_032.html.

到产品等情况下可以有效地进行取证。由于该制度是以对方企业的秘密为证据进行强制收集，因此也给出了考虑保护企业秘密的规定。

2. 损害赔偿制度：重新研究损害赔偿额的计算方法

①认为侵害者得到的利益中，超过专利权者的生产能力等而否定赔偿的部分，视为侵害者授权，可以请求赔偿。

②在对相当于许可费的损害赔偿额进行计算时，明确表示以侵犯了专利权为前提进行交涉时所决定的金额。关于这个修改，在实用新方案法、外观设计法以及商标法中实施了同样的修改。为提高专利诉讼的效果，应当以增加损害赔偿方法的形式进行修改，因此没有采纳惩罚性赔偿制度。

3. 两步诉讼审理方式

关于两步诉讼审理方式，因为需要进一步讨论，所以没有加入这次法案。

笔者认为引进该制度的目的就是提高审理的效率。德国、瑞士等欧洲主要国家是分别审理侵权判断及计算损害的。但是，在专利侵害诉讼中，当事人要求赔偿损害情况下，在现行民事诉讼之下，先审理侵害判断，然后认定侵权的情况下对损害计算进行审理。

东京地方法院的知识产权部公布的审理模型，可以从东京地方法院的 HP 上查阅。[1]

五、总结

日本专利法此次修改，是以在日本法院很少提出专利诉讼、难以证明专利侵害而权利人无法获得充分的损害赔偿金额的问题为契机。

---

[1] ［EB/OL］.［2019-03-31］. http：//www.courts.go.jp/tokyo/vcms_lf/tizaisingairon1.pdf.

专利制度的法律目的是促进产业的发展，包含纠纷解决制度的良好整备将有利于日本的投资环境，这一修法目的本身不应该被否定。另一方面，审判制度本质上是中立的，不存在单方面对专利权人有利的制度，考虑到被控侵权人防御的制度设计和运用也同样重要。此外，诉讼数量的增加，不能说直接关系到产业的发展。

而且，从解决纠纷的角度来看，虽说专利诉讼的特殊性和专业性在某种程度上有共识，但对于为什么只有专利及类似知识产权案件的诉讼规定了证据收集手续等与其他不同的规则等观点并没有进行充分的讨论。政府说明此次修改是根据产业界的需求，但实际研究产业界的意见，我们也可以认识到产业界并不完全肯定此次修改方案。无论如何，是否可以将专利诉讼领域作为特殊诉讼领域区分开来，仅此就需要更加充分的讨论。

如果审判的主要目的是解决纠纷，那么，究竟在多大程度上可以引入各实体法自身的目的呢？依据法律领域，允许审判多样化到什么程度，这都是各国政策性的判断。

不管怎样，关于日本的诉讼制度的改革，专利等的知识产权领域是最前沿的，将来也许会有一天从审判制度全体的视角而考虑这个问题。

论视听作品作者及表演者的二次获酬权

孟祥娟*

摘　要：《著作权法》修改草案中赋予视听作品的作者及表演者法定二次获酬权，《著作权法》是否引入二次获酬权，引起学术界及相关产业界的讨论。本文认为该制度的存在具有合理性，引入二次获酬权制度的初衷固然很好，从形式上看能够一定程度实现制片人与作者等其他创作者之间利益的平衡，但是在缺乏恰当的利益分配模式、缺乏良好的权利实施渠道、权利实现监督机制以及完善的法制环境等情况下，在产业发展阶段初期，权利人很难依据现有的法律规定来有效维护自己的权利，实现二次获酬权产生的利益。因此，不建议我国《著作权法》规定视听作品二次获酬权制度。

《著作权法（修订草案送审稿）》于 2014 年 6 月向社会公布，草案中规定影视作品作者及主要表演者除当事人另有约定之外，在视听作品后续利用中均享有法定二次获酬权。这一规定使二次获酬权的问题又一次引发产业界和学术界的关注。表演者二次获酬权的问题争论已久，自《著作权法（修改草案第二稿）》（以下简称《第二稿》）于 2012 年 7 月提出以来，对于是否应该将二次获酬权纳入视听作品著作权人的权利范畴，对实现方式与实现途径

* 作者简介：孟祥娟，华南理工大学法学院教授，硕士研究生导师。

莫衷一是，意见不同。本文拟对该问题予以讨论。

一、视听作品二次获酬权概述及争议

我国现行著作权法明确规定视听作品的著作权归制片者所有，而原作作者、编剧、导演、摄影、作词、作曲等作者，享有署名权和单独发行的权利，就获酬权而言，他们通过与制片者签订合同的方式获得报酬，法律并未规定他们有权从作品的后续使用中获得报酬。即在首次交付权利获得报酬之后，不再分享视听作品后续使用的权益。

在此后的著作权法修订过程中，二次获酬权概念的提出主要体现在《第二稿》第 17 条和第 36 条的规定当中。根据第 17 条规定："视听作品的著作权由制片者享有，但原作者、编剧、导演、摄影、作词、作曲等作者享有署名权。原作作者、编剧、导演、作词、作曲作者有权就他人使用视听作品获得合理报酬。"与现行著作权法规定的内容相比较，我们可以看出，视听作品的所有权归属于制片者，而原作作者、编剧、导演、摄影、作词、作曲等作者享有署名权这种"精神权利"和就他人使用视听作品获得合理报酬的"经济权利"❶，除了上述权利之外，还允许其他参与创作的人就他人使用视听作品获得合理报酬，将导演、编剧、原作作者等其他创作方获取报酬的权利合法化。当视听作品著作权人也就是制片者对该视听作品授权他人进行首次发行后，制片者再授权他人二次使用时获得的报酬，原作作者、编剧、导演、作词、作曲作者、主要表演者也有权从后续使用中分配收益、再次获益。❷ 简单来说，视听作品著作权人从视听作品的再次使用中获得报酬的权利，被称为二次获酬权。

---

❶ 宋海燕．论中国版权法修改稿中涉及视听作品的"二次获酬权"［J］．中国专利与商标，2012（4）．

❷ 吴林娟，郭泰佑，张婷，等．论二次获酬权制度在中国的构建：以著作权法第三次修改为中心［J］．法制博览，2015（5 下）．

二次获酬权概念提出后一时间争论纷起。导演、演员、原作作者等其他创作方认为二次获酬权的规定将给创作方带来更多的经济利益，创作者可以从影视作品制作完成之后的长期使用中享受持续的报酬，有助于增强创作者的创作激情，从而创作出数量更多、质量更高的优秀作品，进一步推动中国影视业的发展。而以影视公司为代表的著作权所有人则认为二次获酬权的规定不仅会增加影视公司的运营成本和运营风险，而且会削弱市场的活力，不利于中国影视业的发展。

作为不同的利益主体，所持的观点和立场自然不同。笔者在调研过程中发现，代表制片方、导演、集体管理组织等产业各方纷纷表达了自己的意见与建议，可以反映出我国引入二次获酬权存在的争议观点。概括如下：①是否应该赋予作者和表演者法定的二次获酬权；②二次获酬权的权利主体由什么构成，是否应当包括原作作者、编剧、导演、作词、作曲等所有创作者；③在当今中国视听影视产业环境中，二次获酬权制度是否具有可操作性，对现有的视听影视产业会造成何种影响。④如果需要赋予此项权利，那么我国立法需要采取何种模式。⑤是否应当照搬国外立法经验或是本土化立法，在实施过程中应该如何建立配套的法律保障措施。因此，我们需要正视二次获酬权问题不是单纯的学术理论问题，而且更是关系中国视听影视行业产业发展的问题，是社会各方利益的平衡，反映出社会市场经济下对于法律制度可操作性制定的影响和对法律制度的修正。

二、二次获酬权的法理基础

二次获酬权制度的存在是具有合理性的。从世界趋势看，维护弱势一方利益，保护其私权是法治的方向，尊重知识、保护知识产权更是文明的体现。[1]

---

[1] 贾丽萍. 影视作品二次获酬合理性及可行性分析 [J]. 中国出版，2015 (2).

（一）视听作品的著作权平衡理论

著作权法作为一种分配作品利益的均衡机制，其核心内容就在于协调著作权制度中的各种利益关系，使各方面的当事人各得其所。[1] 视听作品具有综合性属性，其发展与科学技术的进步关系密不可分，视听作品的表达相比较其他著作权作品投入的成本也更高。现行的许多规定都倾向于保证制片者对视听作品享有的著作权利，因为从目前某些方面来说，满足制片者从视听作品收益中利益更多，视听作品的市场也会开拓得更大。市场的发展速度变快，市场的不稳定性也随之增加，波动性大。究其根本原因是其他权利主体的权利被忽略了，因此，在分配视听作品收益时，需要在激发投资者热情和维护著作权其他相关主体利益这两者之间寻找一个平衡点。二次获酬权即作者制片者与其他相关权利人之间博弈的产物。

（二）劳动价值理论与公平原则

哲学家洛克的劳动价值理论有两项基本的规定："其一，只有人的劳动可以创造价值；其二，人对自己劳动的产品有不可辩驳的所有权。"[2] 冯晓青教授将洛克的劳动价值理论作为知识产权制度财产权分配正当性的一项重要理论基础，[3] 这一理论正是视听作品著作权人享有其视听作品利益分配正当性的重要支撑。视听影视产业的特性决定着制片者和作者之间存在不平等的谈判地位，作者的获酬方式往往由合同约定，私法自治导致处于弱势地位的作者间接性地获得一次报酬，不得不放弃了作品后续使用过程中产生的收益。作者的权利主体地位弱化不应影响其享用作品使用带来的经济利益，因此二次获酬权，既是对劳动者应得利益的保护，也是对"弱者"利益的保护。二次获酬权也符合公平原则的

---

[1] 冯晓青．知识产权法哲学［M］．中国人民公安大学出版社，2003：291．

[2] 贾丽萍．影视作品二次获酬权合理性及可行性分析［J］．中国版权，2015（2）．

[3] 冯晓青．知识产权的劳动理论研究［J］．湘潭大学社会科学学报，2003（27）：24．

要求。公平原则是源于民法的一项基本原则，它要求以利益均衡作为价值判断标准来调整主体之间的物质利益关系。[1] 一旦视听作品的其他创作方与制片人在合同中约定的报酬远低于该作品反馈给制片者的利益，在作者和表演者作出的劳动贡献相符的条件下，能够分享后续利益则是公平原则的应有之义。二次获酬制度强调的是平等获酬，是对一次获酬制度潜在不合理的纠正，具备公平的法理基础，满足社会现实需要。

三、国外有关著作权中二次获酬权比较

（一）大陆法系国家对二次获酬权的规定及实施途径

（1）德国模式。德国模式的主要特点在于：在作者和制片人约定不明的情况下，通过推定的方式，使制片者获得独占使用视听作品的全部著作财产权。[2] 因此德国法并未规定其他创作者就视听作品享有二次获酬权。但德国较为概括地规定了“适当的报酬”，并创设了“共同报酬规则”来保证作者能够获得适当的报酬。

（2）法国模式。法国模式的特点在于：在无相反约定的情况下，制作者同配词或未配词的作曲者之外的视听作品作者签订合同，即导致视听作品独占使用权转让给制作者。[3] 因此，制片者向作者支付的“合理报酬”其实质还是作者行使其自身享有的著作财产权的行为，仍然属于一次性支付报酬，并非真正意义上的二次获酬。

（3）意大利模式。意大利模式的特点在于：法定转让给电影

---

[1] 徐国栋．民法基本原则解释：成文法局限性之克服［M］．北京：中国政法大学出版社，1992：65．

[2] 雷炳德．著作权法［M］．北京：法律出版社，2005：202．

[3] 法国知识产权法典（法律部分）［G］．黄晖，朱志刚，译//十二国著作权法．《十二国著作权法》翻译组，译．北京：清华大学出版社，2011．

作品制片人行使的经济使用权是有限的，仅仅限于对电影的放映；❶ 而电影作品的其他权利仍然由原著作者、编剧、作曲者和艺术导演等合作作者自己行使，“作者均有权就每种经济性使用从使用者处获得公平的报酬。”❷ 但法律并没有强制规定该报酬须以收入为基数按比例计算，因此在制片人与作者签订合同时可以约定采取一次性报酬的方式。因此，这个报酬也并非额外规定的二次获酬权。

（二）英美法系国家对二次获酬权的规定及实施途径

在英美法系国家之中，就二次获酬权问题，美国是目前虽未有法律直接规定，但影视产业发展最繁荣、保护视听作品作者权利最有效的国家之一。美国模式的形成主要有以下两个特点：

第一，美国立法“本土化”。美国是世界上较早对知识产权进行保护的国家之一，第一部版权法于1790年制定。回顾美国版权制度发展的历史，不难发现美国政府在开展版权保护时，无论是文化创意能力还是影视产业发展水平都明显比不上欧洲各个强国。于是为了吸引投资扩大市场规模，美国政府并没有向大陆法系国家那样首先考虑著作权人的利益，而是完全以保护本国版权产业整体利益为宗旨，力求获得市场经济利益最大化。美国更“本土化”的立法促进了美国版权法自成一派、迅速发展，美国一跃成为文化创意产业出口大国。

第二，美国行业工会保障作者利益。美国的影视产业依赖于市场而蓬勃发展，在市场实践中美国逐渐采用以行业工会团体博弈集体议价的方式确定报酬。通过团体博弈的方式，美国的行业工会发达机制有效弥补了个体在议价时的弱势地位，作者的权益

---

❶❷ 意大利著作权法［G］. 费安玲，等，译//十二国著作权法.《十二国著作权法》翻译组，译. 北京：清华大学出版社，2011.

通过集体议价方式得到了较好的保障。[1] 在这样的保障下，作者完全可以通过合同选择与制片人采用何种方式获得报酬，作者拥有选择一次获酬或再次获酬的主动权，既满足市场的灵活性，又保持着市场的活力。

（三）对国外二次获酬权规定及实施评价

大陆法系国家的法律规定了表演者有权向制片人对视听作品的每一种利用获得相应的报酬，但也仅限于模糊抽象地规定了“相应的报酬”而已。以上述三种模式为代表的大陆法系国家关于视听作品二次获酬权的规定还在不断探索过程当中。通过对美国版权法的分析我们可以得出结论，在缺少合适的法律保护模式，且整体文化创意产业尚处于弱势和发展水平不高的阶段，对作者的利益保护根本无从谈起。

四、规定二次获酬权制度我国条件尚不成熟

我国《著作权法》规定二次获酬权制度条件尚不成熟，因为该制度不适应目前法制环境和文化产业发展的现状和要求。

（1）我国二次获酬权的权利主体难以界定

从《著作权法修改草案》（送审稿）可以看到，享有二次获酬权的权利主体为“导演、编剧以及专门为视听作品创作的音乐作品的作者等”和“主要表演者”。这样的界定使得二次获酬权的作者概念过于模糊，“等”字可以涵括到多大的主体范围？如何界定“主要表演者”与“次要表演者”？《视听表演北京条约》关于表演者的定义有一个议定声明[2]，《视听表演北京条约》增加这一议定声明，其目的是将所有参与表演的人都归入表演者的行列，不再

---

[1] 宋廷徽．版权法和相关法律、法规关系：现行著作权法存在的问题［J］．法学家，2010（6）．

[2] 该议定声明的内容为：“各方达成共识，表演者的定义涵盖凡对表演过程中创作的或首次录制的文学或艺术作品进行表演的人。”

区分主要演员和配角演员。[1] 放眼视听产业的发展现状，视听作品中演员数量多、演员角色多样化，我们不可避免地会将演员分为“主演”“配角”。将“主演”等同于“主要表演者”尚可接受，除去少数几位的主演之外，剩下的大量“配角”甚至是出名的“群演”能否等同于“第二表演者”还有待研究。随着视听作品的类型不断丰富，对一个视听作品的演绎（比如民间文学艺术表达）使主要演员和非主要演员的界限相对模糊。如果按照演员对于视听作品传播与收益所产生的作用来界定，也是不合理的。正如电影《人再囧途之泰囧》，最后范冰冰的出场虽然是客串，但影片最终过 10 亿元的票房“至少有 1 亿元的票房是范冰冰扛下的”。[2] 因此即使规定了二次获酬权，由谁具体享有该项权利概念过于模糊。

（2）在视听作品的制作与发行过程中制片方承担更大风险

目前影视行业基本运作模式仍为制片方投资并组织拍摄，导演、演员及其他参与创作人员获得合同约定的片酬而不参与分红。[3] 也有少部分正在尝试基本片酬加上满足一定条件后的分红模式。不管哪种模式，普遍观点都是认为制片方应该为最大的利益获得者，处于强势获益地位，而表演者等其他创作者处于弱势地位，然而事实真的是这样吗？从周星驰诉华谊兄弟案可见一斑，电影《西游降魔篇》的导演周星驰认为根据双方达成的协议，如果《西游降魔篇》的票房超过 5 亿，华谊兄弟就会支付给周星驰票房分成。而该电影最终票房是 12.48 亿元，所以华谊兄弟应支付给周星驰 1.7 亿元的票房分红。但是华谊兄弟一方认为，虽然总票房是 12.48 亿元，但是华谊兄弟所得票房收入不到 5 亿元。并

---

[1] 左玉茹.《视听表演北京条约》：表演者权保护体系的进一步完善［J］. 电子知识产权，2012（7）.

[2] 《泰囧》将破五亿　徐峥赞范冰冰抗一亿票房［EB/OL］.（2012-12-21）. 搜狐娱乐.

[3] 张艳冰. 视听作品著作权归属及利益分配问题探析［D］. 北京：中国政法大学，2015.

未达到履行协议的条件，因此不需要给周星驰分红。为什么华谊兄弟作为制片方在票房达到12.48亿元时却声称票房只有不到5亿元呢？制片方是基于其强势地位而有意为之吗？然而实际上却并非如此。制片方最终获得的利益其实只有很小一部分。中国的票房如何计算和分账基本原则是由国家广电总局2008年和2011年两个文件规定的。在总票房中扣除5%的电影发展专项基金和3.3%的营业税，剩下的钱当中作为放映场所的影院拿走57%，制作方和发行方拿走43%，[1] 在这43%的比例下制片方根据事先的约定支付发行方费用，最后剩下的钱扣除成本，才由制作方和投资方按照约定分成。因此制片方最后获取的利润并没有想象中那么高，甚至有很多制片方并不能盈利，如果引入二次获酬权制度会使得这部分制片方生存艰难。我国影视产业发展可以说主要以电影和电视剧的产量与收益为代表。从这二者的发展情况可以看出背后的制片方收益情况。我国电影总产量呈现上升增长趋势，然而电影票房却不尽如人意。对比2013年与2014年的数据可以得知，2013年，我国全年各类电影总产量达824部，其中故事片产量638部，占比77.43%。[2] 然而全国851家于2012年开业的影院中，有70%的影院在2013年处于亏损状态，2013年仅北京就有1/3的影院处在“即使票房有增加，利润仍在下降”的经营状态，2013年12个月的票房同比2012年缩水近7亿元。[3] 2014年中国电影票房296亿元的1/3约100亿元只给了出品方，而电影业投入高达上千亿元，所以回报率只有10%，据统计，2014年国产故事片产量

---

❶ 韩方航．花了钱去看电影，你知道钱最后都给了谁吗［EB/OL］．（2015-05-08）［2018-12-22］．http：//www.qdaily.com/articles/9339.html.

❷ 智研咨询集团．2014—2020年中国电影行业运营及投资预测报告［R］．2014.

❸ 2013年全国影院现况调查：圈地时代的落幕［EB/OL］．（2014-01-03）［2015-12-22］．http：//ent.ifeng.com/movie/news/mainland/detail_2014_01/03/32702229_0.shtml.

618 部，院线上映 308 部，有 300 多部电影没有去处。[1] 电视剧数量呈现出下降趋势，电视剧市场萎缩（如图 1 所示）。

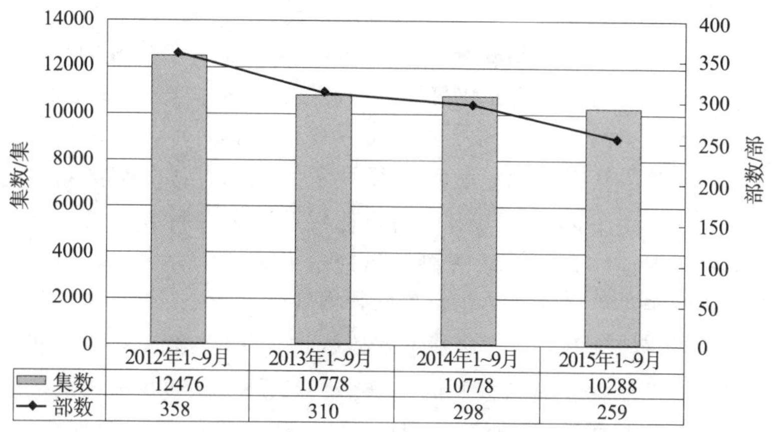

	2012年1~9月	2013年1~9月	2014年1~9月	2015年1~9月
集数	12476	10778	10778	10288
部数	358	310	298	259

图 1　2012 年 1～9 月至 2015 年 1～9 月电视剧发行数量对比情况

从以上数据以及图 1 [2]可知，电视剧市场正在萎缩，电影市场从投资角度看只有 10%的电影能赚钱，制片方承担着很大的风险。

我国视听产业的发展资金运作是极为关键的环节，制片者投入大量的资金的同时，还需要承担影视作品创作成本无法回收的风险。二次获酬权很大程度上是要求与制片人共享收益，却没有与制片人共担风险。因此引入二次获酬权无疑会加大制片人的制作成本，压缩盈利空间的后果就是制片人无法收回成本不能继续投资，压制投资人的热情，最终会导致产业发展资本匮乏从而带来负面影响。从产业整体水平看，我国影视产业的发展尚在起步期，市场的需求对产业的发展有着重要影响，表演者的价值也随着市场的变化不断变化，甚至很大一部分表演者与制片者在签订

---

[1] 拍电影投千亿回报仅百亿［N］. 广州日报，2015 - 10 - 16（A24）.

[2] 艺恩网. 前三季度电视剧市场或萎缩发行集数创新低［EB/OL］.（2015 - 12 - 18）［2015 - 12 - 21］. http：//www.entgroup.cn/news/Markets/1827334.shtml.

合同时会放弃自身的权利来换取作品能够更广范围传播的机会，从而获取影视市场更多的关注。这样一来二次获酬权的规定在实施过程中也很有可能基于“合同自由”的原因被主动放弃。因此在当今的市场环境下要赋予表演者二次获酬权是不切实际的。

（3）现行的相应著作权集体管理制度还有待完善

目前设想的二次获酬权的实现方式主要有两种：一是将后续收益由制片人从合同约定或按法律规定的比例直接分配给其他创作者；二是由集体管理组织代为行使权利。第二种方式由集体管理组织来保证作者二次获酬权的实现不失为一个好方法，但是我国目前缺少相应完善的著作权集体管理制度。

首先，我国并没有“表演者集体管理组织”，缺少相应的集体管理组织来保障表演者权利的实施。2005～2010 年我国相继成立了四家著作权集体管理组织，即中国音像著作权集体管理协会、中国文字著作权协会、中国摄影著作权协会、中国电影著作权协会。至此，包括音乐著作权协会在内我国共有五家集体管理组织，涵盖了文字、音乐、摄影、电影等文化产业领域，但是由于我国著作权集体管理组织发展起步较晚，发展较缓慢，目前并没有成立“表演者集体管理组织”来专门维护表演者的权利。

其次，表演者群体数量众多，集体管理组织存在管理困难。我国著作权集体管理组织运作的前提是须获得著作权人个别授权，然后再代表著作权人征收费用和分配费用，也就是说著作权集体管理组织只有会员授权的情况下才能管理会员。从国外的集体管理组织实践经验来看，主动加入集体管理组织的著作权人始终是少数。对比美国权利人积极主动的参与博弈最终形成完善的行业工会管理体制，“我国著作权集体管理制度发展过程中，更多地体现出政府自上而下，从立法层面逐渐到实践层面推行的痕迹，缺少权利人对著作权集体管理组织自发需求的推动力”。[1] 我国著作

---

[1] 刘洁．我国著作权集体管理制度研究［M］．北京：中国政法大学出版社，2014．

权人自发需求主动加入著作权集体管理组织的更是少之又少。我国表演者数量众多，面对大量的表演者都是非会员，著作权集体管理组织心有余而力不足。

再次，表演者作品数量和作品利用次数很难统计，集体管理组织无法准确分配费用。在数字环境下，数字技术不断促进着作品的传播，也降低了表演者表演的门槛，如视频网站上微电影、短片电影的兴起不断冲击着传统的监管模式。表演者参与的作品创造、传播和利用都呈现出井喷式的新发展，要解决在作品中表演者按照多少比例获得报酬、作品后续利用次数怎么计算等问题，会使计算成本和监督成本都很高。在中国的大市场下，很明显任何一个著作权集体管理组织都难以统计这些数据，我国著作权集体管理如何寻找到满足数字化时代著作权保护模式的方法成为急需解决的问题。

最后，我国尚未建立有效的著作权集体管理组织运行机制。著作权集体管理组织在实际运行中由于多种原因，基本上采取的是一揽子许可。作者如果通过著作权集体管理组织来行使二次获酬权可以最大限度地降低交易成本，但也正因为一揽子许可的方式，我国著作权集体管理组织具有了事实上的垄断性，在缺乏竞争的情况下，集体管理组织带来了一些问题，如：集体管理组织滥用垄断地位，限制会员的入会及退会自由；未经与著作权人协商，自行确定作品使用费的收取标准；怠于行使对著作权人的作品使用费分配的义务；提取过高的管理费用等现象在我国比较突出，这也是社会对我国著作权集体管理心存不满的主要原因。[1] 本文作者曾就此作过问卷调查。调查问卷分析结果显示（见图 2），我国表演者主体在很大程度上认为目前行业协会对于其权益保障所发挥的作用还有待提高。

---

[1] 湛益祥. 论著作权集体管理 [J]. 法学，2001 (9).

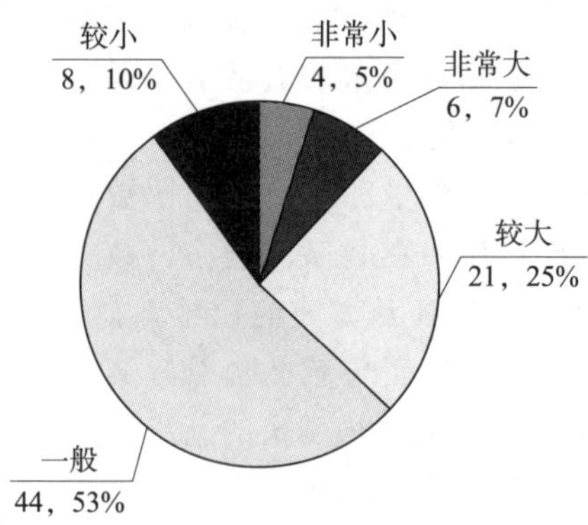

图 2　关于行业协会作用的调查结果

在我国著作权集体管理组织制度还不够完善，以及没有好的路径保障和实现渠道的情况下，二次获酬权很难将权利落实到具体的权利人。

五、结语

二次获酬权制度的存在具有合理性，引入二次获酬权制度的初衷固然很好，从形式上看能够一定程度上实现制片人与作者等其他创作者之间利益的平衡，但是在缺乏恰当的利益分配模式、缺乏良好的权利实施渠道、缺乏权利实现监督机制以及完善的法制环境等情况下，在产业发展阶段初期，权利人很难依据现有的法律规定来有效维护自己的权利，实现二次获酬权产生的利益。综上所述，目前不建议我国《著作权法》规定视听作品二次获酬权制度。

商标“有其他不良影响”的解释方法与适用限制

——以商标禁用条款的性质为切入点

董炳和*

摘 要：“有其他不良影响”是近年来商标注册主管机关在驳回申请或宣告注册商标无效时经常用到的一个理由。“有其他不良影响”条款在解释和适用上的混乱，源自人们对于商标禁用条款的性质的错误认识。商标禁用条款限制了人们使用和注册商标的自由，应该有清晰的界限，注册主管机关在驳回申请或宣告无效时不得超过这条界限。在此意义上，商标禁用条款是对注册主管机关驳回或宣告无效的权力的限制，“有其他不良影响”不能解释为商标禁用条款的兜底性规定，而是一种具体的、含义特定的禁用事由，商标注册主管机关不但要说明争议商标的含义，而且要证明此种含义的“不良影响”究竟表现在什么地方。

按现行《商标法》第10条第1款第（八）项的规定，“有害于社会主义道德风尚或者有其他不良影响”的标志“不得作为商标使用”。可能是由于立法语言的模糊，也可能是出于解决现实问题的需要，商标注册主管部门以及相关的人民法院对这一规定的认识和理解有一些模糊和偏差，在解释和适用上也缺乏比较统一的

* 作者简介：董炳和，苏州大学王健法学院教授。

标准和方法，甚至有扩大化或滥用的倾向，引起了许多议论和争论。本文拟以商标禁用条款的性质为切入点，通过对商标授权确权过程中公权力与私权利之间的关系进行分析，探究“有其他不良影响”的解释方法与适用限制，以起正本清源之效。

一、为什么要讨论商标禁用条款的性质

《商标法》第10条第1款规定了“不得作为商标使用”的八种情形。前七项的用语及其含义相对比较清晰、明确，引起的争议不大，而第（八）项引起的争议则较多，其中最典型的案例就是“微信”案。

微信案的案件并不复杂，涉案商标为创博亚太科技（山东）有限公司于2010年11月12日在第38类上申请注册的“微信”商标。2011年1月21日，腾讯公司首次发布“微信”即时通信服务应用程序。2011年8月27日，“微信”商标初步审定公告。张某于异议期间内向商标局提出异议，商标局认为异议成立，驳回了“微信”商标的注册申请。申请人创博亚太公司不服，向商标评审委员会请求复审，商标评审委员会裁定不予注册。创博亚太公司遂提起行政诉讼，经一审、二审和再审后，均败诉。

根据最高人民法院〔2016〕最高法行申3313号行政裁定书的记载，异议人张某的法律依据有两个：一是《商标法》第10条第1款第（八）项；二是《商标法》第11条第1款。商标评审委员会裁定“微信”商标不予注册的主要原因是该商标构成《商标法》第10条第1款第（八）项所禁止的情形。北京知识产权法院认为，“被告认定被异议商标的申请注册构成商标法第十条第一款第（八）项所禁止的情形并不无当，本院予以维持。”[1]

一审判决公布之后，知识产权“圈子”里叫好声一片，但也不乏批评声音。有人认为法院“是在假借公共利益保护特定民事

---

[1] 北京知识产权法院（2014）京知行初字第67号行政判决书。

权益",[1] 甚至有人戏谑地称其为"'公共利益'下出荒谬的蛋"。[2] 出乎一审判决支持者的意料，北京市高级人民法院在二审中完全否定了一审法院的观点，认为"被异议商标的注册申请行为并不涉及社会公共利益和公共秩序"。[3] 不过，二审法院并没有就此止步，转而讨论一审中没有涉及但异议申请人主张且复审裁决认定过的一个问题——"微信"商标的显著性问题。最终，二审判决以与一审判决完全不同的理由，维持了复审裁定。而最高人民法院的再审就完全没有讨论《商标法》第10条第1款第（八）项的问题。

"微信"商标案从一审到二审的反转虽然没能改变"微信"商标的命运，但它可以促使我们进一步思考，一审法院和二审法院对同一个法律条款的认识和理解怎么会有那么大的差距？而最高法院为什么又不愿意在这个问题上表明自己的立场和态度？

实际上，最高人民法院在很多案件中对《商标法》第10条第1款第（八）项的适用问题进行了讨论，主要包括以下几个方面的内容：第一，"不良影响"是指商标或者其构成要素可能对我国政治、经济、文化、宗教、民族等社会公共利益和公共秩序产生消极、负面影响；第二，仅损害特定民事权益的，不宜认定其具有其他不良影响；第三，容易导致相关公众混淆、误认，与《商标法》第10条第1款第（八）项没有直接关系；第四，判断一个商标是否属于《商标法》第10条第1款第（八）项，既要考虑商标的含义又要考虑使用的商品。

由此可见，最高人民法院对于《商标法》第10条第1款第（八）项的适用，有以下三个基本特点：第一，"其他不良影响"

---

[1] 刘东海. "微信"商标行政诉讼案件评析［EB/OL］.［2018－09－17］. http://article.chinalawinfo.com/ArticleFullText.aspx? Articleid=89748.

[2] 张伟君. "公共利益"下出荒谬的蛋：评"微信"商标注册行政纠纷案一审判决［EB/OL］.［2018－09－17］. https://www.zhihedongfang.com/8680.html.

[3] 北京市高级人民法院（2015）高行（知）终字第1538号行政判决书。

的范围非常广泛，涉及我国的政治、经济、文化、宗教、民族等各个方面，只要与社会公共利益和公共秩序有直接关联，都在“具有其他不良影响”的适用范围之内；第二，“不良影响”的判断标准极其模糊，“消极”和“负面”虽是日常用语，但其内涵外延均不清晰，只要不是“积极”“正面”的都有可能被认定为“消极”“负面”的；第三，“不良影响”是否存在的认定过于主观，只要商标或其构成要素对公共利益和公共秩序“可能”产生消极、负面影响足以认定有“不良影响”，通常既不需要证明“不良影响”确实存在，也不需要分析“不良影响”发生的可能性有多大。此外，从最高人民法院的裁判文书可知，导致相关公众误认、混淆以及特定主体之间民事权益冲突的情况“不宜”认定为有“不良影响”，在某些特殊情况下似乎还可能被认定为具有“不良影响”。

《商标法》第10条第1款第（八）项在适用所呈现出的这些特点表明，最高人民法院已经将“具有其他不良影响”作为第10条第1款的“兜底”条款，以便商标注册主管部门在无法适用第10条第1款其他各项的情况下为驳回注册申请或宣告注册商标无效找到法律依据。结合当前有关《商标法》第44条第1款“以其他不正当手段取得注册”的适用情况，我们认为，只在技术或操作层面上去讨论诸如“不良影响”的含义、类型、判定标准与方法等具体问题，虽然是非常必要的，但已经远远不够了。我们应当从更高、更抽象的层面去思考并讨论，商标禁用条款的性质究竟是什么？是对商标主管部门管制商标使用与注册的权力的授予还是对此种权力的限制？

在理论上，对于拥有行政权力的机构来说，一个授权性质的法律条款意味着更多的行动自由和裁量权，而一个限制性质的法律条款则意味着更多的责任和约束。不过，在知识产权法领域，这种区分的实践意义并不大。我们知道，现代知识产权自封建特权演化而来，最主要的标志就是权利的取得和享有皆依据法律

(通常是制定法) 而非君主的个人意志。由此，权利的授予不再是任意的行为，应该授权的不能拒绝授权，应该拒绝的不能授权。就商标注册而言，无论商标主管部门决定核准注册还是不予注册，都必须有充分的法律依据，商标复审及相应的司法救济为此提供了可靠的程序保障。不过，一方面，立法语言或者说法律条款的文字表述不可能完善无缺，有时立法者出于某种考虑甚至故意使用模糊的概念或术语；另一方面，法律文本与现实生活不可能完全同步，法律文本中的概念或术语的含义会发生变化。因此，实践中总会出现一些用法律文本无法准确界定的情形。同一个法律条款，面对同一种情形，如果对法律条款的性质有不同理解，就可能有不同的法律后果。

商标禁用本质上是公权力对自然人、法人或者其他组织选择一个标志作为商标的干预，在很大程度上可以说导致了公权力与私人利益的冲突。不偏不倚的中立立场，恐怕只是一种理想状态。从司法运行的规律来看，这种理想状态是不可能成为现实的。对于法院来说，“不得拒绝裁判”原则意味着必须在冲突双方中“选边站”，而如何选择就主要取决于对商标禁用条款的性质的理解。若站在公权力一边，私人利益就必须容忍公权力扩张可能带来的损害，对商标禁用条款中模糊之处就要作出有利于公权力一方的解释；若站在私人利益一边，公权力就必须保持最大的克制以避免对私人利益带来伤害，对商标禁用条款中模糊之处就要作出有利于商标申请人、使用人的解释。

二、如何讨论商标禁用条款的性质

从《商标法》第 10 条第 1 款的用语来看，“不得”一词的禁止意味很浓，似乎为商标使用或注册划定了一个“禁区”。但是，如果我们将这一条款放在整个商标法中去考察，就可能会得出不同的结论。要准确理解商标禁用条款的性质，我们认为，应着重考虑以下几个方面的因素。

一是知识产权的性质。知识产权制度的发展历史清楚地揭示出，知识产权不是所谓的自然权利，更不是“天赋人权”，而是人为创设的制度产物。在没有国际义务约束的情况下，一个国家是否保护知识产权，以及保护的方式、内容、范围与程度，皆由各国自主决定。国家作为国际法上的主权者，保护还是不保护都是其行使主权的体现。同时，有些国家（如美国）基于法律传统或其他原因，政府在知识产权方面的权力需要宪法授予或确认。从国内法的角度来看，知识产权相关法律有关授权条件及程序的规定，主要是为了规范行政机关的行为，防止它们任意或武断地行事。在此意义上，包括商标权在内的所有需要行政授权的知识产权，法律规定的授权实质条件及程序都具有限制主管机关自由裁量权的作用。

二是商标的特殊性。选择一个标志并把它用在商品上以标示商品的生产者来源，可以理解为一个商标的产生过程。这一过程与发明和作品的完成具有不同的性质，后者使发明和作品从无到有，是一个创造的过程，创造者与创造物之间形成了一种身份关系，这种身份成为申请专利或享有著作权的基础。不具有这种身份的人，除非法律另有规定或当事人之间有约定，没有资格申请专利或享有著作权。一个标志在被作为商标之前就已经存在，它可以是使用人或申请人，也可以是其他人创造出来的，与商标的使用人或申请人之间并不必然存在着创造者与创造物的身份关系。这表明，没有人可以声称只有他才有资格将一个标志作为商标使用或注册。在某种意义上可以说，人人都有权将一个标志作为商标使用或注册，商标禁用条款限制或损害了这种私人性质的权利。

三是商标法的目的。《商标法》当然以保护商标权为重心，但《商标法》的目的却不完全是保护权利人的私人利益，正如我国《商标法》第1条所宣示的那样，“保障消费者和生产、经营者的利益，促进社会主义市场经济的发展”才是最终目的。但是，要实现这些目的就离不开有效的手段和工具，而“保护商标专用权”

则是最基本的手段。商标侵权行为侵害了权利人的利益，假冒仿冒商品既损害了消费者权益，又使那些依法诚实经营的生产者、经营者遭受不公平竞争的侵扰。依法打击、惩处侵权假冒活动，既保护了权利人的私人利益，又维护了消费者、其他生产者经营者的合法权益，还维护了社会公共利益。在此意义上，《商标法》保护的目的与手段呈现出协调性和一致性，私人利益与公共利益“和谐共处”，互为促进，限制或损害权利人的私人利益往往会同时损害公共利益，基本上不需要通过限制私人利益的方式来保障公共利益。

四是商标法相关条款之间的关系。有关哪些标志可以作为商标、哪些标志不可以作为商标，商标法有多个条款都涉及。除与在先权利或利益冲突的第 13 条、第 15 条、第 16 条、第 32 条，以及与在先申请或注册的商标冲突的第 30 条和第 31 条之外，主要有第 8 条、第 10 条、第 11 条和第 12 条。其中，第 8 条从正面明确了可以作为商标申请注册的标志，第 11 条第 1 款和第 12 条从反面规定了不得作为商标注册的标志。很显然，第 11 条第 1 款和第 12 条是第 8 条的例外。就商标注册而言，第 10 条同样也是第 8 条的例外。这意味着，任何一个标志，只要不属于第 10 条、第 11 条第 1 款及第 12 条规定的情形，都可以作为商标申请注册。另外，《商标法》第 33 条（审定公告后异议）和第 44 条第 1 款（宣告无效）也可以佐证这一点。《商标法》第 30 条在规定商标局“驳回申请，不予公告”时所说的“不符合本法有关规定”，也应照此来理解。

综上所述，我们认为，商标禁用条款虽然使商标主管机关拥有了依职权驳回申请、宣告商标无效以及禁止使用的权力，但其基本性质仍然是对商标主管机关的权力的限制。其法律含义是，只有在禁用条款范围内，商标主管机关驳回注册、宣告无效以及对使用的行政处罚才是合法的。换言之，一旦超出这个范围，商标主管机关的相关决定或行为即不合法。与其说商标禁用条款为商标的注册及使用划出了一个“禁区”，倒不如说是为商标主管机

关行使权力划出了一个“安全区”。

明确商标禁用条款的性质，对于商标禁用条款的解释和适用具有重要意义。首先，商标禁用条款划定了商标主管部门的权力范围，这个范围非经法律程序不能扩大，不能进行扩张解释。其次，在商标禁用条款及其用语的含义可能有多种不同的解释的情况下，应按照有利于商标使用人、申请人或注册人的原则进行解释。再次，商标主管机关在行使自由裁量权时，应充分保障商标使用人、申请人或注册人的权益，合理审慎并且程序公开透明，不得任意、武断行事。最后，商标禁用的范围是立法者在制定法律时综合考虑各方面因素、协调各种利益关系后确定的，是利益平衡的结果，包括商标主管部门及法院在内的执法机关在执法过程中不应以维护公共利益的名义再次进行所谓的“利益平衡”。

三、“不良影响”与兜底条款

有不少论者认为，《商标法》第 10 条第 1 款第（八）项中的“不良影响”是兜底规定。[1] 至于所“兜”的是谁的“底”，所有禁用情形的“底”、第 10 条第 1 款的“底”还是第 10 条第 1 款第（八）项中“有害于社会主义道德风尚”的“底”，还存在着一些不同的看法。[2]

总体上，《商标法》第 10 条第 1 款前七项的文字和用语虽然也有一定的解释空间，但基本含义比较清晰，禁用的范围也比较明确。而第（八）项则有些模糊，主要有两点：一是“不良影响”属于价值判断，同样的事物或情形是否属于“不良影响”，会因人

---

[1] 参见：马一德．商标注册“不良影响”条款的适用［J］．中国法学，2016（2）；邓宏光．商标授权确权程序中的公共利益与不良影响：以“微信”案为例［J］．知识产权，2015（4）；汪正．此“不良影响”非彼“不良影响”：关于“其他不良影响”禁用条款及诚实信用原则［J］．中华商标，2007（3）．

[2] 可参见：李铭轩．商标注册不良影响条款的规范目的和判定方法［J］．人民司法（应用），2017（2）．

因地因时而有所不同，不可能有完全统一的判定标准；二是“其他”一词在这里给人一种强烈的印象，已经载明或列举出来的情形并不是穷尽的，除此之外还有别的情形。我们猜测，认为“不良影响”具有兜底性质，大概就是因为“其他”一词。

从第10条第1款的结构上看，第（八）项包含了两部分内容：“有害于社会主义道德风尚”和“有其他不良影响”。“有害于社会主义道德风尚”显然是一种特定的禁用情形，与前七项规定的情形是并列关系。在此意义上，第10条第1款的列举应当是穷尽的，不存在可以包含没有列明的禁用情形的所谓兜底条款。因此，如果一定要说“不良影响”是兜底性质的，它所兜的也不应当是第10条第1款的“底”，[❶] 更不可能是商标法上所有商标禁用条款的“底”。将“不良影响”解释为第10条第1款的兜底，实际上是属于扩张解释。正如有来自司法部门的人士所评论的那样：“反对意见虽然逻辑严密，但不能满足实务需求，亦不能实现立法目的。”[❷]

正如我们在本文第二部分中所讨论的那样，商标禁用条款是对商标主管部门行使其权力的限制，为满足实务需求而将第10条第1款第（八）项解释为第10条第1款的兜底条款，实际上突破了这一限制，是商标主管部门在法律之外自我授权的表现，有悖法治精神。

仔细分析第10条第1款第（八）项，我们可以发现，“其他不良影响”非但不是第10条第1款的兜底条款，甚至也不是第（八）项的兜底。有一种观点认为，第10条第1款第（八）项属于概括

---

❶ 参见：李铭轩．商标注册不良影响条款的规范目的和判定方法［J］．人民司法（应用），2017（2）；李琛．论商标禁止注册事由概括性条款的解释冲突［J］．知识产权，2015（8）．

❷ 饶亚东，蒋利玮．对《商标法》中“其他不良影响”的理解和适用［J］．中华商标，2010（11）．

性规定，“有害于社会主义道德风尚”则属于列举或例示，[1]我们赞成这种观点。不过，我们认为，能够把“有害于社会主义道德风尚”概括在内的不是“其他不良影响”，而是“不良影响”。“有害于社会主义道德风尚”属于“不良影响”而非“其他不良影响”；“其他”所排除的是“有害于社会主义道德风尚”，而不是前面七种禁用情形。我们完全可以将第（八）项换成另外一种表述：“有包括有害于社会主义道德风尚在内的不良影响的”或“有不良影响尤其是有害于社会主义道德风尚的”。在没有“其他”的情况下，“不良影响”当然也就不可能起到兜底作用了。

在明确了“有害于社会主义道德风尚”与“有其他不良影响”之间的关系之后，我们就可以很容易地把第 10 条第 1 款第（八）项作为一个整体来理解。“有害于社会主义道德风尚”只是“不良影响”的一种具体表现，“其他不良影响”指的就是“不良影响”的其他具体表现。因此，第 10 条第 1 款第（八）项不是关于“其他不良影响”的规定，而是关于“不良影响”的规定。在此意义上，无论是第 10 条第 1 款第（八）项本身，还是其中的“其他不良影响”，都不是兜底性的。第 10 条第 1 款第（八）项作为一个整体，实际上就是一种单独的禁用情形——不良影响。

实际上，很多国家的商标法将类似于“不良影响”的情形作为商标禁用情形之一（而不是兜底规定），如美国商标法第 1502 条（a）款、德国商标法第 8 条第 5 项、日本商标法第 4 条第 1 款第 7 项，等等。

强调《商标法》第 10 条第 1 款第（八）项在整体上是关于“不良影响”的规定，而不是关于“其他不良影响”的规定，将“不良影响”作为一种单独的禁用情形而非对前七种禁用情形的

---

[1] 参见：李琛．论商标禁止注册事由概括性条款的解释冲突［J］．知识产权，2015（8）；孔祥俊．论商标法的体系性适用：在《商标法》第 8 条基础上的展开［J］．知识产权，2015（6）．

“兜底”，在当前具有特别的意义。

在商标授权确权过程中，无论是《商标审查及审理标准》还是相关司法解释，都有一个明显的倾向：试图将“其他不良影响”类型化。《商标审查及审理标准》将属于第10条第1款第（八）项的禁用情形细分为11种，除第一种“有害于社会主义道德风尚的”，其余十种都应当属于“有其他不良影响的”。类型化便于行政及司法机关的操作，有积极意义，但也有消极作用。其一，在难以穷尽所有可能存在的情形时，往往会以“其他”作为兜底，《商标审查及审理标准》所列举的11种情形的最后一种就名之为“具有其他不良影响”。“有其他不良影响”本身就已经很模糊了，以“具有其他不良影响”来为“有其他不良影响”兜底，为执法机关扩张解释和适用留下了极大的空间。其二，类型化的过程更关注具体的情形或形式，往往容易忽略各种情形或形式的共性或实质。《商标审查及审理标准》将“其他不良影响”定义为“商标的文字、图形或者其他构成要素对我国政治、经济、文化、宗教、民族等社会公共利益和公共秩序产生消极的、负面的影响”，最高人民法院司法解释也采用了类似的表述。这样的规定除明确了“其他不良影响”的适用范围外，对于判定某个特定的标志是否具有“其他不良影响”并无实质意义，因为“消极的、负面的影响”几乎可以说是“不良影响”的同义词！

我们认为，上述两个方面的问题既与本文前面两部分讨论的商标禁用条款的性质有关，也与人们对《商标法》第10条第1款第（八）项中“有其他不良影响”的理解有关。在“有其他不良影响”之下，人们可能会把关注点放在寻找哪些影响属于“其他”不良影响，而不是去分析这些影响的“不良”之处究竟在哪里。其结果是，在自由裁量权的旗号之下，“有其他不良影响”成为一个可以装得下主管机关想往里面装的任何东西的“筐”。这显然有悖于法治精神，也不符合法治政府的理念。

四、“不良影响”与自由裁量权

无论人们如何理解《商标法》第10条第1款第（八）项的性质，将“其他不良影响”作为兜底条款还是将“不良影响”作为单独的禁用情形，都不得不面对一个很棘手的问题：如何认定一个标志是否具有“不良影响”？像《商标审查及审理标准》那样的类型化，最大的问题就在于模糊了问题的焦点，把人们的注意力从“不良”影响转移到了“其他”不良影响，偏离了问题的本质。在《商标法》第10条第1款第（八）项的适用过程中，真正需要解决的问题既不是“其他不良影响”的类型化，也不是有没有“不良影响”，而是影响的“良”与“不良”。

从理论上说，作为商标的标志总会有一定的含义。标志本身的含义是客观存在的，但它对相关公众所产生的影响往往取决于时空环境及公众中的个体自身的认知与理解，具有很大的不确定性。从某种意义上说，“不良影响”是对于影响的性质的界定，属于定性分析，也会受到判断者的主观因素的影响。因此，“不良影响”不可能有完全客观化的标准，商标主管机关自由裁量的空间很大。商标禁用条款的主要目的就是要对商标主管机关的自由裁量权进行必要的限制，避免权力滥用。

结合我国当前的实际情况，我们认为，在《商标法》第10条第1款第（八）项的适用过程中，需要从实体和程序两个方面来对商标主管部门行使自由裁量权进行必要的限制。

在实体方面，首先，要划定“不良影响”的适用范围，明确将那些只与特定的个体或少数群体有关的情形排除出去，并将影响的性质限定为人的思想情感、价值观念等精神方面的，物质或经济性质的以及与公众中的个体感受无关的影响都不应包括在“不良影响”的范围之内。其次，判断一个标志的影响“良”与“不良”的依据应当是标志的含义，包括标志自身固有的含义以及在使用过程中使相关公众联想到的含义。标志的含义必须是客观存在的，不能是想象或猜测出来的。当标志有多种含义时，必须结合具体的使用环境来确定。再次，认定“不良影响”的标准应当是相关公众对标志的含义的认知与感受，不能仅凭相关公众中的个体的认知与感受就认定有“不良影响”，更不能由审查员或法官来替代相关公众。最后，判断一个标志是否具有“不良影响”，应充分考虑标志所处的时空环境，同一个标志在不同的时间和地域会有不同的含义，主管机关应结合商品及商标的使用情况来综合判断。

在程序方面，为了避免商标主管机关在行使自由裁量权时任意、武断地行事，既要强化商标主管机关对标志的含义及“不良影响”的存在的举证责任，同时又要强调相关法律文书的说理和分析，写明不良影响的具体表现。在商标授权确权行政诉讼中，人民法院应像刑事诉讼中的“无罪推定”那样，在商标主管机关不能充分证明及说明相关标志有“不良影响”时，应认定不存在不良影响，促使商标主管机关合理审慎地行使自由裁量权。在这方面，美国的做法或许值得我国借鉴。美国商标法禁止不道德或令人反感的标志作为商标注册，其商标审查指南明确提出，“为了支持一项以申请注册的商标不道德或令人反感为理由而作出的拒绝予以注册的决定，审查员必须提供证据，证明以现代人的态度以及在相关的市场中，一般公众中大部分人认为该商标是令人反感的。”❶

❶ 美国专利商标局. 美国商标审查指南［M］. 中国工商总局商标局，译. 北京：商务印书馆，2008：187.

韩国商标法使用义务规则研究

王莲峰　杨凯旋*

摘　要：韩国商标法对商标使用十分重视，以“真实使用意图”为核心的商标使用义务规则贯穿了商标权取得、维持以及司法保护的全过程，特别是2016年大幅度修订后的商标法对商标使用义务规则进行了完善，加大了对商标恶意注册的规制力度，形成了注册取得、无效宣告、3年不使用撤销以及不侵权抗辩等阶段较为完备的商标法使用义务规则体系，以使得商标使用义务规则的作用得以充分发挥。韩国商标法使用义务规则对我国正在进行的第四次《商标法》的修改和完善具有重要借鉴意义和参考价值，特别是在商标使用的立法地位、真实使用意图以及规制恶意注册行为等方面。

一、韩国商标法使用义务规则的变化

韩国最早的商标法律规范产生于1908年，1949年11月颁布

---

* 作者简介：王莲峰，华东政法大学知识产权学院教授，博士生导师，商标法研究所所长。杨凯旋，华东政法大学2018级知识产权法方向博士研究生。本文是上海市哲学社会科学规划课题“商标恶意抢注法律规制研究”（项目编号：2017BFX005）的阶段性研究成果。

了第一部商标法[1]，2016 年 2 月，韩国商标法进行了最新一次的全面修订，与上一次修改的 2013 年版相比虽然条文数量没有增加，表面上看只是重新编订了条文序号，但许多条文内容均进行了扩充和替换，其中许多方面均涉及商标使用义务规则的变化，而这正是 2013 年修改时没有涉及的。

（一）韩国商标使用义务规则内容的变化

韩国商标使用义务规则主要的变化体现在以下几个方面：

其一，放宽商标表现形式要求。根据 2016 年修改后的韩国商标法的规定，只要能够指示商品的来源，无论表达形式如何，都可注册为商标。随着技术手段与商业模式的增加，商标的表现形式会越发多样化，其使用方式也会更加多样化。预先放宽商标表现形式的要求，也便意味着使用方式要求的放宽，也即原有的穷尽式列举无法再涵盖全部的使用形式，对某一新兴使用行为是否符合商标使用的要求进行判断时，不应再拘泥原有的限定范围。

其二，加大对代理人/代表人注册的制裁。2013 年版韩国商标法中规定，对于在《巴黎公约》成员国的商标权人，其代理人/代表人在与商标权人终止代理关系或者代表关系 1 年以内，不得在韩国注册相同或近似商标。若商标权人的商标在韩国被其代理人/代表人注册，商标权人须在该注册商标注册之日起 5 年内提出撤销申请。而在 2016 年版商标法中，注册人的身份不再局限于代理人/代表人，扩大为任何与商标权人存在合同或商业关系的第三方。同时也取消了上述 1 年与 5 年的期限限制，极大增强了对恶意注册行为的威慑与制裁力度。

其三，明确承认商标可以电子方式使用。在实践中，虽已有将法院将基于互联网的使用行为视为商标实际使用的情况，但在 2013 年版韩国商标法中却对于互联网上的商标使用并没有明确予

---

[1] 十二国商标法［M］.《十二国商标法》翻译组，译. 北京：清华大学出版社，2013：355.

以肯定，使其一直游离于法律之外，立法脱离了社会实际发展。2016 版商标法修改后将基于互联网的使用行为视为对商标的实际使用，结合商标表现形式的放宽，使得韩国商标使用方式的范围又一次扩大。

其四，放宽申请不使用撤销的主体范围。在 2013 版商标法中，连续 3 年不使用撤销的申请人与被申请撤销的商标权人须处于同一行业，或拥有与被申请撤销的商标相同或近似的商标，撤销主体范围十分固定。而 2016 版商标法不再限制连续 3 年不使用撤销申请人的资格，任何人均可提出撤销申请，完全放开了申请连续 3 年不使用撤销的主体限制，从而可以进一步督促商标权人积极使用商标。

其五，明确商标权利的限制。2013 年版商标法对于商标权的效力进行了一定限制，规定商标权人不得禁止他人单纯地以通常方式指示性或描述性使用他人注册商标。但在司法实践中，法院对此一直作狭义解读，使得商标风格的效仿、音译的变化以及一些小的调整被排除在“通常方式”的范围外，商标权人无法对其进行限制。此次修改后，把以“通常方式”的使用替换为“符合惯例”的使用，使得商标正当使用与商标使用的范围更加明确。

可见，上述修改内容既对商标使用方式的范围进行扩充，赋予了商标权人更灵活的使用空间，又放宽了对恶意注册以及连续 3 年不使用等行为的无效宣告或撤销程序的准入门槛，加大了对恶意注册人等违反商标使用义务规则者的规制力度，从而对商标使用义务规则进一步进行了完善。而该一系列规则中最为重要、最为核心的内容便是对商标使用内涵的认定。

（二）商标使用义务规则中使用内涵的认定

韩国虽然同样采用商标权注册取得制度，但非常重视商标使用在商标法中的作用，尤其是对商标使用内涵的认定以及商标使用行为的立法定位。韩国商标法在第一章总则第 1 条中明确了“通过保护商标以维护商标使用者的商誉，从而促进产业发展并保护消费者利益”的立法宗旨，开篇便点出了“商标使用者”而非包括我国在内的成文法国家惯常使用的“商标权人”或“商标持有人”等表述，可见其对商标使用的重视。紧接着该法第 2 条“定义”中对商标使用行为进行了列举，如在商标或其包装上标示商标的行为；将在商品或其包装上标有商标的商品，转让、交付，或以转让、交付为目的的展览、进口或出口该商品的行为；在商品相关的广告、价目表、交易文件、招牌或标签上标示商标，而展示或散发这些材料的行为共计三类行为。[1] 而上述三类使用行为包含展示商标的形状、声音或气味，以及通过互联网使用商标的情形，对商标使用的范围进行了列举与概括式的规定。

随后，该法第一章总则第 3 条“有权注册商标的人”明确规定，“在大韩民国国内使用或意图使用商标的人享有注册自己商标的权利。”[2] 可见，韩国商标使用的认定，不仅在形式上要符合上述使用方式的规定，而且在使用人的主观目的上也有要求，即使用或意图使用商标的人才能申请注册。也即从主、客观两方面对商标使用进行定义，不仅要求在客观上也即形式上将某一标志作为商标使用，而且主观上必须有发挥商标识别功能的目的，而非仅为维持注册而使用商标。

以上分析可以明确，韩国商标法对商标使用义务委以重任。虽然韩国采取与我国相同的先申请注册原则，单纯的商标使用行为不能直接获得商标权。但从商标的功能与作用可知，商标存在的意义并非是取得注册，只有通过实际使用才可以使消费者将商

---

[1] 本文所援引之韩国商标法条文系以《十二国商标法》一书中的 2012 版中文版条文为基础，根据韩国知识产权局官方网站（http：//www. kipo. go. kr）中的 2016 年英文版条文进行翻译和完善。参见：http：//www. kipo. go. kr/upload/en/download/TRADEMARK_ACT_2016. pdf.

[2] 韩国商标法第 3 条（有权注册商标的人）：（1）在韩国国内使用或意图使用商标的人享有注册自己商标的权利。但是，韩国知识产权局以及专利商标评审部门的工作人员在任职期间不得注册商标，除非基于继承或遗赠。

标与商品或服务产生联结，实现商标识别来源、质量保证及广告等功能，彰显商标的价值。“商标使用”在韩国商标法中是主客观相统一的：“商标权人在主观上希望通过商标使消费者识别其商品或服务，并在客观上通过实际商标使用行为来达到这一目的。”因而，整部商标法中的有关商标使用的规则都必然需要符合这一内涵要求。

通过对韩国商标使用义务规则的发展变化以及以真实使用意图为核心的商标使用行为内涵的分析可知，商标使用贯穿了韩国商标立法体系，于商标权取得至灭失的全过程均发挥着不可替代的作用。有鉴于此，下文将对韩国商标权注册取得、维持以及司法保护阶段对商标使用义务具体规则进行分析，以期为我国《商标法》修改提供启示。

二、韩国商标法使用义务具体规则的分析

（一）申请注册阶段商标使用义务规则分析

商标申请注册阶段的使用义务规则主要体现为申请注册程序中的“真实使用意图”要件。韩国商标法第一章“总则”第 3 条“有权注册商标的人”规定了注册商标的“使用或意图使用义务”，即“在韩国国内使用或意图使用商标的人才能申请注册”。在该条中存在“使用”与“意图使用”两种不同的表述，其主要原因在于韩国采取商标权注册取得体制，前者针对的是已经使用但是未申请注册的商标，后者则是针对申请注册时未使用的商标设置的应在将来完成的“使用承诺”要求。但注册取得体制下两种商标申请注册的法律地位是平等的，因此两者只是因实际使用与否不同而产生了表述“时态”的差异，实际内涵仍然是上文明确的商标使用定义中的前提：“真正实际发挥商标功能”。

可见，在韩国申请商标注册“真实使用意图”是应当必须具备的前提条件，是在注册取得体制之下对商标使用的“合理安排”。对比美国《兰哈姆法》“注册时声明具有真实使用意图”与

"对商标的真诚使用，而非仅为保留商标权利"的规定，[1] 韩国与美国在真实使用意图方面的要求大致相同，即真正、诚实地使用商标，使商标发挥实际功能，而非仅仅在注册形式上持续存在。与我国商标权取得制度相比，韩国在商标注册之时便考虑商标使用的要求，而非单纯以显著性标准来判定商标核准注册与否。

（二）商标无效宣告制度中使用义务规则分析

在2016年修改的韩国商标法商标无效宣告制度中，使用义务规则最为重要的作用便是对恶意注册在先使用人的商标宣告无效。

首先，对恶意注册的含义及抢注者范围的界定，是指2016年韩国商标法第34条"驳回注册的决定"第1款所规定的"申请人因与他人之间存在合伙或雇佣、业务交易等合同关系而知悉他人使用或意图使用某商标，并在相同或类似商品上就相同或近似商标申请注册"[2]。从上述规定中不难看出，所谓恶意注册含义，便是"因一定合同关系明知他人商标存在而抢先提出注册申请"，而恶意注册者的范围，与2013年版相比则是包含商标代理人或代表人在内的与他人存在合同关系的任何人，几乎囊括了任何知晓该商标存在的人，大大拓展了被恶意注册者的维权范围。

其次，对恶意注册中"恶意"的认定。由于韩国商标法将恶意注册人规定为"在先使用人有一定合同关系的人"，因而必然知

---

[1] 美国《兰哈姆法》第1051条（b）"有真诚的意图使用商标的申请"中第（1）项规定：有真诚的意图在商业上使用商标的人，在表明其诚意的情况下，通过缴纳规费，并按照专利商标局局长规定的格式向专利商标局递交一份申请和一份已宣誓之声明，可申请在依本法建立的主注册簿上注册其商标。第1127条规定："在商业中使用"一词是指在日常生意中对一个商标的真诚使用，而不是仅仅为保留一个商标的权利。

[2] 韩国商标法第34条（不具备商标注册资格的商标）：（1）尽管符合第33条的规定，但以下商标均不得注册：……20. 申请人因与他人存在例如合伙或雇佣关系、业务交易关系或任何其他关系等合同关系而知道他/她在商品上所申请注册的商标与他人使用或意图使用的商标相同或相似；21. 与商标权人具有或曾经具有例如合伙或雇佣关系，业务合同关系，或任何其他关系等合同关系的人未经商标权人同意，注册与该商标权人在条约缔约国相同或类似的商品上的注册商标相同或相似的商标。

悉在先使用人商标存在的情况，此时其越过在先使用人而自行提出注册申请的行为表明其在主观上存在恶意，在客观上造成在先使用人权利损害。所以，所谓“恶意”便是指基于一定合同关系而明知申请注册商标的行为会造成在先权利人损害而希望或放任损害发生的主观状态。从另一角度来看，恶意注册者大多数均缺乏“真实使用意图”。作为与在先使用人有一定合同关系的恶意注册者之所以注册该商标，并非是看好该商标并计划经营该商标以获得商业利益。其主观意图在于直接有效阻止在先使用人使用该商标，使其无法通过经营该商标获得或继续获得商业利益，从而迫使其向自己高价“赎回（转让）”以较低的成本获得巨大的商业利益。因此，其也就没有所谓“真实使用意图”而言，也即表现为“恶意”注册。

最后，恶意注册的后果。根据商标法第 34 条“不具备商标注册资格的商标”和第 54 条“驳回注册的决定”的规定，恶意注册的商标应当被驳回，不得注册。[1] 韩国商标法第 117 条“商标注册的无效评审”规定，恶意注册的商标可以被申请宣告无效。[2] 且对于驳回注册的没有商标权，对于被宣告无效的也视为自始没有商标权，与被驳回效力相同。

与 2013 年版相比，2016 年版韩国商标法不仅将恶意注册者的

---

[1] 韩国商标法第 54 条（驳回注册的决定）如果商标注册申请属于以下任何一种情况，审查员应决定驳回商标注册：……3. 商标依据上述第 3 条，第 27 条，第 33 条至第 35 条，第 38 条第（1）款，第 48 条第（2）款、第（4）款或第（6）～（8）款的后半部分不能进行注册；……

[2] 韩国商标法第 117 条（商标注册的无效评审）：（1）商标注册或指定商品增补注册属于下列情形的，利益相关人或审查员可以提出注册无效的评审请求。若注册商标包含两个或两个以上的指定商品，则可以就每个指定商品分别提出评审请求：1. 商标或指定商品违反第 3 条，第 27 条，第 33 条至第 35 条，第 48 条第（2）款后半部分、第（4）款或第（6）～（8）款，第 54 条第 1、2、4 至 7 项。

需要说明的是，该法条中的“可以”一词在英文版中为“may”，韩文版为“荐”，含义均为“可以”，其意在说明利害关系人和审查员有就恶意抢注等行为提出无效宣告申请的权利/权力，而非既可以申请也可以不申请。

范围从商标代理人和代表人扩大到任何存在合同关系的人，也将原有代理关系存在于商标申请前一年限制与注册之日起5年内提出无效宣告申请的时间限制限制取消了，从而最大限度“打击”恶意注册行为：合同关系人在明知他人在先使用该商标的情况下抢先申请注册，主观上存在恶意，客观上损害在先使用人的权益，因而应当被驳回注册或宣告无效，且利害关系人与审查员提出该申请没有期限限制。

综上所述，韩国商标法不仅将恶意注册作为利害关系人提出无效宣告申请的理由之一，同时也取消了申请的期限限制，从而对恶意注册行为施加了较大的规制力度。这更表明，商标不仅在申请注册阶段要符合商标使用的主客观要求，而且在注册后也应当确保对商标进行连续、正确的使用，这样才能防止商标因长期连续不使用或者不正确使用而丧失显著性，不再符合商标的要求，使商标失去存在意义。同时，合同关系人因其明知在先使用人的存在而抢先注册相同或近似的商标，属于恶意注册，应当被驳回注册或宣告无效。唯有如此，才能确保商标功能正确发挥作用。

（三）商标撤销制度中使用义务规则分析

根据韩国商标法第119条“商标注册的撤销评审”第1款第3项的规定，无正当理由在韩国至少连续3年未使用的注册商标，任何人均可对其提出撤销申请。[1] 商标的生命在于使用，只有通过商标使用行为，才能使附着于商品或服务的商标通过面向消费者进行来源识别、质量控制和广告宣传，才能真正具有显著性，这既是商标的功能，又是商标存在的作用与意义。而如果商标长期连续未使用，便无法再发挥作用，也没有显著性可言，便会失去

---

[1] 韩国商标法第119条（商标注册的撤销评审）：（1）注册商标属于下列情形的，可以提出撤销该商标注册的评审请求：……3. 商标权人、专用使用权人或通常使用权人，在商标撤销评审请求提出之前连续3年以上均未在韩国境内在其指定商品上使用注册商标，且没有不使用的正当理由的。

存在的意义。因此，商标使用是商标存在与存续的动力，商标长期连续不使用而被撤销制度便应运而生。对于这一制度，关键问题在于商标是否至少连续 3 年未使用的判断。

根据上文所述，韩国商标法对商标使用的规定包含形式与实质，即主、客观两方面的要求：在形式上，客观使用行为符合法定的使用情形的要求，实质上是具有真实使用商标的主观目的。因为只有符合上述要求的被使用商标才能申请注册，才能后天通过使用使商标为消费者所认知，从而获得显著性而被核准注册。而长期连续未使用商标的商标权人不具有真实使用意图，其无论在形式上是否进行了使用都不再符合商标使用的内涵，也即不再具有存在意义，应当被撤销。

可见，韩国商标法规定的连续 3 年不使用商标可被撤销制度再一次表明了商标权维持阶段与商标权注册取得阶段一样，以真实使用意图为核心的商标使用于商标和商标权存续而言发挥了关键作用，只有如此才能获得并维持商标权，反之则可能被驳回注册或被撤销。

（四）不侵权抗辩认定中的使用义务规则分析

不侵权抗辩中，最为体现使用义务规则之处在于，侵权人使用商标合法抗辩与商标权人使用商标不合法抗辩两个方面。

其一，侵权人使用商标合法抗辩，主要体现为在先使用抗辩，也即在先使用人对在后注册人的抗辩。根据上文所述，韩国商标法第 117 条“商标注册的无效评审”赋予了广大民事主体（商标使用人）对于恶意注册的商标可以申请宣告无效的权利，其中便包括甚至主要体现为被注册商标的在先使用人。此时，被恶意注册的在先使用人不仅享有韩国商标法第 99 条“依据在先使用而继续使用商标的权利”的规定在商标注册申请日之前，而且已经在相同或类似商品或服务上使用了相同或近似的商标，因该商标已经在消费者之中获得一定程度的认知，而享有在原有范围内继续使用该商标的权利。而且，其也可以通过第 117 条赋予的权利，申请无效宣告使恶意注册人丧失商标权，并自行申请注册而获得商标权。如此一来，该在先使用人不仅不再是侵权人，反而“恢复”成为真正的商标权人，所谓侵权的指控便自动消失了。此外，即便提出侵权指控的人并非被恶意注册商标的人，而是作为在后注册的商标权人针对普通的在先使用人提出侵权指控，在先使用人也有权依据其第 99 条赋予的权利在原有范围内继续使用该商标。只要在商品或服务上附加了适当的区别标识，其便未涉足商标权人权利效力范围，从而可以合法地以在先使用为由进行不侵权抗辩。

其二，商标权人使用商标不合法抗辩，也即商标连续 3 年未使用被撤销的情形。根据韩国商标法第 119 条“商标注册的撤销评审”第 1 款第 3 项，对于无正当理由连续三年未使用的商标，任何人均可以提出撤销申请。就商标权人长期未使用注册商标的行为而言，其在主观上早已失去或打消了真实使用商标的意图，故其客观上即便有所谓“使用行为”也仅仅是为了维持商标权而进行的象征性使用，于商标发挥来源识别等本源作用而言毫无意义。此时，其商标权便不应再继续维持，对于所谓“侵犯其商标权”的行为进行救济也价值不大。因此，如果商标权人主张侵权，被控侵权人便可以通过该商标连续 3 年不使用已经丧失识别功能而不应继续存在为由提出撤销申请，如果该商标最终被撤销则被诉侵权人便可以主张商标权人丧失商标权，以对被指控的侵权行为进行抗辩。

综合以上几点，不侵权抗辩认定体现的仍然是使用行为具有真实使用意图与否的问题。就侵权者而言，有真实使用意图便意味着侵入了商标权人的权利领域，反之则不构成侵权。就权利人而言，其不具有商标真实使用意图，则可能因恶意注册或长期连续不使用而被侵权人申请撤销商标，此时便失去了商标权，更无法主张侵权救济。因此，在商标权司法保护之中的使用义务规则还是体现为以是否构成具有真实使用意图为核心的商标使用行为

的判定。

三、韩国商标使用义务规则对我国的启示

虽然中韩两国同属成文法法系国家，且均采取注册确权原则，但通过上述韩国商标使用义务规则分析可知，韩国更为重视商标使用于商标法中的地位和作用，其立法理念和规则为我国《商标法》第四次修改带来极大的启示。

（一）以商标使用义务规则统领商标权的取得维持与保护

所谓“统领”，是指商标使用义务规则具有指导商标权取得、维持与保护全过程的地位。可以体现为形式与实质两个方面。在形式方面，根据上文所述，商标使用义务规则首次出现在总则部分，开篇第1条“宗旨”规定“通过保护商标以维护商标使用者的商誉”的立法宗旨，明确点出“商标使用者”而非“商标权人”或“商标持有人”，以立法宗旨的面貌作为总则的一部分自然在形式上便能给适法者以提纲挈领之感，表明商标使用义务乃是商标法应有开宗之义。在实质方面，统领性地位更体现在商标使用的作用上。采取商标权注册取得体制的成文法国家，自然要遵循“申请在先，注册确权”的权利取得原则，商标使用看似无用武之地。然而，韩国将申请注册商标者的范围限定为“韩国国内使用或意图使用商标的人”，也即将商标使用义务在第3条“有权注册商标的人”中与商标注册取得权利的内容结合在一起，更能够体现出商标使用的重要地位，也即其并非一般普通的商标法规则，而是关乎商标权这一商标法律体系逻辑起点的重要规则。

此外，统领性地位更体现为商标使用义务规则贯穿于商标法整个体系。根据上文所述，商标使用不仅仅是商标申请注册的条件之一，更是商标权注册取得、积极使用维持与获得保护救济的必要条件。这既体现为商标使用义务规则存在于商标法总则、商标注册要件与申请、审查、商标权、商标权人的保护、评审、复审与诉讼各个章节形式上，更体现在商标权注册取得、无效宣告恶意注册商标、连续3年不使用撤销、使用不侵权抗辩等实质制度之上。也即，在韩国商标法中商标使用义务体现为居于统领性地位的完善规则体系。而这一体系化模式相比于我国等国家和地区总则与申请注册章节不涉商标使用，而采取单独一章规定商标使用义务规则的模式相比，更能明确体现出商标使用的作用与地位。

（二）以真实意图要件检验商标使用行为合法与否

虽然韩国商标法重视商标使用，使其居于统领性地位，贯穿于商标法全文与商标权取得、维持与保护的全过程各阶段，发挥体系化作用。但其毕竟是采取注册取得体制的国家，单纯的商标使用行为既无法取得商标权，也容易出现为获得注册而“象征性使用”泛滥的情况，从而与加强商标使用义务的立法宗旨背道而驰。因此，韩国商标法在第3条“有权注册商标的人”中规定“意图使用商标的人享有注册自己商标的权利”。也即，对于已经实际使用商标者，如果符合“申请在先”的要求，自然可以申请注册获得商标权。而对于仍未实际使用商标者，只要其具有“使用商标的意图”便可以申请注册而获得商标注册权。这便是上文所述的韩国商标使用义务规则中的“商标真实使用意图”要件。

由上文分析可知，韩国商标真实使用意图要件是与商标权注册取得体制结合在一起的。因此，其商标权取得模式既不同于单纯的使用取得体制模式，只有实际使用才能申请注册获得商标权，也不同于单纯的注册取得体制模式，无论是否真正具有使用意图，只要申请在先便可以申请注册获得商标权。毕竟，使用取得体制转向注册取得体制是世界潮流与国际共识，即便是“固执”的美国也在20世纪80年代放开了未实际使用商标申请注册的限制，并设计了最初的“使用意图”规则下的注册取得与使用取得体制并行，也即要求申请注册者证明具有真实使用意图作为获得注册的前提。而这一规则设立后最突出的作用便是为了符合商标权取得的实际使用要求而引发的“象征性使用”情形的减少。可见，“商

标真实使用意图”要件能够发挥判定所谓“商标实际使用行为”是否符合商标法实际要求的作用。

另外，单纯的注册取得体制，也即无门槛的商标注册申请规则与商标使用毫无关系，更不会考察是否具有所谓真实使用意图，其在激发市场主体申请注册商标的积极性的同时，也为恶意注册商标、大量囤积商标的行为提供了机会，商标注而不用，待价而沽，既忽略了商标应有的作用功能，又损害了真正权利人应有的“商标权”，与商标法特别是商标注册取得体制设立的初衷背道而驰。因此，有必要强调商标使用的重要性，以便对注册取得体制出现的问题进行矫正。而由于在注册体制之下无法以实际使用作为商标申请注册的前提条件，故更需要“真实使用意图”来发挥作用，缩小注册体制缺陷与实际使用局限之间的差距。所以，韩国商标法在注册取得体制中突出真实使用意图的模式更能满足我国《商标法》修改的现实需求。

（三）完善商标恶意注册行为规制规则体系

恶意注册商标的行为在采用注册取得体制国家最为泛滥，韩国便是其中之一。正因如此，2016 年最新一次的商标法修改着重关注了对恶意注册行为的规制，形成了完善的规制商标恶意注册的立法体系。

首先，将恶意注册作为驳回注册申请与申请无效宣告的条件。2013 年版韩国商标法与我国相同，均将恶意注册行为作为权利人与利害关系人向有关机关申请无效宣告的条件之一。但韩国商标法在 2016 年修改之时，又将其列为商标注册申请审查驳回注册申请的理由。其第 34 条“不具备商标注册资格的商标”规定“申请人因与他人之间存在合伙或雇佣、业务交易等合同关系而知悉他人使用或意图使用某商标，并在相同或类似商品上就相同或近似商标申请注册应当驳回”。由此可见，恶意注册行为不仅可以由权利人与利害关系人申请规制，而且任何人均可以在申请注册之时以此为理由主张驳回该注册。相比之下，可以主动发起恶意注册规制规则的主体范围进一步扩大，能够使恶意注册行为受到更加严厉的规制。

其次，由商标局主动对恶意注册行为宣告无效。在传统理论之中，恶意注册行为的关注点在于恶意的“抢”，也即其损害的是权利人和利害关系人的合法权益，无关社会公共利益。因此，宣告无效的申请人范围自然要限定在恶意注册行为相关的权利人和利害关系人之内（以下简称“有权申请人”），范围外的其他人自然无权越俎代庖。虽然这一范围限定符合恶意注册无效宣告制度的最初设立理论，但因为有权申请人的精力、能力等原因，在实施效果上却并不理想，所谓权利人或利害关系人并不一定能够知道恶意注册行为存在，即便知道也不一定真的会产生利益纠纷而申请宣告，毕竟市场经济中的利害关系和法律认定的利害关系范围并不能完全重合，加之有权申请人并不一定能够在申请无效宣告时确保获得成功，使得原有申请恶意注册宣告无效的规则难以见效。

因此，韩国商标法在 2016 年修订时赋予商标局主动对恶意注册的商标申请宣告无效的权力，其第 117 条“商标注册的无效评审”规定“商标注册或指定商品增补注册属于恶意注册的，利益相关人或审查员可以提出注册无效的评审请求”。结合上文所述可知，规制商标恶意注册行为的主体范围又一次扩大，在主张驳回注册的任何人与申请无效宣告的权利人与利害关系人的基础之上又增添了最具效果的商标局审查员。之所以称其最具效果，理由在于审查员最具有专业性，也最具有针对性，与利害关系人以及其他任何人相比，其在拥有海量商标申请信息数据资源的同时，更能够较为准确地判定某一注册商标在客观上是否构成恶意注册，而不会存在考虑是否对自己的现实经济利益构成侵害以及是否有精力、能力去主张无效宣告等“人之常情”。就另一角度而言，由审查员主张无效宣告，更像是对在注册申请审查时对因自己一时不慎而造成某些恶意注册商标侥幸蒙混过关的一种补救。（当然，

主张无效宣告的审查员并不局限于该商标申请注册审查时的同一位审查员。）这样，对商标恶意注册行为织就的规制法网便更加缜密了。

此外，2016 年韩国商标法还将申请无效宣告的期限进行了大幅度改动。比较大部分国家目前的商标立法，为了防止权利人与利害关系人不及时行使权利而“躺在权利上睡觉”，均将恶意注册非驰名商标无效宣告申请的期限设置为自注册之日起至少 5 年内，之前的 2013 年韩国商标法也不例外，此次修改明确取消了上述期限限制，不再区分被恶意注册的权利人等拥有的商标是否驰名，而是一视同仁地将申请无效宣告的期限设定为永远，也即只要恶意注册的商标存在，就可以对该商标申请无效宣告，无须担心存在申请期限限制。由此，韩国商标法对恶意注册行为的规制义务从扩大规制主体范围与取消规制期限限制两个方面进行了修改，在原有规制力度的基础上进一步限缩了恶意注册行为的存在空间。

当然，需要说明的是，韩国商标法之所以能够对恶意注册行为课以如此严厉的规制规则，主要还是在于上述的“商标真实使用意图”要件，其不仅是判定商标实际使用行为是否属于“象征性使用”的标准，更是商标申请注册获权的前提条件。所以不具有“真实使用意图”的商标从起初上便不应当予以注册，而无关是否以恶意注册的方式损害了他人的合法利益，且只要“真实意图”一直缺失，该注册便应当被驳回或无效。正是以“真实使用意图”商标使用义务规则的核心要件，韩国商标法才能最大限度规制恶意注册等缺少真实使用意图的行为。

四、结语

商标使用义务并非普通的规则，而是商标法体系的核心规则，该规则不仅是商标权人等市场主体申请注册和规范使用商标的重要指引，同时也是商标行政管理部门和司法审判机关授权确权以及处理商标纠纷的重要条件。韩国一直以来对商标使用十分重视，特别是2016年商标法修改后，以“真实使用意图”作为商标使用的核心要件，使其居于立法的统领性地位，并贯穿于商标权取得、维持与保护的全过程，呈现出立法体系化之美与功效。相比之下，我国对以真实使用意图为核心要件的商标使用义务规则的重视程度不足，特别是真实使用意图在商标权取得、维持与保护等方面的作用很不明显，使得商标使用义务规则无法充分落实。研究韩国商标使用义务规则的特点，可为我国第四次修改《商标法》提供借鉴。

商标侵权判定标准的历史演进：从主观欺诈到混淆可能性

杨祝顺*

摘　要：商标侵权的判定标准是混淆可能性。现代意义的商标产生于工业革命，但混淆可能性并未随着工业革命而得到法律的确立。商标保护以仿冒诉讼为开端，商标侵权以主观欺诈的意图作为前提。商标财产理论应运而生后，商标侵权以侵占商标标识作为前提，主观欺诈的意图不再作要求。伴随商誉理论的兴起，混淆可能性作为商标侵权的判定标准得到法律的确立。我国的混淆可能性经历了从融入商标近似性与商品类似性的判定，到《商标法》进行明确规定的发展历程，但仍然存在立法缺陷。《商标法》第四次修改，应明确规定混淆可能性的推定制度。

商标的功能是指示商品或服务的来源，而商标侵权就是破坏商标的来源识别功能，使得消费者在商品或服务的来源上发生混淆的可能性。由此，商标侵权的判定标准是混淆可能性。《与贸易有关的知识产权协议》（以下简称“TRIPS”）明确规定，商标侵权以混淆可能性作为判定标准。同时规定，在相同商品或服务上

---

* 作者简介：杨祝顺，法学博士，广西师范大学法学院讲师，主要从事知识产权法学研究。

使用相同的标记，推定构成混淆可能性。即如果存在相反的证据，可以认定不构成混淆可能性。

2013年《中华人民共和国商标法》（以下简称《商标法》）亦明确规定，商标侵权以容易导致混淆即混淆可能性作为判定标准。然而，与TRIPS的上述规定相比，《商标法》并未规定相同商品与相同商标情形下的混淆可能性的推定制度，而是直接规定构成商标侵权，即不用考虑是否存在混淆可能性。事实上，我国幅员辽阔，有些注册商标的使用范围非常有限，即便是在相同商品或服务上使用与他人注册商标相同的标记，仍然存在不构成混淆可能性的情形，有必要提供被侵权者以反证的机会。《商标法》并未规定混淆可能性的推定制度，显属立法缺陷。

2018年4月，商标局宣告启动《商标法》的第四次修改，并向社会公开征求意见。在此背景下，加强商标侵权判定标准的理论研究，推动《商标法》商标侵权判定制度的完善，具有重要意义。本文从理论源头的角度，对商标侵权判定标准的历史演进展开系统研究，阐释商标侵权的判定标准是混淆可能性的基本原理。同时，就我国关于混淆可能性的相关规定进行梳理分析，并就《商标法》第四次修改提出完善建议。

一、仿冒诉讼与主观欺诈

商标保护以仿冒诉讼（passing off action）为开端。仿冒诉讼起源于英国普通法中的欺诈侵权。[1] 其理论基础在于，禁止将自己的产品仿冒成他人的产品进行销售。英国早期案例曾对仿冒诉讼的原理作过如下经典论述："一方不能将其产品伪装成他人的产品进行销售；他不能被允许实施这样一种欺骗，也不能使用可能导致此种欺骗的手段。因此，他不应当被允许使用那些可能引诱购

---

[1] MCCARTHY J T. McCarthy on Trademarks and Unfair Competition [M]. 4th ed. Eagan: Thomson/West, 2012: 5-5.

买者相信其所销售的商品是来自另一个制造者的姓名、标记、字母或其他符号。”[1] 通过仿冒诉讼对商标进行保护，是通过一系列案例逐渐确立的。

（一）商标仿冒诉讼保护的形成发展

基于仿冒诉讼的商标保护，最早可以追溯到英国1618年的Southern v. How案。[2] 该案中，原告从被告的代理人处购买了价值800英镑的珠宝，在发现珠宝是假货后，原告向国王法院（King's Bench）提起欺诈诉讼。审理该案的Doderidge法官援引了发生在1584年的Sandforth's案：一个布匹商，因其制造的优质布匹而在英国享有很大的声誉。该布匹商在其生产的布匹上使用了自己的标记，以方便消费者识别其来源；另一布匹商未经许可，在其所生产的劣质布匹上使用了相同的标记，以达到欺骗消费者进而获利的目的。[3] Doderidge法官认为Sandforth's案的诉由成立，并将Southern v. How案和Sandforth's案进行类比，判定销售假冒货物的行为构成欺诈，应当承担普通法上的责任。

Southern v. How案确定了禁止商标仿冒的原则，并明确表示商标仿冒属于欺诈，应当承担法律责任。由此，Southern v. How案被西方学者认为是现代商标法和不正当竞争法的基础先例，并被认为是防止商标仿冒的法律制度的起源。

尽管17世纪初已经存在商标保护的萌芽，但直到18世纪中期，才陆续出现真正意义上的商标保护案例。1742年Balanchard v. Hill案[4]被认为开启了现代商标保护制度的先河。该案中，原告Balanchard是英国的卡片生产商，根据查理一世授予的特权，在扑克牌上对“The Great Mogul”商标享有排他使用权。被告在其

---

[1] See Perry v. Truefitt, (1842), 6 Beav 66, 49 E. R. 749.

[2] Southern v. How, Popham 143, 79 Eng. Rep. 1243 (1618).

[3] BAKER J H. An Introduction to English Legal History [M]. 3rd ed. London: Butterworths, 1990: 522.

[4] Balanchard v. Hill, (1742) 2 Atk. 484, 26 Eng. Rep. 692 (Ch.).

销售的扑克牌上也印上“The Great Mogul”商标，严重损害了原告的利益，原告遂向英国衡平法院提起诉讼。由于当时假冒他人商标的行为非常普遍且难以遏制，审理此案的 Hardwicke 法官认为，虽然被告使用了与原告相同的标记，但“使用标记的单一行为并不足以使诉讼成立，而是这样做的时候应当具有欺诈的意图”。由于没有证据表明被告具有欺诈的意图，故法官拒绝对此发布禁令。

虽然该案并没有对被告发布禁令，但法院确立了商标侵权应以被告具有主观欺诈的意图作为前提的处理思路，并深刻影响了后续的相关判决。

1824 年的 Sykes v. Sykes 案[1]，是首例由英国普通法院处理的直接涉及商标保护的案件，是通过仿冒诉讼对商标进行保护的典型案例，标志着基于仿冒诉讼的商标保护走向成熟。该案中，原告以制造和销售大量枪带（shot - belt）和散装弹（powder - flasks）为业，并在其产品上打上了“Sykes 专利”，以指示其产品的来源。由于产品质量较高，原告在行业内享有较高声誉并获得了大量利润。被告未经原告许可，在其生产的大量枪带和散装弹上使用了与原告“Sykes 专利”类似的标记，并通过零售商销售给最终消费者，企图牟利。由于被告生产的枪带和散装弹质量明显低于原告，不仅导致原告销量大减，而且给原告的声誉造成了严重损害。被告以“Sykes”是他的姓名为由进行抗辩。法院认为，被告通过欺骗的行为吸引消费者进而获利，已经构成欺诈，故驳回了被告的抗辩。

（二）基于仿冒诉讼的商标侵权判定标准

根据前述 Southern v. How 案、Balanchard v. Hill 案和 Sykes v. Sykes 案的分析，通过仿冒诉讼对商标提供保护，需要满足两个要件：①被告仿冒了原告的商标；②被告主观具有欺诈的意图。

---

[1] Sykes v. Sykes，(1824) 3 B. & C. 541，543，107 Eng. Rep. 834，835 (K. B.).

只要被告主观并没有恶意，即使造成了消费者混淆，或者给商标权人带来损失，也可免于法律责任。例如，上述 Balanchard v. Hill 案，就因被告不具有主观恶意而免责。

当然，只要证明被告具有恶意，即使原告无法证明自己遭受实际损害，也可以追究被告的侵权责任。例如，在 Blofield v. Payne 案[1]中，原告制造一种磨制剃刀的金属材料，因质量优良深受消费者欢迎。被告在自己生产的同类产品上，仿制了原告产品的外包装和相关文字，企图欺骗消费者而牟利。尽管原告无法证明被告产品质量低劣而给自己的声誉造成损失，但法院仍然支持了原告的诉讼请求。

应该说，早期仿冒诉讼仅仅以被告的主观恶意作为商标侵权的前提，并没有对消费者的混淆和原告的损失给予充分关注，不利于消费者和商标权人的保护。

第一，消费者因误购被告的劣质产品所遭受的经济损失，以及原告因消费者混淆、被告的劣质产品所遭受的经济和声誉损失，均因被告主观不具有恶意而无法获得法律救济。

第二，虽然普通法院和衡平法院都可以受理商标仿冒案件，但早期的仿冒诉讼大多由英国普通法院受理，而普通法院对商标仿冒行为的救济是损害赔偿，且以“损失填补”为原则。原告即使赢得了诉讼，也仅能挽回由商标仿冒而导致的具体损失，对因被告的劣质产品而导致的声誉损失则无法获得救济。

第三，普通法院关注被告已经实施的商标侵权行为及其造成的损害，对被告未来的商标侵权行为则无权管辖。通过普通法院寻求的救济，无法阻止被告继续实施商标侵权。

二、商标财产理论与侵占商标标识

在仿冒诉讼难以提供有效保护的情况下，商标权人试图寻求

[1] Blofield v. Payne，(1833) 110 E. R. 509.

衡平法院的禁令救济。但通过衡平法院对商标进行保护，遇到了诸多理论困境。例如，衡平法院以保护财产（property）为核心，但商标权人的诉由是主观欺诈，商标权人的财产体现在哪并不清楚，衡平法院也不愿意将商标解释为财产。在 Collins Co. v. Brown 案中，法官就认为，商标中并不存在什么财产，禁止他人使用商标的权利是基于欺诈。[1] 又如，原告的诉由是欺诈，但被欺诈的是消费者而非原告，原告在诉讼中的法律地位不明确。18 世纪末衡平法院的法官就明确指出："对公众的欺诈并不能为原告起诉提供充分的理由"。[2]

为克服上述理论困境，商标财产理论（trademark as property theory）应运而生。根据商标财产理论，商标标识本身就是一种财产，是一种排他性的使用权，它与普通财产一样，具有法律保护的正当性。商标财产理论起源于英国，在美国得到继承和发展。

（一）英国的商标财产理论

19 世纪中期，英国衡平法院通过一系列案例，逐步形成了商标财产理论，为衡平法院依据"禁止侵犯财产权"的权限对商标提供保护找到了理论依据。

1838 年 Millington v. Fox 案[3]是英国商标财产理论的萌芽。该案中，原告是钢材生产者，经过长期使用，其商标具有较高的市场知名度。被告也是钢材生产者，未经许可在其生产的钢材上使用了原告的商标。原告向英国衡平法院提起诉讼，但诉讼理由并不是基于被告的主观欺诈，而是主张被告生产了大量钢材，并在钢材上使用了原告的标记，目的是使这些钢材在市场上被当成原告的钢材进行销售。由于原告的诉讼并不是以欺诈作为基础，审理此案的 Cottenlam 法官将此案与涉及欺诈的案件作了区分，认

---

❶ Collins Co. v. Brown,（1857）3 K&J 423.

❷ Webster v. Webster, 36 Eng. Rep. 949, 949（1791）.

❸ Millington v. Fox,（1838）3. My. & Cr. 338, 40 Eng. Rep. 956（Ch.）.

为："有充分的理由认为，原告对本案中的商标享有权利，原告毫无疑问可以得到衡平法院的帮助以实现该权利……而且被告主观善意的情形并不能剥夺原告对其姓名的排他性使用权利……"由此，衡平法院首次在欺诈诉由之外支持了原告的禁令申请。虽然该案对支持原告的具体理由并未作出解释，但该案为后来衡平法院阐释商标财产理论奠定了基础。

1863年的Edelsten v. Edelsten案[1]，英国衡平法院的Westbury法官对商标财产理论作了系统阐述，并对上述"Millington v. Fox"案的判决作了解释。该案中，原告是电线生产者，自1852年开始使用一种锚形设计的商标。被告也是电线生产者，在其生产的电线上使用了由皇冠和锚组成的商标。原告向英国衡平法院提起诉讼，要求向被告发布禁令与损害赔偿。被告抗辩说，锚形设计是一个很普遍的标记，而且皇冠标记可以使被告产品很容易与原告产品区分开来。

审理此案的Westbury法官抓住本案的机会，阐述了商标财产理论："相关问题是原告是否在其商标中拥有财产权利。如果有，被告使用的标记是否与原告的商标构成实质性相同……尽管被告欺诈的证据是诉讼的实质，但本院将要根据保护财产权利的单一原则进行裁判，禁令的发布并不需要以证明被告具有欺诈为前提，也不需要证明原告的声誉因质量低劣的产品而遭受损害。因顾客流失而给原告贸易造成的损害就足以说明禁令的正当性。"在作出以上阐述之后，Westbury法官发现，被告知道原告的商标并且故意将原告商标作为其商标的实质组成部分进行使用，构成了对原告商标的"盗窃"，由此对被告发布了禁令。这样，该案首次明确了商标财产理论：商标保护并不以被告欺诈为前提，而是以保护商标财产为基础。但对于商标财产的内容是什么，该案并未作出明确说明。

---

[1] Edelsten v. Edelsten, (1863) 1 De G. J. & S. 185.

到了1863年的Hall v. Barrows案[1]，Westbury法官对商标财产的内容作了进一步阐释。该案涉及合作协议的解释。围绕合作企业的财产是否包括商标的问题，Westbury认为，Millington v. Fox案表明“衡平法院保护商标的原则是基于财产，被告的欺诈并不是本院管辖的必要条件”。在对涉案商标的使用历史进行分析之后，Westbury法官认为，商标是合作协议中的重要财产，可以随着企业一并转让。同时，Westbury法官对衡平法院保护的商标财产的性质作了经典阐释：对于任何抽象的符合或标记，不存在任何排他性所有权，但有权在以下意义上主张财产权利，即商标蕴含了排他性使用相关姓名或符号的权利，这种排他性的权利就是财产。

这样，英国衡平法院通过Millington v. Fox案、Edelsten v. Edelsten案以及Hall v. Barrows案，形成了商标财产理论：商标保护的理论基础在于商标财产，而商标财产的具体内容是商标标记的排他性使用权（exclusive use of marks）。根据商标财产理论，商标侵权以被告未经许可使用了相同标记作为前提，被告欺诈的意图并非必要条件。从这个意义上说，相比于仿冒诉讼，商标财产理论更有利于商标权利的保护。

（二）美国的商标财产理论

受英国商标财产理论的影响，美国法院亦将商标本身作为财产进行保护，其理论基础是19世纪末期流行的普通法财产权利理论。根据当时流行的财产理论，对某物的控制是财产产生的根源，即对某物的控制可以授予占有权利，而占有权利又可以发展成为所有权。如果某人对某物享有所有权，必然意味着他享有排除他人的绝对权利，该权利是独立于任何制定法的自然权利和普通法

---

[1] Hall v. Barrows, (1863) 4 De G. J. & S. 150.

权利。[1] 由此可见，按照美国的财产理论，商标能够作为财产受到保护，其前提是商标使用者对该商标具有实际控制力，进而对该商标产生所有权。

当根据上述美国的财产理论对单词、符号进行保护时，随之而来的问题是：常用语中的单词、符号被认为属于公共财产，人人都有权自由使用而无法被私人占有，使用者不可能拥有实际控制力，自然也就无法享有排他性使用权。显然，使用者能够实际控制相关单词或者符号的情形有两种：一是创造一种全新的单词或符号，二是赋予现有单词或符号以全新的含义。在这两种情形下，相关单词、符号并非日常用语因而也不属于公共财产，作为商标可以被使用者实际控制，进而产生所有权。

符合上述两种情形的商标，被称为“技术性商标”（technical trademarks），包括臆造性（fanciful）商标（完全属于杜撰的词语）和任意性（arbitrary）商标（与商品没有含义关联的已有词语）。技术性商标可以通过商标侵权诉讼获得保护。商标侵权关注未经授权将标记作为财产进行侵占的行为，故在证明责任方面，原告首先需要证明，自己是在贸易中第一个使用相关标记的经营者，进而对该标记享有控制权乃至所有权。接着证明，被告在相同类型的商品上使用了相同或近似的标记。在商标财产理论下，商标保护的前提是未经授权的标记侵占，原告不需要证明存在任何混淆的风险，即便被告采纳相关标记时并没有欺骗的故意，或者通过其他符号的使用实质性地消除了混淆的风险，其未经授权的标记使用也可引发绝对禁令的发布。[2] 由此可见，技术性商标享有的保护具有“准财产权利”（quasi - property rights）的性质。[3]

---

[1] BONE R G. Hunting Goodwill：A History of the Concept of Goodwill in Trademark Law [J]. Boston University Law Review，2006，86 (3)：562.

[2] BONE R G. Hunting Goodwill：A History of the Concept of Goodwill in Trademark Law [J]. Boston University Law Review，2006，86 (3)：564 - 565.

[3] 文学. 商标使用与商标保护研究 [M]. 北京：法律出版社，2008：55.

不符合上述两种情形的商标，被称为“非技术性商标”（non-technical trademark）。非技术性商标是指描述性和不具有固有显著性的商标，包括商业名称（tradename，属于描述性标记，包括地理名称和个人名称）与商品包装（product packaging）。非技术性商标无法通过商标财产理论获得保护，但仍然可以通过反不正当竞争法获得一定的保护。[1] 其理论基础并非财产权利的侵权，而是欺诈——欺骗消费者或者使消费者对商品的来源发生混淆。在证明责任方面，原告必须证明自己是第一个对商业名称或商品包装建立第二含义的使用者，即第一个使消费者确信相关商业名称或商品包装能够指示商品或服务的来源。同时，原告还需要证明被告在竞争中使用了相同的商业名称或者商品包装，且被告使用相同商业名称或商品包装时，具有欺骗消费者的意图。[2]

（三）基于商标财产理论的商标侵权判定标准

与仿冒诉讼以主观欺诈作为前提相比，商标财产理论将关注的焦点从被告的主观意图转移到原告商标本身，以被告侵占商标标识作为商标侵权的判定标准。应该说，将商标标识的侵占作为商标侵权的判定标准，一定程度上加强了商标权人的保护。但是，将商标标记本身作为商标权利的客体，仍然面临诸多理论问题。

第一，混淆了商标保护与专利、著作权保护的目的。商标保护与专利、著作权保护的目的并不相同。专利、著作权保护的目的是推动科学技术的发展与文学艺术的创作，但商标保护的目的并不是鼓励商标标识的创造，而是防止消费者的混淆可能性，规范市场竞争秩序，进而保障销售者运用其商誉销售其商品的能力。商标财产理论将商标作为“准财产”进行保护，违背了商标保护

[1] MCCARTHY J T. McCarthy on Trademarks and Unfair Competition [M]. 4th ed. Eagan: Thomson/West, 2012: 11-176.

[2] BONE R G. Hunting Goodwill: A History of the Concept of Goodwill in Trademark Law [J]. Boston University Law Review, 2006, 86 (3): 565.

的目的。

第二，无法解释商标保护的地域性与商标的正当使用。将商标本身视为财产权利，意味着商标权人可以像物权所有人一样，有权在全世界范围内排除他人未经许可的任何使用。但为何法院对侵权者发布的关于商标使用的禁令具有地域性，为何人们在日常交流中能够自由使用商标标记。对于这些问题，商标财产理论都无法作出合理的解释。

第三，将商标本身视为财产权利，致使商标偏离了其所代表的商品声誉（product goodwill），[1] 不利于消费者和公共利益的保护。相关案例甚至认为："公众被欺骗也许能作为证明财产所有人权利被侵犯之事实的证据。但如果财产所有人的权利并未被侵犯，公众被欺骗的事实并不是本院关注的问题。"[2]

第四，非技术性商标的保护以被告具有欺骗消费者的意图作为前提，本质上是仿冒诉讼的延续，仍然面临商标保护客体不明确的问题。

三、商誉理论与混淆可能性

针对商标财产理论的理论缺陷，商誉理论逐渐兴起并得到法院和理论研究者的认可。商誉理论关注商标所代表的商誉而非商标标识本身，商标侵权与不正当竞争在商誉理论方面找到了共同点。在商誉理论的基础上，混淆可能性逐渐成为商标侵权和不正当竞争的判定标准。

（一）商誉理论的兴起

为了克服商标财产理论的缺陷，商誉理论逐渐兴起。根据商誉理论，商标保护的财产是商标所代表的商誉而非商标本身。商

---

[1] LEMLEY M A. The Modern Lanham Act and the Death of Common Sense [J]. Yale Law Journal, 1999, 108 (7): 1688.

[2] Aunt Jemima Mills Co. v. Rigney & Co. 234 Fed. 804, 806.

誉指消费者的积极评价，即促使消费者坚持某个品牌并不断重复购买的各种因素，包括销售者的质量声誉、销售者的友好态度、对产品类型的好感，等等。商标具有价值的原因是它能够指示商品或服务的来源，并不断吸引消费者坚持某品牌。

商誉理论较好地弥补了商标财产理论的缺陷。第一，商誉理论解释了商标保护的地域性和商标的正当使用。商标保护的财产是商誉，商誉的地域范围就是商标保护的范围。在没有商标使用的地域，消费者并不会遇到相关商标，更不会形成商誉。故对侵权者发布的商标使用禁令往往具有地域性。同时，由于商标本身并非商标财产，它仍然处在公有领域，日常交流中的描述性使用或者指示性使用，并未损害商标背后的商誉，商标权人无权禁止。

第二，商誉理论促进了消费者和公共利益的保护。根据商标财产理论，消费者是否发生混淆均不影响商标侵权的判定。而根据商誉理论，商誉是否遭受损害以消费者是否受到欺骗——对商品或服务的来源发生混淆作为标准，进而使消费者在商标保护过程中扮演决定性角色。商誉理论也明确了商标注册程序的性质，商标注册程序并未授予商标财产，而仅仅提供了相关程序性的权利。[1]

第三，商誉理论也为非技术性商标的保护提供了理论基础。缺乏固有显著性的商业名称与商品包装，可以通过实际使用获得第二含义——能够识别商品或服务的来源，进而形成商誉，该商誉自然具有法律保护的正当性。侵权者只要未经许可利用了该商誉，就构成商标侵权，是否具有欺骗的意图并不是商标侵权的前提。这样，商誉理论就使非技术商标的保护摆脱了仿冒诉讼的色彩。

20 世纪初，商誉理论得到了法院和理论研究者的广泛采纳。

---

[1] 李明德. 商标注册在商标保护中的地位与作用［J］. 知识产权，2014（5）：3.

美国最高法院在1916年Hanover案[1]就表示："赋予商标案件救济措施的基础在于，当事人有权对其贸易或商业中的商誉获得保护……法院提供救济的基础是当事人对其贸易或商业中的商誉享有价值利益……普通法上的商标及其排他性使用权当然属于财产权利，但仅限于当事人对其商业声誉及其商誉享有持续性权利，而商标只不过是保护这些权利的工具……总之，商标仅仅是对其所承载的商誉的保护，而不是与现存商业不相关的财产客体。"英国上诉法院在1923年Harrods案[2]中亦表示："似乎商标侵权诉讼应当以对原告财产造成有形损失为必要条件，但我认为'财产'的概念可以将原告的贸易声誉包括在内，如果证明原告的商业声誉遭受损害，那就足够了。"

（二）基于商誉理论的商标侵权判定标准

根据商誉理论，商标保护的对象是商标所承载的商誉。商标侵权行为的本质就是通过相同或近似标记的使用，窃取他人商标背后的商誉，直接体现为消费者对商品的来源发生混淆可能性。消费者是否容易发生混淆，逐渐成为法院关注的基本问题，成为商标侵权的判定标准。

围绕混淆可能性这一基本问题，技术性商标和非技术性商标的区分变得日益模糊。在技术性商标的保护中，法院日益忽略其标识本身的财产性，而更多地关注消费者是否容易发生混淆与相关商誉是否容易受到损害。在非技术性商标的保护中，法院日益忽略被告欺诈的主观故意，而更多地关注消费者是否容易发生混淆。于是，消费者是否容易发生混淆——混淆可能性——逐渐成为商标侵权的判定标准。

与此同时，商标侵权和反不正当竞争逐渐统一。在商誉理论产生之前，法学理论家就意识到，以财产理论为基础的商标侵权

---

[1] Hanover Star Milling Co. v. Metcalf, 240 U.S. 403 (1916).

[2] Harrods Limited v. Harrod Limited, 41 Rep. Pat. Cas. 1923, pp. 74 - 88.

与以欺诈理论为基础的不正当竞争之间存在密切的关联。不正当竞争经常被描述为传统商标原则的延伸，用以应对更为聪明的仿冒类型。但问题在于，缺乏合适的共同原则来结合两个侵权领域。商誉理论的产生使商标侵权和不正当竞争找到了共同点：均将商誉作为财产进行保护。❶ 于是，关于商标保护，商标侵权与反不正当竞争共同关注的问题是：消费者是否发生混淆可能性。美国联邦最高法院在 1916 年的 Hanover 案中就曾指出："过错的实质在于将某一制造者或销售者的商品当成其他制造者或销售者的商品进行销售……这一实质要素在商标案件与……不正当竞争案件中是相同的。"❷

这样，关于商标保护，无论是通过商标侵权提起诉讼，还是通过反不正当竞争提起诉讼，相关的判定标准均是消费者是否发生混淆可能性。美国《兰哈姆法》的立法报告指出："商标侵权与……不正当竞争之间并没有实质性的区别。不正当竞争是商标侵权所属的大类……所有的商标侵权案件都是不正当竞争案件，且涉及相同的法律过错。"❸ 相关评论亦指出："在很多情况下，无论法律过错被称为商标侵权，还是被称为不正当竞争，都会产生相同的结果……在商标案件中，无论采取何种路径——商标侵权的羊肠小道，抑或不正当竞争的林荫大道——均导致相同的调查，即被告的行为是否具有混淆可能性。"❹

混淆可能性得到各国商标立法的普遍确立。例如，美国《兰哈姆法》第 32 条规定的注册商标侵权，第 43（a）条规定的未注

---

❶ BONE R G. Hunting Goodwill: A History of the Concept of Goodwill in Trademark Law [J]. Boston University Law Review, 2006, 86 (3): 572.

❷ Hanover Star Milling Co. v. Metcalf, 240 U.S. 403 (1916).

❸ S. Rep. No. 1333, 79 th Cong., 2d Sess., 1946 U.S.C.C A.N. 1275. 转引自：MCCARTHY J T. McCarthy on Trademarks and Unfair Competition [M]. 4th ed. Eagan: Thomson/West, 2012, § 2: 7, pp. 2-17。

❹ MCCARTHY J T. McCarthy on Trademarks and Unfair Competition [M]. 4th ed. Eagan: Thomson/West, 2012, § 2: 8, pp. 2-20.

册商标侵权，均以混淆可能性作为认定标准。欧盟《商标指令》第5（1）（b）条、欧盟《商标条例》第9（2）（b）条均规定，在相同或类似商品或服务上使用与他人商标相同或近似的标记，构成商标侵权的，应当以存在混淆可能性为前提，该混淆可能性包括联想可能性。

混淆可能性亦得到相关国际公约的明确规定。TRIPS第16条第1款明确规定："未经许可，注册商标所有人应享有专有权，防止任何第三方在贸易活动使用与注册商标相同或近似的标记去指示相同或类似的商品或服务，以造成混淆可能性的结果。如果在相同的商品或服务上使用相同的标记，应推定构成混淆可能性……"世界知识产权组织《反不正当竞争示范法》第2.02条也规定："决定一个行为是否构成不正当竞争行为时……混淆的可能性足以成为主张不正当竞争行为的基础……商标、商号或其他商业标识的知名度越高，混淆可能性就越大。"

四、我国的混淆可能性及其制度完善

虽然各国立法和国际公约均规定商标侵权的判定标准是混淆可能性，但我国《商标法》长期并未明确规定混淆可能性。从《商标法》及其司法解释的相关规定看，混淆可能性在我国经历了从融入商标近似与商品类似，到《商标法》作出明确规定的发展历程。

（一）融入商标近似与商品类似的混淆可能性

由于商标法理论研究的不足，我国《商标法》长期规定的商标侵权判定标准是商标相同、近似与商品同类、类似，即未经许可在相同商品或者类似商品上使用与注册商标相同或者近似的商标的。[1] 尽管对商标近似和商品类似的考察，往往也能得出消费者

---

[1] 参见：1982年《商标法》第38条第（1）项、1993年《商标法》第38条第（1）项、2001年《商标法》第52条第（一）项。

是否容易发生混淆的结论，但难免司法实践机械地适用该标准：仅注重商标标识近似和商品类似的对比，忽略消费者是否容易发生混淆的考察。更为重要的是，商标标记是否近似具有较强的主观性，并不利于商标侵权判定尺度的统一。

例如，在莱斯公司诉亚环公司案[1]中，原告莱斯公司在我国锁类商品上拥有“pretul及椭圆图形”注册商标。被告亚环公司从事涉外定牌加工业务，在其生产的挂锁和外包装上分别使用“pretul”和“pretul及椭圆图形”标记，并全部销往墨西哥市场。一审法院认为，被告使用的“pretul”标记与原告商标并不相同，且不在中国境内销售，不构成混淆可能性，但使用的“pretul及椭圆图形”标记与原告商标相同，且属于同类商品，构成商标侵权。二审法院认为，被告在锁体上使用的“pretul”标记构成原告注册商标的近似商标，而在锁包装上使用的“pretul及椭圆图形”构成原告注册商标的相同商标，二者均构成商标侵权。

显然，关于商标侵权的判定，一审法院和二审法院只是审查商标本身的近似性与商品的类似性，并未对消费者混淆的可能性进行分析，相关判决偏离了商标侵权判定的基本原理。正是由此出发，最高人民法院撤销了一审判决和二审判决，认为被告接受第三人的委托，将定牌加工的贴附“pretul”标记的挂锁全部出口至墨西哥，并不在中国市场销售，不具有使我国相关公众将被告定牌加工的商品误认为来自原告的可能性。

为了弥补《商标法》并未明确规定混淆可能性的立法缺陷，最高人民法院通过司法解释的方式，将混淆可能性融入商标近似性、商品类似性的判定过程。也就是说，商标近似性应当达到混

[1] 最高人民法院（2014）民提字第38号民事判决书、浙江省高级人民法院（2012）浙知终字第285号民事判决书、宁波市中级人民法院（2011）浙甬知初字第56号民事判决书。

淆性近似的程度，商品类似性亦应当达到混淆性类似的程度。[1] 相关司法解释规定，商标近似性的判定，以存在混淆可能性作为结果要件；商品类似性的判定，亦以存在混淆可能性作为结果要件。[2]

这样，司法实践的商标侵权仍然采用了混淆可能性的判定标准。例如，尽管原告"酷孩"注册商标与被告"酷儿"商标（均用于饮料商品）在文字部分具有近似性，但由于"酷孩"注册商标并未投入实际使用，且两者整体上有明显区别，尚不能证明相关公众存在混淆可能性，最高人民法院驳回了原告的商标侵权主张。[3] 又如，虽然原告"长城牌"组合商标与被告"嘉峪长城及图"组合商标（均用于葡萄酒商品）具有较大的视觉差异，但考虑到"长城牌"文字部分具有的驰名度，相关公众看到"长城"二字难免发生混淆可能性，最高人民法院仍然判定被告构成商标侵权。[4]

（二）《商标法》明确规定的混淆可能性

虽然混淆可能性通过司法解释的方式得到了规定，但仍然存在诸多理论和实践的问题。

第一，将混淆可能性融入商标近似性、商品类似性的判定过程，颠倒了混淆可能性与商标相似性、商品类似性之间的逻辑关系。事实上，混淆可能性才是判定商标侵权的判定标准，商标近似性、商品类似性仅仅是混淆可能性判定过程的考虑因素，并不能决定混淆可能性乃至商标侵权的判定结论。

第二，混淆可能性本身具有丰富的内涵，包括来源混淆、赞

---

[1] 孔祥俊. 商标与不正当竞争法：原理与判例［M］. 北京：法律出版社，2009：251-252.

[2] 参见《最高人民法院关于审理商标民事纠纷案件适用法律若干问题的解释》（法释〔2002〕32号）第9条、第10条、第11条、第12条。

[3] 参见最高人民法院（2008）民申字第594号民事裁定书。

[4] 参见最高人民法院（2005）民三终字第5号民事判决书。

助混淆、售前混淆、售后混淆、反向混淆。将混淆可能性置于商标近似性、商品类似性的框架之下，无法突出混淆可能性的丰富内涵，不利于加强商标保护。

第三，司法解释的位阶低于法律的位阶，尽管司法实践能够贯彻混淆可能性的要求，但难以在行政执法中得到一致认可。行政执法者难免仅仅依据商标近似性、商品类似性就作出行政处罚的决定，忽视对混淆可能性的考察。

第四，将混淆可能性融入商标近似性、商品类似性的判定过程，生造了“混淆性近似”与“混淆性类似”的概念，不利于法律的宣传与理解。

正是由此出发，2013 年《商标法》明确规定商标侵权以混淆可能性作为判定标准。根据《商标法》第 57 条第 2 款的规定，在商标和商品“双相同”——将相同商标用于相同的商品或服务——之外情形下的商标侵权纠纷，应当满足“容易导致混淆的”结果要件，才能构成商标侵权。其中“容易导致混淆的”，就是混淆可能性。这样，无论是对商标近似性的分析，还是对商品类似性的分析，都放在了混淆可能性的框架之下。

（三）混淆可能性的制度完善

虽然 2013 年《商标法》规定了混淆可能性，但规定得并不彻底。按照 TRIPS 协议第 16 条的规定，在商标与商品“双相同”情形下，推定构成混淆可能性。“推定”意味着举证责任由原告转移至被告，如果被告能够举证证明不构成混淆可能性，那么就不构成商标侵权。而根据《商标法》第 57 条第 1 款的规定，在相同商品或服务上使用与他人注册商标相同的标记，可以直接认定构成商标侵权，而不需要考虑是否存在混淆可能性。显然，该规定与相关国际公约的规定存在一定差距。

从比较法的角度看，欧盟《商标指令》第 5（1）（a）条规定，商标权人有权禁止任何第三方未经许可在相同的商品上使用相同的商标。对于该条的适用，欧盟法院解释说：“商标所赋予的排他

性权利的行使，应当仅限于以下情形，即第三方对标记的使用行为不利地影响，或很可能不利地影响商标的功能，尤其是向消费者确保商品来源的实质功能。”[1] 即欧盟法院认为，即使是在商标与商品“双相同”情形下，仍然应当考虑商标功能是否受到或可能受到不利影响，即是否构成混淆可能性。

从现实的角度看，我国幅员辽阔，有些注册商标的使用范围非常有限。在此情形下，如果他人在先善意使用了相同的商标，则并不构成混淆可能性，在后善意注册者无权禁止在先善意使用者使用其商标。事实上，《商标法》第 59 条的规定已经暗含了该种情形的存在。根据规定，商标注册人申请商标注册前，他人已经在相同或类似商品上使用了相同或近似并有一定影响的商标，商标注册人无权禁止该使用人在原使用范围内继续使用该商标，仅可以要求附加适当区别标识。

笔者认为，无论是从国际公约的角度，还是从比较法的角度，抑或现实的角度，对于商标与商品“双相同”情形下的商标侵权，仍然应当考虑是否构成混淆可能性。“从商标与商誉的关系来看，从商标具有规范市场关系的作用来看，即使是在相同商标和同类商品或服务的情况下……仍然应当考虑是否存在着消费者混淆的可能性。”[2]《商标法》的第四次修改，应吸收 TRIPS 的相关规定，明确规定相同商品与相同商标情形下混淆可能性的推定制度。

---

[1] Interflora Inc.，Interflora British Unit v. Marks & Spencer plc，Flowers Direct Online Ltd.，C－323/09，ECR 2011 I－08625.

[2] 李明德. 知识产权法（第二版）[M]. 北京：法律出版社，2014：251.

《外国民商事判决承认与执行公约（草案）》谈判中的知识产权问题

邱福恩*

摘　要：为推动民商事判决的跨国流动，海牙国际私法会议2012年重新启动“判决项目”谈判工作，继续就外国民商事判决的承认与执行问题展开磋商。目前《外国民商事判决承认与执行公约（草案）》谈判已经历了4轮特委会，并计划于2019年6月底召开外交大会讨论并通过这一公约。在公约谈判过程中，知识产权成为最具争议的议题之一。关于知识产权议题的主要争议包括：是否将知识产权判决纳入公约调整范围、权利有效性和侵权纠纷的管辖及判决的承认与执行、承认与执行外国判决的效力以及范围。第三次特委会后，公约草案形成了纳入知识产权和排除知识产权两个方案。其中，纳入知识产权的方案在很大程度上体现了中国等谈判方对知识产权地域性的关切，有望以此为基础形成公约知识产权跨国承认与执行规则。

一、背景情况

为了推动民商事判决在各国之间的自由流动，海牙国际私法

* 作者简介：邱福恩，武汉大学国际法研究所博士研究生。

会议[❶]于1992年启动了就民商事管辖权和相互承认与执行判决制定国际公约的工作，并于1999年形成了“民商事管辖及外国判决公约”（“大公约”）草案，试图全面规定涉外民商事案件管辖权和外国判决的承认与执行。但由于公约各主要谈判方，尤其是美欧立场严重对立、分歧严重，2001年外交大会未就草案中的绝大多数条款达成一致，制定大公约的计划搁浅。在此情况下，海牙会议缩小了公约适用范围，仅就各方可能协商一致的内容重新起草公约。经过多方努力，最终于2005年外交大会通过了《选择法院协议公约》（“小公约”），就当事人达成了“法院选择协议”情形下的管辖权及判决的承认与执行作出规定。2015年，随着欧盟的整体加入，该公约正式生效，目前共有墨西哥、欧盟和新加坡3个缔约方。我国也于2017年9月签署了这一公约。[❷]

2012年，海牙国际私法会议重新启动“判决项目”谈判工作，在此前工作的基础上，继续就外国民商事判决的承认与执行问题展开磋商，并为此成立了工作组。经过3年的研究，工作组于2015年提出了《外国民商事判决承认与执行公约》（以下简称“公约”）草案文本。2016年6月，海牙国际私法会议就重启后的“判决项目”召开了第一次特委会，在工作组草案文本的基础上展开了磋商。此后，又于2017～2018年召开了第二至第四次特委会，并计划于2019年6月底召开外交大会讨论并通过这一公约。

在公约谈判过程中，知识产权领域判决的跨国承认与执行议题是各方争议最大的问题之一。为此，除了在召开特委会期间成立知识产权工作组专门就该议题深入讨论外，谈判主要国家和地区还分别在加拿大和以色列专门就知识产权议题组织了两次非正

❶ 海牙国际私法会议（Hague Conference on Private International Law）是国际私法领域的政府间国际组织。

❷ 中国签署《选择法院协议公约》 [EB/OL]. [2019-02-24]. https://www.fmprc.gov.cn/web//wjb_673085/zzjg_673183/tyfls_674667/xwlb_674669/t1492306.shtml.

式磋商。第四次特委会后，各方已就公约大多数条款达成了一致，但在知识产权议题上，分歧仍然巨大，未能形成一致方案，还需留待外交大会最后解决。

二、公约总体情况介绍

公约的目的是促进民商事判决在外国的承认与执行。根据公约草案（如未特别指出，本节所称公约草案规定均指 2018 年 5 月第四次特委会后的草案）规定，由缔约国法院作出的民商事领域的判决，只要判决属于公约规定的“民商事领域”范围，符合“判决承认与执行的基础”等条件，且不存在公约明确规定的可以拒绝承认与执行的理由，其他缔约国就应当根据当事人的请求予以承认和执行。为此，公约适用范围、判决承认与执行的基础以及拒绝承认与执行的理由，是公约最为基础的内容。

草案第 1 条和第 2 条规定了公约适用范围。草案第 1 条规定，本公约适用于民事或者商业领域判决的承认与执行。为进一步明确适用范围，草案第 2 条规定了排除适用本公约的事项，例如包括自然人状态和权利能力、扶养义务、遗嘱和继承、乘客和货物承运等。尽管通过多次特委会讨论后，各方对主要排除的事项达成一致，但仍未能就是否应当知识产权、反垄断等事项取得共识。

草案第 5 条和第 6 条规定了判决承认与执行的基础。所谓“承认与执行的基础”，本质上规定的是间接管辖权，即只有判决由符合该条管辖规则规定的缔约国法院作出，才能根据公约得到其他缔约国的承认与执行。为避免争议，公约吸取了此前“大公约”起草和谈判中的经验教训，未就直接管辖权作出任何规定，而仅规定了间接管辖权，且回避了“管辖权”这一概念，代之以“承认与执行的基础”。其中，草案第 5 条规定了承认与执行的一般基础，包括例如由被告住所地国、分支机构所在地国、合同履行地国法院管辖等。第 6 条则规定了承认与执行的排他性基础，包括不动产所在地国法院管辖等。第 5 条和第 6 条的区别在于，对于适

用第5条一般基础的事项，即使相关判决不符合第5条管辖基础，其他缔约国也可以根据本国法或其他条约予以承认和执行；而对于适用第6条排他性基础的事项，如果不符合第6条规定的管辖基础，则缔约国不得以任何其他方式予以承认与执行。

根据草案，缔约国仅能依据公约明确规定的理由拒绝承认与执行外国判决。[1] 草案第7条规定了可以拒绝承认与执行的理由，主要包括：相关文书送达时间和方式使得被告没有足够的时间抗辩、判决通过欺诈方式获得、承认或执行相关判决明显违反被请求国公共秩序、判决与被请求国法院就相同当事人之间争议所作判决不一致、判决与其他缔约国就相同当事人之间对同一争议所作判决不一致、被请求国正在就相同当事人之间的同一争议进行审理等。

三、知识产权相关议题谈判情况

关于知识产权议题的主要争议包括：是否将知识产权判决纳入公约调整范围、权利有效性和侵权纠纷的管辖及判决的承认与执行、承认与执行外国判决的效力以及范围。

（一）是否将知识产权判决纳入公约调整范围

公约是否至少适用于部分知识产权判决，还是将知识产权判决（除知识产权相关合同纠纷判决外）完全排除出公约适用范围，是公约关于知识产权议题的基础，也是最具争议的问题。

反对将知识产权判决纳入公约调整范围的国家包括中国和美国。在第二次特委会上，中国提出了将知识产权全部排除在外的提案，主要理由是知识产权判决的跨国承认与执行与地域性原则相冲突。美国在此次特委会上则主张将专利排除在外，商标、著作权等知识产权则可适用本公约。但在加拿大渥太华小范围非正式磋商上，美国立场发生了改变，建议将所有知识产权排除在外。

[1] 公约草案第4条第1款。

美国反对的理由主要包括：知识产权具有地域性，相关判决的跨国承认与执行违反地域性原则；各国知识产权实体法差异很大，不能用海牙私法机制来解决实体法协调问题。美国还专门举出标准必要专利和药品专利作为例子来阐明其立场。对于标准必要专利，美国指出外国法院可能会确定极低的标准必要专利许可费率，甚至迫使标准必要专利权人给予许可；而对于药品专利，美国则认为有的外国法院会采取过高的创造性标准，从而影响美国国内药品“长青专利”的稳定性。此外，美国还提出，其国内知识产权权利人反对将知识产权判决纳入公约调整范围。而中国态度则在此次非正式措施上变得相对温和、中立，指出知识产权的地域性是其与其他民事权利最显著的区别，公约如果要纳入知识产权内容，则需要解决判决跨国承认与执行规则与地域性原则的冲突问题。

欧盟及其他欧洲国家、巴西、以色列等国家则坚持公约应当适用于知识产权领域。其理由包括：知识产权在现代经济活动中发挥着越来越重要的作用，将知识产权判决排除在公约适用范围之外，将大大降低制定公约的意义；知识产权判决与其他民商事领域判决相比并没有特殊之处，没有理由将其整体排除在公约适用范围之外；草案对知识产权领域判决的跨国承认与执行设置了特殊规定，不仅未与知识产权地域性相悖，而恰恰是对地域性的体现和尊重。

随着谈判的深入，各方意识到，无论是否将知识产权判决纳入公约，都绕不开知识产权定义和范围这一基础性问题。尽管WTO《与贸易有关的知识产权协定》（以下简称“TRIPS”）等国际条约就主要知识产权以列举性方式进行了定义，但不同国家或地区域内法中对知识产权定义和范围并未形成共识。谈判各方对专利、商标、著作权、外观设计、集成电路布图设计专用权属于知识产权没有争议，但对技术秘密、地理标志、传统知识、民间文艺等是否属于知识产权则分歧较大。例如，欧盟指出，根据

TRIPS，商业秘密属于知识财产（Intellectual Property），但不属于知识产权（Intellectual Property Right），商业秘密判决的跨国承认与执行不应适用知识产权判决的特殊规则，而应当适用其他一般性规则，这遭到了其他大多数国家的反对。美国则指出，传统知识、民间文艺等不属于知识产权，但由于部分国家将其作为知识产权保护，因此也需要将其作为“与知识产权类似的权利”排除在公约范围之外。中国则指出，公约不应对知识产权的范围和类型作出限定，例如各国正在WIPO框架下就传统知识和民间文艺的保护问题进行讨论，有些国家也根据国内法对其作为知识产权进行保护，公约不应对传统知识和民间文艺是否属于知识产权作出规定。为此，中国建议仅原则规定将知识产权排除出公约范围，而对于知识产权具体定义和类型则根据TRIPS协定等国际条约及各国国内法予以确定。

在第三次特委会上，各方仍不能就是否纳入知识产权议题达成一致，谈判陷入僵局。为推动谈判进程，大会主席建议分别针对纳入知识产权和排除知识产权两个方案形成案文，留待后续讨论和表决。这一折中方案得到了各方的支持。对于具体案文表述，根据美方提议，为给予各国更大的灵活度，原则性规定排除的范围包括“知识产权及类似事项”。尽管其他主要谈判方均对“类似事项”的表述提出质疑，但考虑到各国对知识产权定义的差异和各方所需的灵活度，同意在后续谈判中就是否应当包括“类似事项”及该表述的含义进行深入讨论。

最后，各方在第三次特委会谈判中同意将“本公约不适用于：知识产权［及类似事项］”作为排除知识产权判决的案文，作为后续讨论和表决的基础，其中将“类似事项”放在方括号内表示各方仍未就是否采纳该表述达成一致，需要进一步讨论协商。

（二）知识产权侵权判决的跨国承认与执行

知识产权纠纷主要包括侵权纠纷、合同纠纷以及无效纠纷。知识产权转让、许可等合同与其他合同一样，体现的是当事人的

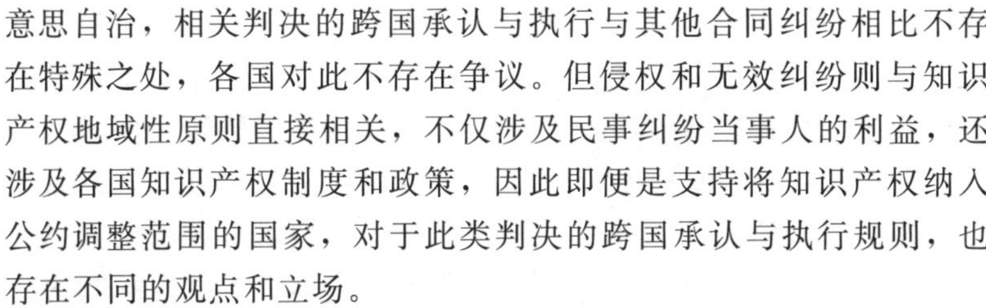

意思自治，相关判决的跨国承认与执行与其他合同纠纷相比不存在特殊之处，各国对此不存在争议。但侵权和无效纠纷则与知识产权地域性原则直接相关，不仅涉及民事纠纷当事人的利益，还涉及各国知识产权制度和政策，因此即便是支持将知识产权纳入公约调整范围的国家，对于此类判决的跨国承认与执行规则，也存在不同的观点和立场。

在最初的草案中，规定了非常广泛的管辖权和判决跨国承认与执行基础，除了权利注册国或授予国（对于不需要注册或授权的知识产权，则为权利请求保护国，为表述方便，以下统称为"权利请求保护国"）以外，被告住所地、被告经常居住地、被告分支机构所在地国家法院所管辖的知识产权侵权纠纷，均应当得到外国的承认与执行。这一方案得到了欧盟、瑞士等国家和地区的支持。

中国、巴西、以色列等国家则认为这一方案与知识产权地域性原则相冲突。根据地域性原则，知识产权仅在该权利受到保护的国家境内有效，当发生侵权纠纷时，只有该国法院对才能行使管辖权，其他国家法院作出的判决不应得到跨国承认与执行。而且，基于知识产权的地域性，知识产权侵权行为仅能发生权利请求保护国境内，在其他国家发生的行为不会构成侵权。因此，知识产权侵权判决的跨国承认与执行内容应当仅限于金钱损害赔偿，而不应包括禁令救济。鉴于有些国家在司法实践中计算损害赔偿额时，不仅包括权利人在权利请求保护国的损失，还将权利人在其他国家遭受的损失包括在内，中国等国家还建议明确规定，能够得到跨国承认与执行的金钱损害赔偿应仅限于权利人在权利请求保护国境内的损失。

在第二次特委会及在加拿大渥太华举行的非正式磋商中，主要谈判方就该问题进行了激烈的讨论，但未取得一致性意见。在第三次特委会中，欧盟和瑞士为了最大限度争取其他国家尤其是中国的支持，避免因无法就具体规则达成一致而导致将知识产权

排除在公约适用范围之外，在该议题上作出了一些让步。经过知识产权工作组的激烈讨论，最后形成了折中方案：对于知识产权侵权纠纷，只有权利请求保护国法院适用其本国法作出的判决才能根据本公约得到承认与执行；能够得到承认与执行的判决仅包括金钱赔偿判决，且所计算的赔偿仅限于权利请求保护国境内所遭受的损失。需要注意的是，这一方案虽然规定了只有权利请求保护国法院作出的侵权判决才能根据本公约得到承认与执行，但并未排除缔约国根据其他安排（例如国内法或其他双边、多边协定等）承认和执行权利请求保护国以外其他国家法院作出的侵权判决。也就是说，这一规定建立的“准专属管辖”规则，而非完全意义上的专属管辖。

谈判中主要谈判方存在分歧的另一问题是网络跨境侵权管辖及判决承认与执行。欧盟根据其成员国司法实践，建议规定，对于发生在境外但“指向”（target at）本国的行为，权利请求保护国法院可以行使管辖权，其作出的判决也应当得到其他缔约国的承认与执行。中国则不同意对此作出规定，认为欧盟所提“指向”标准实际上是扩大了缔约国法院对知识产权侵权纠纷的管辖权，使得其能够管辖发生在境外的行为，违反了知识产权地域性原则。而且，“指向”标准也不是国际公认的判断是否存在跨境侵权的标准，在实践操作中认定某行为是否“指向”某国也存在很大困难。由于不能达成一致意见，在第三次特委会中，将欧盟提出的“指向”标准相关规定也纳入括号当中，留待最后的外交大会讨论。

（三）知识产权有效性判决的承认与执行

关于知识产权有效性判决跨国承认与执行的争议主要包括以下几个方面：一是跨国承认与执行的必要性和法律后果；二是跨国承认与执行的管辖权基础；三是行政机关作出的知识产权有效性决定的跨国承认与执行问题。

最初的草案规定了知识产权有效性判决的承认与执行规则。支持纳入相关规定的欧盟、瑞士等国家和地区指出，在涉外知识产权许可等合同审理过程中，审理法院为判决是否需要支付许可使用费等，有可能需要承认知识产权授权国法院作出的有效性判决，作为审理合同纠纷的基础，因此有必要就此作出规定。中方则对此提出了不同意见。中方提出，根据地域性原则，知识产权有效性判决仅在判决作出国即权利请求保护国国内具有法律效力，不需要其他国家进行变更登记等，因此不存在单独承认与执行的必要性。即便是在涉外合同纠纷等案件审理过程中，需要以相关知识产权请求保护国法院作出的有效性纠纷判决为基础，其本质上也不是对该有效性判决的承认和执行，而仅仅是以该判决作为证据对该知识产权是否有效的事实认定。此外，根据第二次特委会后公约草案第 9 条中有关“判决被承认后，其将具有与其在判决作出国相同的效力”的规定，对外国知识产权有效性判决的承认将势必对本国相关知识产权有效性造成影响。例如，根据该规定，如果承认外国法院对某一专利所作出的不具有创造性因而宣告无效的判决，将会直接影响到本国同族专利的创造性。对于中国提出的“承认”的法律效力这一问题，各方进行了深入讨论并形成了基本共识，认为基于知识产权地域性原则，对外国知识产权有效性判决的承认不会也不应当对本国知识产权制度及相关知识产权的有效性产生影响。为此，第三次特委会形成了相对折中的方案：保留知识产权有效性判决的承认与执行相关规定，同时删除“判决被承认后，其将具有与其在判决作出国相关的效力”的规定，以表明对外国有效性判决的承认不会影响本国相关知识产权的有效性。

关于有效性纠纷判决跨国承认与执行的管辖权基础，最初公约草案根据注册知识产权和非注册知识产权分别作出规定。对于注册知识产权有效性纠纷，公约规定了专属管辖权，即只有授权或注册国法院作出的判决才能得以承认与执行。各国对此不存在争议。但是，对于著作权等非注册知识产权，最初公约草案规定了非常广泛的管辖权基础，即除了请求保护国以外，被告住所地、

被告经常居住地、被告分支机构所在地国家法院作出的有效性纠纷，均应当得到外国的承认与执行。欧盟和瑞士支持这一方案，认为著作权等非注册知识产权由于不涉及注册或授权程序，地域性特征并不明显，因此无须规定专属管辖权。中国则提出，注册和非注册知识产权的区别仅在于获权方式的不同，但在知识产权地域性方面没有任何区别，因此权利有效性判决的跨国承认与执行规则也不应有不同。也就是说，对于著作权等非注册知识产权的有效性纠纷，也应当规定严格的专属管辖权。第三次特委会上，欧盟和瑞士等在该议题上作出了一定让步，建议对非注册知识产权的有效性纠纷规定“准专属管辖权”，即只有权利请求保护国法院作出的侵权判决可以根据本公约得到承认与执行，但不排除缔约国根据其他安排（例如国内法或其他双边、多边协定等）承认和执行权利请求保护国以外其他国家法院作出的判决。

公约草案仅规定了法院所作出的知识产权有效性判决的承认与执行规则。对此，中国指出，实践中许多国家行政机关也可以对有关知识产权有效性作出行政决定，有些国家甚至只有行政机关才有权宣告知识产权无效。如果行政机关所作出的知识产权有效性决定不能根据本公约获得跨国承认的话，会出现不对等的情形。这一意见得到了作为观察员与会的欧洲专利局的认同，也得到了主要谈判参与方的重视。尽管第三次特委会后专门成立的工作小组就该问题进行讨论，但直到第四次特委会后仍未形成可行的解决方案。

四、分析与建议

公约目的是提供民商事判决承认与执行的跨国承认与执行制度，促进判决的全球流通，这也是经济和贸易全球化发展到今天必然的产物。随着我国公民和企业“走出去”步伐的加快，尤其是“一带一路”倡议实施以来，我国已成为国际贸易和投资大国。在“走出去”步伐加快的同时，我国公民和企业在海外的民商事诉讼也逐渐增加。促进民商事判决的跨国承认与执行，对于保障我国公民和企业在海外的合法权益大有裨益。为此，中国代表团积极参与磋商，与其他各方一道推动公约谈判进程。

在公约谈判过程中，由于知识产权的特殊性，关于知识产权判决的承认与执行成为争议最大的议题，甚至直接关系到公约谈判进程。从法律上来看，知识产权的特殊性在于其具有地域性，且同一客体在不同国家获得的知识产权相互独立，过于宽泛的判决跨国承认与执行规则可能与知识产权地域性原则相冲突。更深层次的原因则在于，与其他民事权利制度不同，知识产权不仅是保护私权的法律制度，更是国家产业和创新的政策工具。尽管各国知识产权制度均主要由立法确定，但司法也是调整知识产权保护水平的重要手段和方式。因此，无论是权利有效性判决还是侵权判决，其都体现了国家的知识产权政策。这也决定了知识产权有效性和侵权判决的跨国承认与执行必然需要有不同于其他民商事判决的特殊规则，以确保本国知识产权政策不会受到外国司法判决的影响。为实现这一目的，需要从案件管辖权以及承认与执行国外判决的内容及效力等方面作出更为严格的规定。

就知识产权相关纠纷的管辖权而言，除了合同纠纷不直接涉及国家知识产权政策外，有效性和侵权纠纷均直接体现了一个国家的知识产权保护水平，不能由权利请求保护国之外的国家来行使管辖权，否则将影响权利请求保护国知识产权政策的自主性。而就承认与执行国外判决的内容及效力而言，其基本原则应当是，对国外判决的承认与执行，不应当对本国相关知识产权的效力和行使产生任何影响。例如，对外国专利侵权纠纷判决的承认与执行，不应影响对本国有关行为是否侵权的判断。具体来说，如果该外国专利在本国不存在同族专利，则任何人均可在本国自由实施相关技术；如果其在本国存在同族专利，则相关行为是否侵权，需要根据本国法律和该同族专利的保护范围独立进行判断。

从当前谈判情况来看，第三次特委会后形成的纳入知识产权

的方案基本上体现了上述思路。首先，从管辖权来看，方案规定了注册知识产权有效性纠纷的专属管辖，以及知识产权（包括注册和非注册知识产权）侵权纠纷的“准专属管辖”规则，在很大程度上解决了管辖权与地域性原则的冲突。其次，对于侵权纠纷判决承认与执行的范围，公约草案规定，能够得到承认与执行的判决仅包括金钱赔偿判决，且所计算的赔偿仅限于赔偿权利授予国或注册国境内所遭受的损失。这确保了对于侵权判决的承认与执行不会影响到对本国侵权行为的判定。最后，对于承认与执行外国判决的效力，公约草案删除了“判决被承认后，其将具有与其在判决作出国相关的效力”的规定，从而避免承认和执行外国判决对本国知识产权政策造成影响。上述这几个方面，奠定了公约知识产权跨国承认与执行的基础，也使得公约的达成初露曙光。

但同时需要看到的是，现有方案并不能完全解决知识产权判决跨国承认与执行所可能产生的问题。这主要体现在以下两个方面：第一，对于同样具有地域性特征且体现一国知识产权政策的非注册知识产权，公约草案仅规定了“准专属管辖”，而没有规定严格的专属管辖规则，使得缔约国可以就某一客体是否受其他国家知识产权保护作出判决。第二，对侵权纠纷的管辖规则引入了“指向”标准，扩大了缔约国法院对知识产权侵权纠纷的管辖权，使得其能够管辖发生在境外的侵权行为，既与地域性原则相冲突，也会对其他国家的知识产权政策造成影响。可以预见的是，这两个问题是中国在后续谈判中需要坚持立场的议题，也将是后续谈判的主要焦点，甚至会直接影响各方能否就知识产权判决的跨国承认与执行规则达成一致。

论《外国民商事判决承认与执行公约（草案）》中知识产权间接管辖权问题

樊　婧*

摘　要：间接管辖权问题是海牙《外国民商事判决承认与执行公约（草案）》知识产权相关规则最核心和最具争议的内容。主要问题包括知识产权的间接管辖权标准问题和专属管辖的范围。从民商事国际公约的制定角度看，应当具有一定的前瞻性。在间接管辖权标准问题上，公约规定知识产权专门管辖原则并无必要，且不能更好保护我国当事人利益。在专属管辖范围问题上，公约从间接管辖权角度规定专属管辖是基于对地域性原则的确认；符合条件的知识产权专属管辖事项作为诉讼主要问题的判决存在跨国承认的可能性且没有违背知识产权地域性原则；公约对专属管辖事项作为先决问题的判决的承认与执行的规定较好平衡了各方利益，具有较高的合理性和可行性，相对直接管辖权来说更容易达成一致。从我国的角度，应当区分参与公约谈判和加入公约的立场。基于解决知识产权跨国纠纷的需要，我国可以在公约谈判中主张将知识产权问题纳入其范围，同时在加入公约时对现阶段影响我国利益较大的知识产权侵权判决提出保留，以便为未来的发展和决策调整留下空间。

* 作者简介：樊婧，中国社会科学院国际法研究所博士后，助理研究员。

一、引言

伴随着知识产品跨境利用行为的频繁和知识产权专属管辖范围的限制，外国知识产权判决的承认与执行问题日益凸显。跨国民商事判决的承认与执行中请求国法院对原判决国法院是否具有管辖权的考量通常被称为“间接管辖权”[1]，该问题在跨国判决的承认与执行中具有重要作用。海牙国际私法会议“判决项目”[2]自2012年重启谈判后，暂时搁置了争议较大的直接管辖权部分，仅就判决承认与执行问题制定公约。此即海牙《外国民商事判决承认与执行公约（草案）》（以下简称《判决公约（草案）》），目前已经有四个草案文本。[3]较之同时规定管辖权和判决承认与执行问题的“双重公约”和“混合公约”模式，目前的公约草案属于“单

---

[1] 参见李浩培．国际民事诉讼程序法概论［M］．北京：法律出版社，1996：46．“一国的直接国际裁判管辖权规则规定内国法院对涉外民、商事案件有无裁判管辖权，因而内国法院据以决定是否应受理向它提起的事件”。“间接的国际裁判权规则规定作出判决的外国法院对涉外民商事案件有无裁判管辖权，因而内国法院据以决定是否应承认和执行其裁判。”

[2] 海牙国际私法会议“判决项目”始于美国于1992年提议就国际民商事管辖权和判决的承认与执行问题制定公约。海牙国际私法会议在1992年至1996年间就公约的起草开展准备工作，于1996年第18届会议上正式将有关国际民商事管辖权以及民商事事判决的承认与执行问题加入第19届会议的议程，并成立了特别委员会。判决项目可以分为三个阶段：第一个阶段围绕制定管辖权和判决承认与执行问题的公约展开。特别委员会在1997年6月到1999年10月召开了5次会议的基础上于1999年提出了第一个公约文本草案，即海牙《民商事管辖权和外国判决公约（草案）》，2001年颁布了修改后的草案文本。由于成员方立场分歧较大，这两个公约草案均未获得通过。第二个阶段围绕《法院选择协议公约》展开。2002年4月，特别委员会认为就公约的全部事项达成一致在有限的时间内无法实现，考虑到之前的工作努力和今后的工作进展，决定先就争议最少的内容即协议选择法院的问题制定公约，此即2005年海牙《法院选择协议公约》。第三个阶段始于2012年判决项目重启，先就判决的承认与执行问题制定公约。关于判决项目的历史沿革和具体内容，详见海牙国际私法会议判决项目网站：https：//www. hcch. net/en/projects/legislative－projects/judgments/。

[3] 四个版本的《判决公约（草案）》分别是2016年版本、2017年2月版本、2017年11月版本、2018年5月版本。

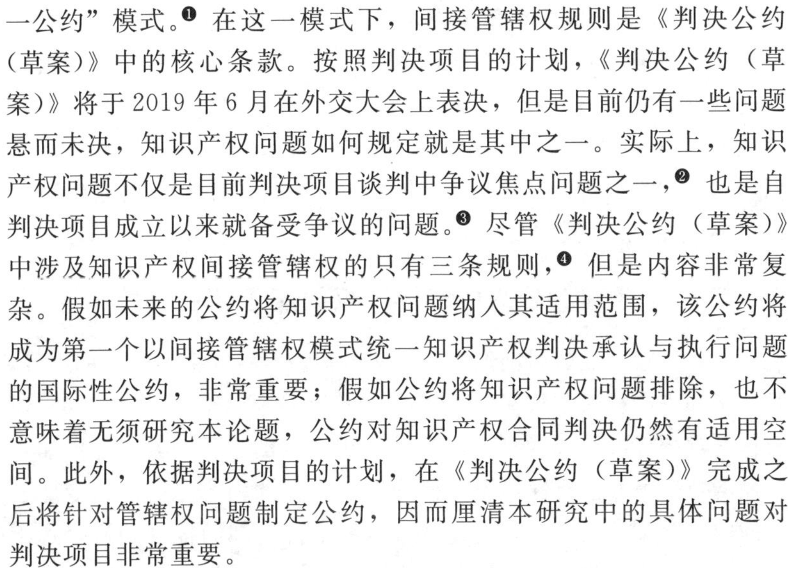

一公约”模式。[1] 在这一模式下，间接管辖权规则是《判决公约（草案）》中的核心条款。按照判决项目的计划，《判决公约（草案）》将于 2019 年 6 月在外交大会上表决，但是目前仍有一些问题悬而未决，知识产权问题如何规定就是其中之一。实际上，知识产权问题不仅是目前判决项目谈判中争议焦点问题之一，[2] 也是自判决项目成立以来就备受争议的问题。[3] 尽管《判决公约（草案）》中涉及知识产权间接管辖权的只有三条规则，[4] 但是内容非常复杂。假如未来的公约将知识产权问题纳入其适用范围，该公约将成为第一个以间接管辖权模式统一知识产权判决承认与执行问题的国际性公约，非常重要；假如公约将知识产权问题排除，也不意味着无须研究本论题，公约对知识产权合同判决仍然有适用空间。此外，依据判决项目的计划，在《判决公约（草案）》完成之后将针对管辖权问题制定公约，因而厘清本研究中的具体问题对判决项目非常重要。

本文分析海牙《判决公约（草案）》中知识产权的间接管辖权条款。首先，在比较分析的基础上对《判决公约（草案）》四个草

---

[1] Von MEHREN A T. Recognition and Enforcement of Foreign Judgments：A New Approach for the Hague Conference? [J]. Law and Contemporary Problems，1994，57 (3)：282 - 286；Von MEHREN A T. Drafting a Convention on International Jurisdiction and the Effects of Foreign Judgments Acceptable World - wide：Can the Hague Conference Project Succeed [J]. Am. J. Comp. L. 2001，49 (2)：196 - 199.

[2] 徐宏. 当前国际法形势和我国外交条法工作：外交部条法司徐宏司长在中国国际法学会 2018 年学术年会上的主旨报告 [EB/OL]. [2019 - 01 - 02]. http：//law.uibe.edu.cn/OutListContent/index.aspx? nodeid=9&page=ContentPage&contentid=4870.

[3] KUR A. International Hague Convention on Jurisdiction and Foreign Judgement：A Way Forward for IP? [J]. E.I.P.R，2001：175；SCHULZ A. The Hague Project of a Global Judgements Convention and IP Rights：Recent Developments [G] // BASEDOW J，DREXL J，KUR A，et al. Intellectual Property in the Conflict of Laws. Tübingen：Mohr Siebeck，2005，pp. 41 - 44.

[4] 公约草案中涉及知识产权间接管辖权的规则包括第 5 条中的承认与执行的基础和第 6 条专属管辖。由于第 8 条涉及知识产权侵权和合同诉讼中有效性问题作为先决问题时的间接管辖权规则，因此也是本文的讨论范围。

案文本中知识产权间接管辖权规则的变化进行总体评述。其次，分别论述间接管辖权中三个条款、两个主要问题，即知识产权间接管辖权依据、知识产权有效性作为主要问题和先决问题的间接管辖权，并在厘清知识产权地域性原则的基础上对公约的条款予以阐明。最后，基于我国目前的立法和实践，针对我国在判决公约中的主张和立场提出建议。

二、海牙判决公约中知识产权间接管辖权条款总评

总体来说，比较目前四个公约文本知识产权间接管辖权的内容，第 5 条知识产权管辖权标准是变化最大的部分，设置了专门的知识产权管辖权标准，改变了非注册性知识产权的连接因素，并增加了互联网背景下非注册性知识产权管辖权依据的内容。第 6 条专属管辖的内容基本上没有发生变化，但是单一公约和间接管辖权模式给专属管辖的规定带来了新问题，即注册性知识产权有效性问题的专属管辖是否还有必要。第 8 条先决问题的规定一直没有改变，但是由于不同公约文本对知识产权管辖权规则的不同，即使本条内容不变，其对知识产权判决承认与执行带来的影响不尽相同。[1]

（一）第 5 条：知识产权间接管辖权标准

关于知识产权判决承认与执行的管辖权依据，2017 年 2 月文本草案与 2017 年 11 月文本草案均规定在第 5 条中。但是两个文本有较大的不同，主要体现在以下几个方面：

---

[1] 由于知识产权涉及的内容复杂，不同的权利、不同的争议具有不同的特征，因而需要区别讨论。判决项目对知识产权问题的分类标准有三种：一是以知识产权权利的类型为标准，区别了注册性知识产权和非注册性知识产权——前者主要指需要注册或者认可才产生的权利，包括不限于商标权、专利权等，后者主要是指无须注册即可产生的权利，包括不限于版权和邻接权等；二是以知识产权案件争议的性质为标准，区分了知识产权的有效性、存在等与所有权有关的问题，合同问题，以及侵权问题；三是对于知识产权侵权判决，注意到网络环境下的侵权方式的特殊性，因而区分无所不在的侵权（ubiquitous infringement）和普通侵权。本文遵循此分类方法对知识产权问题进行讨论。

其一，适用于知识产权的管辖权依据专门化。2016 年文本草案和 2017 年 2 月文本草案中第 5 条规定的知识产权管辖权依据与其他事项的管辖权依据是并列关系，这意味着该条规定的其他管辖权依据也同样适用于知识产权判决。此时，第 5 条规定的被告住所地、侵权行为地的法院可以作为管辖法院对跨国知识产权案件进行管辖，此种情况下作出的判决如果符合公约的其他规定，可以依据公约承认与执行。这主要反映的是欧盟的观点。[1] 然而 2017 年 11 月文本草案将知识产权案件的管辖权依据单独列为第 3 款，并在首句指出承认与执行知识产权判决的管辖权依据仅根据该项下第 3 款的规定，该条第 1 款规定的管辖权依据不适用于知识产权判决。这意味着一般的管辖权依据不再作为公约规定下承认与执行知识产权判决的管辖权依据。

其二，对非注册性知识产权的侵权和本体问题的判决，设置间接管辖权的连接因素的措辞有所不同。2016 年文本草案对于设置管辖权连接因素的措辞是"权利依据判决作出国的法律产生"(the right arose under the law of the state of origin)；2017 年 2 月文本草案基于互联网侵权对非注册性知识产权带来的问题，对非注册性知识产权的侵权和本体问题分开规定，对于非互联网问题，使用的管辖权连接因素的措辞是"权利受到判决国的法律支配"(the right must be governed by the law of the state of origin)，即判决作出国是权利存在之地；而 2017 年 11 月文本草案采用了与 2017 年 2 月文本草案一样的结构，分开规定非注册性知识产权的侵权和本体问题，其选择的管辖权依据的措辞是"判决作出国是寻求保护的国家"(a judgement was given by a court in the state for which protection was claimed)。实际上，2016 年文本的措辞容易让人产生误解，例如

---

[1] See HCCH, Background document of May 2018, drawn up by Co - Rapporteurs of the draft convention and the Permanent Bureau, "Discussion Document from the European Union on the operation of the future Hague Judgments Convention with regard to Intellectual Property Rights", p. 8.

有学者将其理解为非注册性知识产权的权利来源国。[1] 2016 年知识产权非正式工作小组也将如何理解这一依据列为讨论之一，认为这需要依据被请求承认与执行地国国内的冲突法予以判断，[2] 2017 年 2 月文本草案的解释说明也持这种观点。[3]

其三，在判决公约第 5 条规定的知识产权管辖权基础上，公约自 2017 年 2 月文本草案中增加了一项关于知识产权侵权的管辖权例外。这项例外主要是针对传播媒介具有遍在性或者无所不在性的知识产权侵权，典型的表现是通过互联网的方式实施的知识产权侵权。此种侵权可能对世界上任何一个只要互联网能够所及的国家产生影响，相较于普通方式进行的侵权来说具有特殊性。学术上通常称此种侵权为“无所不在侵权”（ubiquitous infringement）。[4] 判决公约文本的正文中没有使用这一表述，但是其解释报告中使用了这一用语。

（二）第 6 条第 a 款：专属管辖

《判决公约（草案）》第 6 条第 a 款规定的是“承认与执行的排他性依据”，实际上是从间接管辖权的角度限定了知识产权的专属管辖规则，因而也属于间接管辖权的规则。该条同公约第 5 条第 k 款（2016 年和 2017 年 2 月版本）、第 5 条第 3 款第 a 项（2017 年 11 月版本）规定的适用对象范围一致，均适用于注册性的知识产权。差别在于适用的事项有所不同，前者适用于侵权问题，本条

---

[1] BONOMI A. Courage or Caution? A Critical Overview Of The Hague Preliminary Draft on Judgements [J]. Yearbook of Private International Law，2015/2016：26.

[2] See HCCH，Info. Doc. No. 6 of January 2017，“Report On Intercessional Work On Intellectual Property Related Matters (Drawn Up by The Permanent Bureau)”，p. 9.

[3] See HCCH，No. 7 of October 2017，“Judgment Convention：Preliminary Explanatory Report，Third Meeting of the Special Commission on the Recognition and Enforcement of Foreign Judgments” (13 - 17 November 2017)，pp. 177 - 179.

[4] European Max Planck Group on Conflict of Laws in Intellectual Property. Conflict of Laws in Intellectual Property：The CLIP Principles and Commentary [M]. Oxford：Oxford University，2013：Article 314.

适用于注册和有效性问题。从其适用的结果来看，当且仅当注册或申请地或根据国际公约被视为注册或申请地的国家的法院作出的判决才能够依据公约承认和执行。此外，结合公约第 16 条可知，即使加入公约，成员方的法院依旧可以依据其国内法的规定承认与执行外国判决，但是第 6 条规定的专属管辖规则除外。因此，若某一知识产权判决不符合公约规定的其他条件，申请人还可能依据请求国的国内法中规定的承认与执行规则请求承认与执行；而若判决违反知识产权的专属管辖原则，申请人也不能依据请求国的国内法获得承认与执行。[1]

从《判决公约（草案）》文本的比较分析来看，四个版本的公约草案在具体措辞上有所更改。2017 年 2 月版本对 2016 年版本的修改体现在以下几方面。一是描述注册性知识产权取得方式的用语上，使用“授权”（grant）代替了“登记”（deposite）。这一变化是参照WIPO秘书处提出的修改建议[2]。WIPO 基于国内和国际上关于注册性知识产权的获得方式的实践[3]，认为注册（register）

---

[1] See HCCH, No. 7 of October 2017, “Judgment Convention: Preliminary Explanatory Report, Third Meeting of the Special Commission on the Recognition and Enforcement of Foreign Judgments” (13 - 17 November 2017), pp. 203, 312 - 314; HCCH, No. 10 of April 2018, “Judgment Convention: Preliminary Explanatory Report, Fourth Meeting of the Special Commision on the Recognition and Enforcement of Foreign Judgments” (24 - 29 May 2018), p. 223; HCCH, Background document of May 2018, drawn up by Co - Rapporteurs of the draft convention and the Permanent Bureau, “Discussion Document from the European Union on the operation of the future Hague Judgments Convention with regard to Intellectual Property Rights”, p. 43.

[2] See HCCH, Work. Doc. No. 77 of September 2016, “Comments by the Secretariat of the World Intellectual Property Organization on the 2016 Preliminary Draft Convention on the Recognition and Enforcement of Foreign Judgments” (16 - 24 February 2017), pp. 11 - 17, 28.

[3] 在一般的国内知识产权体系中，使用“注册”一词描述商标权和工业设计权，而使用授权来描述专利权和植物新品种等取得方式。但是在国际体系中又有所不同。See HCCH, Work. Doc. No. 77 of September 2016, “Comments by the Secretariat of the World Intellectual Property Organization on the 2016 Preliminary Draft Convention on the Recognition and Enforcement of Foreign Judgments” (16 - 24 February 2017), pp. 14 - 15.

一词的范围广泛，可以包括登记的行为；而有一些工业产权是需要通过授权的方式获得，故加上授权一词更为准确。二是去掉了注册性知识产权中植物新品种（plant breeder's rights）的方括号。相较于2017年2月版本，2017年11月版本的变化体现在以下几方面：一是在范围上删除了对注册性知识产权的列举"专利、商标、工业设计、植物新品种等类似权利"，只保留了"需要授权或注册的知识产权"；二是在适用事项上，将注册性知识产权的注册问题加上中括号，表明有待商量，保留了有效性问题；三是在专属管辖的法院上，删除了have been applied for，因此专属管辖的法院不包括注册或授权申请地或者依据公约被视为注册或授权申请地的法院。但是《判决公约（草案）》对该条的规定除了上述变化之外，对知识产权专属管辖在适用对象的范围和事项上没有变化，即适用于注册性知识产权的有效性问题。而比较《判决公约（草案）》第6条第a款关于知识产权专属管辖的间接管辖权规则与早先双重公约和混合公约模式下海牙《民商事管辖权和外国判决公约（草案）》中关于知识产权专属管辖的直接管辖权规则[1]，也可以发现海牙判决项目在对知识产权专属管辖的范围和事项的限制问题上立场一直没有改变。[2]

---

[1] Art. 12.4. "In proceedings which have as their object the registration, validity, [or] nullity [, or revocation or infringement,] of patents, trade marks, designs or other similar rights required to be deposited or registered, the courts of the Contracting State in which the deposit or registration has been applied for, has taken place or, under the terms of an international convention, is deemed to have taken place, have exclusive jurisdiction. This shall not apply to copyright or any neighbouring rights, even though registration or deposit of such rights is possible."“以专利、商标、外观设计或其他要求注册或登记的类似权利的登记、有效、无效为标的的诉讼，由注册或登记申请地、注册或登记地，或根据国际公约被视为注册或登记地的国家法院专属管辖。”

[2] SCHULZ A. The Hague Project of a Global Judgements Convention and IP Rights: Recent Developments [G] //BASEDOW J, DREXL J, KUR A, et al. Intellectual Property in the Conflict of Laws. Tübinge n: Mohr Siebeck, 2005: 43.

（三）第 8 条第 3 款：先决问题

《判决公约（草案）》第 8 条是关于先决问题的规定，依据第 8 条第 1 款，当公约不适用的事项或者违反第 6 条专属管辖的法院作出的裁定作为案件的先决问题时，对于该先决问题的裁定不能够依据公约得以承认和执行。依据第 2 款，基于前述裁定作出的判决，也可能被拒绝承认与执行。但是依据第 3 款，就第 6 条第 a 款规定的专属管辖作为先决问题的判决而言，中止或者拒绝承认与执行此判决的理由是特定的，包括：该裁定与符合专属管辖要求的国家的主管机关作出的判决或决定不一致；或关于权利有效性问题在有管辖权的国家仍处于待决诉讼中，这种情况下的中止不影响后续判决的请求承认与执行。将本条与第 6 条第 a 款规定的专属管辖规则进行对比可知，第 6 条规范的是注册性知识产权有效性问题作为案件主要问题的情况，而本条规定的是此类问题作为先决问题时的知识产权判决。❶

从海牙判决项目的历史也可以看出，该问题是成员方一直以来争议的焦点问题。在 1999 年 10 月召开的特别委员会上，代表团之间在专属管辖条款是否适用于有效性问题作为诉讼的前提问题的案件时有所分歧，尤其是在侵权案件中。❷ 1999 年公约草案第 12 条第 5 款、第 6 款❸对此问题进行了规定，由于成员方对此问题

---

❶ See Judgment Convention：Preliminary Explanatory Report，Third Meeting of the Special Commission on the Recognition and Enforcement of Foreign Judgments（13－17 November 2017），No. 7 of October 2017，p. 210；Judgment Convention：Preliminary Explanatory Report，Fourth Meeting of the Special Commission on the Recognition and Enforcement of Foreign Judgments（24－29 May 2018），No. 10 of April 2018，p. 226.

❷ SCHULZ A. The Hague Project of a Global Judgements Convention and IP Rights：Recent Developments［G］//BASEDOW J，DREXL J，KUR A，et al. Intellectual Property in the Conflict of Laws. Tübingen：Mohr Siebeck，2005：41.

❸ 5. In relation to proceedings which have as their object the infringement of patents，the preceding paragraph does not exclude the jurisdiction of any other court under the Convention or under the national law of a Contracting State.

6. The previous paragraphs shall not apply when the matters referred to therein arise as incidental questions.

的分歧，公约并未确定最终的文本，而是将其置于方括号中留待外交大会讨论。2001 年，判决项目与 WIPO 召开会议专门讨论海牙判决公约中的知识产权问题。与 1999 年公约中的意见一样，对于注册性知识产权的有效性问题进行专属管辖基本一致，但是这种专属管辖是否延伸适用于侵权诉讼仍不一致。[1] 2001 年临时公约草案第 12 条规定了三种方案，但是最终该公约由于分歧太大而没有通过，这三种方案也没有定论。[2] 目前的《判决公约（草案）》的四个版本对此条的规定在内容上没有修改，但是该问题的复杂性一直存在，并且由于《判决公约（草案）》中涉及知识产权的其他条款的内容有变化，本条的适用在范围上也会有所不同。

---

[1] 不过对于专属管辖的范围问题，在 2001 年的特别会议上，英国代表团和澳大利亚的观点是知识产权侵权诉讼也应该专属管辖，中国代表团也支持这一观点。理由是有效性问题与侵权问题通常交织在一起以至于很难被区分对待。See HCCH，Prel. Doc. No 13 of April 2001，"Report of The Experts Meeting On the Intellectual Property Aspects of the Future Convention On Jurisdiction and Foreign Judgments in Civil and Commercial Matters"，p. 4.

[2] 正是由于成员方在知识产权问题上难以达成一致，也间接促成了国际上知识产权和国际私法领域内的几大示范法文本的产生：世界知识产权组织（WIPO）于 2001 年 1 月召开"世界知识产权组织与国际私法论坛"，专门讨论有关知识产权中的国际私法问题。在此会议上，由美国学者 Rochelle Dreyfuss 教授和 Jane Ginsbuerg 教授提出的《知识产权管辖权与判决执行公约建议案》，后被美国法学会（American Law Institute，ALI）纳入知识产权项目并发展为《知识产权：跨国纠纷管辖权、法律选择及法院判决原则》（Intellectual Property：Principles Governing Jurisdiction，Choice of Law and Judgment in Transnational Disputes，本文简称"ALI 原则"），其于 2007 年年会上最终通过。几乎与此同时，德国马普所成立了一个特别工作组，从事知识产权与国际私法关系的研究工作，与美国的项目进行互动，以填补海牙公约留下的空白。该小组的工作由慕尼黑的知识产权法研究所所长 Josef Drex、汉堡的国际私法研究所所长 Jürgen Basedow 和其他 14 位学者组成，以欧盟《布鲁塞尔条例》为基础，最终于 2011 年出版了《知识产权冲突法原则》（Principles on Conflict of Laws in Intellectual Property，本文简称"CLIP 原则"）。2010 年，由早稻田大学 COE 项目组联合韩国与日本的国际私法学者，开展了制定东亚知识产权国际私法原则的工作，共同起草了《关于知识产权的国际私法原则（日韩共同提案）》（本文简称"日韩共同提案"）。此外，自 2014 年起，国际法协会（ILA）关于知识产权与国际私法委员会开始制定一份指导草案，旨在为跨境知识产权争议促进一个更有效的解决方案，并提供国内立法和国际立法的示范。2018 年，国际法协会在悉尼年会上颁布了《国际私法中的知识产权》指导草案文本。

三、知识产权间接管辖权标准问题

如前所述，《判决公约（草案）》第 5 条规定的管辖权标准是公约间接管辖权条款中变化最大的部分。主要的变化在于 2017 年 11 月文本将知识产权判决承认与执行中的管辖权依据予以独立，不再适用一般的管辖权依据。本部分分析该变化对于知识产权判决承认与执行产生的后果，然后从知识产权地域性这一基本特征出发对这一变化导致的后果进行探讨。

（一）间接管辖权标准之比较

公约文本草案针对注册性知识产权和非注册性知识产权，分别规定管辖权依据。对于注册性知识产权，公约规定的事项是侵权判决；对于非注册性知识产权，公约规定的事项除了侵权判决之外，还有有效性、所有权及其存在的判决。

1. 注册性知识产权侵权问题的间接管辖权标准

2016 年文本第 5 条第 k 款、2017 年 2 月文本第 5 条第 k 款、2017 年 11 月文本第 5 条第 3 款第 a 项、2018 年文本第 5 条第 3 款第 a 项规定的是注册性知识产权侵权事项的间接管辖权依据。除了自 2017 年 2 月草案以来新增了关于互联网背景下知识产权管辖权依据之外，几个文本草案规定的主要内容基本没有修改。据此，当判决是由权利注册或登记地，或者依据国际公约被视为注册或登记地所在国的法院作出时，该判决能够依据公约得以流通。

赋予间接管辖权所依据的连接因素是权利注册或登记地，或者依据国际公约被视为注册或登记地。这是因为对于注册性知识产权来说，基于知识产权的地域性特征，在一个国家注册或登记的知识产权只在其境内存在并有效。因而对这种权利的侵犯也必须以权利存在并受到保护为前提。由于权利注册或登记地的法院与该权利具有最为密切的联系，选择权利注册或登记地或者视为注册或登记地的所在国的法院对侵犯该权利的事项进行管辖，具

有合理性。[1]

2. 非注册性知识产权侵权问题的间接管辖权标准

对于此问题，如本文第一部分所述，公约各个版本设置管辖权连接因素的措辞不同：从2016年公约的"the right arose under the law of the state of origin"，到2017年2月公约的"the right must be governed by the law of the state of origin"，再到2017年11月公约的"a judgement was given by a court in the state for which protection was claimed"。之所以产生这种变化，公约报告的解释如下：2016年文本的用词"arose"容易被理解为请求承认与执行国需对权利是否产生于原判决国进行判断，即进行实质审查。而这有违判决承认与执行阶段不能对判决进行实质审查的原则，也不是公约制定者的本意。

为了防止这种表述带来的误解，2017年2月的文本换了一种表述方式，将其改为若有关"权利是由原判决国的法律支配"，则该判决能够依据公约承认与执行。而对于非注册性知识产权权属问题的冲突规范目前各国的规定并不一致，有的采用的连接点是权利请求保护地（lex loci protectionis），有的采用的连接点是权利来源地（lex originis）。解释报告指出，此时的判断标准是依据请求承认与执行国的国际私法规范。

2017年11月文本的表述改为判决是由请求保护国[2]的法院作出。依据公约的解释报告，这是为了更广泛地与国际私法保持一致。[3] 例

[1] See HCCH, No. 7 of October 2017, "Judgment Convention: Preliminary Explanatory Report, Third Meeting of the Special Commission on the Recognition and Enforcement of Foreign Judgments" (13－17 November 2017), pp. 177－179.

[2] 对于将"state for which protection was claimed"翻译为"被请求保护国"，主要是基于与我国《涉外民事关系法律适用法》中使用的用语一致的方式。对此学理上还有别的表述，此处不赘。

[3] See HCCH, No. 7 of October 2017, "Judgment Convention: Preliminary Explanatory Report, Third Meeting of the Special Commission on the Recognition and Enforcement of Foreign Judgments" (13－17 November 2017), p. 178; HCCH, No. 10 of April 2018, "Judgment Convention: Preliminary Explanatory Report, Fourth Meeting of the Special Commission on the Recognition and Enforcement of Foreign Judgments" (24－29 May 2018), p. 221.

如，A在X国对B提起版权侵权诉讼，依据判决被请求承认与执行国的国际私法规则该版权受到X国的法律支配，则依据2017年2月公约第5条第m款，该判决能够被承认与执行。这是因为原判决国是知识产权受到支配的国家。又如，A在X国对B提起针对X国的版权的侵权诉讼，此时判决作出国是支配该权利的国家，也是权利请求保护的国家。

究其含义为何？笔者认为，尽管三者在用语上有所差别，但是结合知识产权的特性进行分析，究其本意，但是三者所指向的结果应为一致。差别仅在于前两者是从权利之存在的角度进行表述，后者是从判决作出国的角度进行表述。而结果一致的根本原因还需归结为知识产权的地域性特征。对版权等无须注册权利来说，尽管其产生的方式是自动产生，不需要具有公权属性的国家机关的审核，但是依然在一国范围内有效，不能超过其国界范围。权利人在不同国家享有的版权，分别是不同国家的版权，各自独立存在，受到不同国家的版权法的保护。因此这一连接因素的选择，依然是由于知识产权的地域性特征导致的。

3. 非注册性知识产权权属问题的间接管辖权标准

公约对非注册性知识产权权属问题间接管辖权的连接因素与非注册性知识产权侵权问题一致，其修改也一致。对此问题的理解与前段一致，不再赘述。

对于非注册性知识产权的权属所包含的事项范围，公约有所修改：2016年文本中规定的是有效性问题，所有权和存续（ownership and subsistence）问题作为备选被囊括在中括号中；2017年2月文本规定的是所有权和存续问题，删除了对有效性问题的规定；而2017年11月文本又回归到2016年文本的模式。

一般而言，所有权问题包括权利的所有者是谁，例如在职务作品的情况下不同国家的国内法规定的所有者不同。此外，有一些规定把所有权和归属（entitlement）问题分开，而公约中的所有权一词语也包括归属问题；存续问题是指权利的产生及其保护期问题。根据2017年11月的文本解释，如此区别主要是基于注册性

知识产权和非注册性知识产权的不同特征：在涉及注册性知识产权时，通常使用的用语是“有效性”；而在涉及版权等非注册性知识产权时，通常使用的术语是所有权和存续。[1] 因此，若公约的规定考虑知识产权的特征，在措辞上对不同类型知识产权分别规定，则会更加准确。因而笔者支持 2017 年 2 月文本的规定。

（二）知识产权侵权的间接管辖权例外

无论是对于注册性知识产权，还是非注册性知识产权的侵权问题，公约自 2017 年 2 月以后的文本均增加了一个例外规定。这主要是考虑到以互联网为代表的遍在性侵权的现象，通过互联网实施的侵权可能会影响世界范围内所有知识产权存在的国家范围内的权利。这意味着被称为权利侵犯者的被告可能在世界范围内任何一个互联网可及的地方的法院被起诉，即使侵权只在那个国家只有微弱影响。尤其是在原判决作出国将“accessibility of website”作为在该国注册的知识产权被侵犯的情况下，如果该国法院作出的判决符合公约规定的管辖权依据即可得到承认与执行，可能会让被告在不可预知的情况下被诉。因而公约规定了此种情况下的例外规则，即如果被告没有在判决作出国发起或者加深侵权行为，或者被告的行为无法被合理认为指向该国，即使满足了公约的管辖权标准，也不能够依据公约得到承认与执行。前者被称为“行为标准”，后者被称为“目标标准”。实际上，这一标准一直被诟病过于主观，[2] 即使公约的措辞采取了一种更加客观的表述

---

[1] See HCCH, Work. Doc. No. 77 of Semtemper 2016, “Comments submitted by the WIPO Secretariat, Special Commission on the Recognition and Enforcement of Foreign Judgments” (16 - 24 February 2017), p. 23.

[2] See HCCH, No. 7 of October 2017, “Judgment Convention: Preliminary Explanatory Report, Third Meeting of the Special Commission on the Recognition and Enforcement of Foreign Judgments” (13 - 17 November 2017), p. 174; HCCH, No. 10 of April 2018, “Judgment Convention: Preliminary Explanatory Report, Fourth Meeting of the Special Commission on the Recognition and Enforcement of Foreign Judgments” (24 - 29 May 2018), p. 215.

方式。公约的解释报告也指出，对于目标标准，需要判决承认国被告行为的所有因素进行客观衡量，[1] 这也从侧面表明公约认识到这一标准可能带来的问题。

面对类似的问题，欧洲马克斯一普朗克集团《知识产权冲突法则》（Principles on Conflict of Laws in Intellectual Property，以下简称《CLIP 原则》）第 2：202 条[2]和美国法学研究协会（American Law Institute，ALI）《知识产权：调整跨境诉讼中管辖权、法律适用和判决的原则》（Intellectual Property：Principles Governing Jurisdiction，Choice of Law，and Judgments in Transnational Disputes，以下简称《ALI 原则》）第 204 条第 1 款、第 2 款也规定了遍在性侵权的直接管辖权规则。公约的规定参考了上述示范法的内容。公约的措辞与《CLIP 原则》文本尤为相似。不过二者差别在于，《CLIP 原则》规定所要求的条件是并列关系，因此其使用了“和”；而依据公约的措辞，其所要求的条件是选择关系。这种选择关系实际上是《ALI 原则》的主张。公约的规定体现出两大法系在此问题上的不同和妥协。由于对此问题的争议较大，在各国司法实践中认定该问题也具有灵活和不确定性。因而公约是否需要规定以及如何规定这一内容，是应当慎重考虑的部分。

---

[1] See HCCH，No. 10 of April 2018，“Judgment Convention：Preliminary Explanatory Report，Fourth Meeting of the Special Commission on the Recognition and Enforcement of Foreign Judgments”（24 - 29 May 2018），p. 215.

[2] Article 2：202 Infringement

In dispute with infringement of an intellectual property right，a person may be sued in the courts of the state where the alleged infringement occurs or may occur，unless the alleged infringer has not acted in that state to initiate or further the infringement and her or his activity cannot reasonably be seen as having been directed to that state.

“关于侵害智慧财产权之争议，对人起诉者，得于被指称之侵害之发生地或可能发生地所在国之法院为之。被指称之侵害者未曾于该国，为开始侵害或使侵害加剧之行为，且其行为无法被合理认为系指向该国者，不在此限。”译文参考. 关于智慧财产法律冲突之通则［EB/OL］. 陈荣传，译. https：//www. ip. mpg. de/fileadmin/ipmpg/content/clip/CLIP_Principles_Chinese. pdf。

（三）知识产权间接管辖权标准是否独立于其他

2017 年 11 月文本草案第 5 条第 3 款明确指出知识产权案件的管辖权标准以该款为准，其他款不适用。这意味着公约草案对知识产权判决设立了专门的管辖权标准，被告住所地标准、侵权行为地、协议选择法院所在地等一般的管辖权依据不再作为知识产权判决的间接管辖权标准。[❶] 举例来说，若原告 A 认为被告 B 的行为侵犯其在甲国注册并享有权利的专利，进而在位于权利注册地的甲国针对 B 的行为提起专利侵权之诉，据此甲国法院作出的判决若需要到其他成员方承认与执行，是否符合公约的规定的间接管辖权标准？此种情形下，无论是依据 2017 年 2 月的文本草案还是 2017 年 11 月的文本草案，其结果是一致的，均符合权利注册地的管辖权标准。然而，当改变上述假设中的条件，若被告的居所地位于乙国，原告 A 为了诉讼的便利进行，在被告居所地的乙国提起专利侵权之诉，请求乙国法院判决其在甲国享有的专利受到 B 的侵害，此时乙国法院作出的判决是否符合公约的规定的间接管辖权标准？依据 2017 年 2 月文本草案与 2017 年 11 月文本草案，将得到不同的答案。依据 2017 年 2 月文本草案，符合第 5 条其他款的管辖权依据的知识产权判决也可能依据公约的规定得以承认与执行，此种情况符合第 5 条第 1 款第 a 项规定的管辖权依据，即“被告住所地”；而依据 2017 年 11 月文本草案，此类型的判决不符合第 5 条的管辖权依据，因而不能依据公约得以承认与执行。

此改变带来的影响更主要地体现在多法域知识产权侵权诉讼中。[❷] 多法域知识产权侵权诉讼指的是以下情形：同一个权利人在不同的国家持有平行的专利或者商标权的情形在当代非常常见，如果

---

❶ See HCCH, No. 10 of April 2018, “Judgment Convention: Preliminary Explanatory Report, Fourth Meeting of the Special Commission on the Recognition and Enforcement of Foreign Judgments” (24 - 29 May 2018), p. 201.

❷ See HCCH, No. 10 of April 2018, “Judgment Convention: Preliminary Explanatory Report, Fourth Meeting of the Special Commission on the Recognition and Enforcement of Foreign Judgments” (24 - 29 May 2018), p. 203.

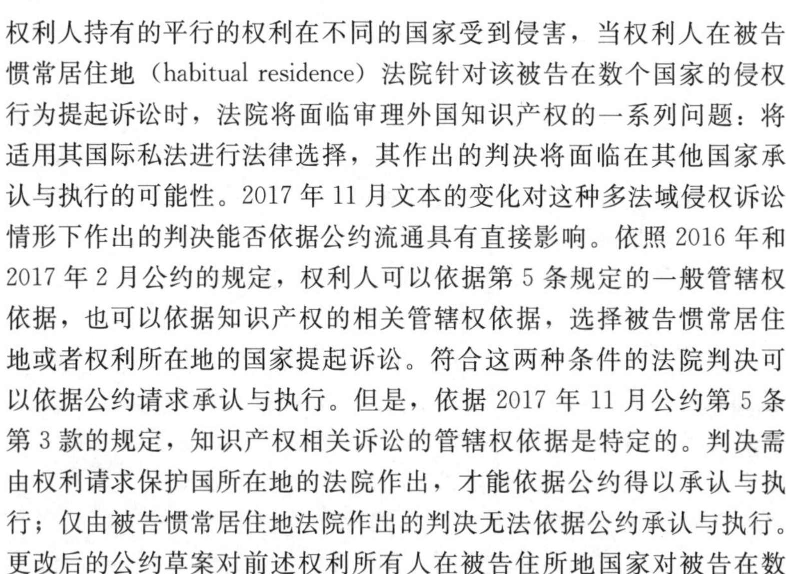

权利人持有的平行的权利在不同的国家受到侵害，当权利人在被告惯常居住地（habitual residence）法院针对该被告在数个国家的侵权行为提起诉讼时，法院将面临审理外国知识产权的一系列问题：将适用其国际私法进行法律选择，其作出的判决将面临在其他国家承认与执行的可能性。2017 年 11 月文本的变化对这种多法域侵权诉讼情形下作出的判决能否依据公约流通具有直接影响。依照 2016 年和 2017 年 2 月公约的规定，权利人可以依据第 5 条规定的一般管辖权依据，也可以依据知识产权的相关管辖权依据，选择被告惯常居住地或者权利所在地的国家提起诉讼。符合这两种条件的法院判决可以依据公约请求承认与执行。但是，依据 2017 年 11 月公约第 5 条第 3 款的规定，知识产权相关诉讼的管辖权依据是特定的。判决需由权利请求保护国所在地的法院作出，才能依据公约得以承认与执行；仅由被告惯常居住地法院作出的判决无法依据公约承认与执行。更改后的公约草案对前述权利所有人在被告住所地国家对被告在数个国家的侵权行为提起诉讼时的法院判决的承认与执行具有影响。依据 2017 年 11 月版本的公约草案不能得到承认与执行。

依据公约文本解释草案可知，2017 年 11 月版本的这一变化是各成员方妥协的结果。[1] 原因在于一些成员方认为在多法域诉讼的情况下，当被告惯常居住地法院管辖外国的知识产权案件时，依据被请求保护地原则，法院需要考虑并适用外国知识产权相关法律。由于知识产权案件的诉讼中法律和技术性方面的因素密切相关，在上述情况下法院很可能要么适用其本国国内法处理外国的

[1] See HCCH，No. 10 of April 2018，“Judgment Convention：Preliminary Explanatory Report，Fourth Meeting of the Special Commission on the Recognition and Enforcement of Foreign Judgments”（24 – 29 May 2018），p. 204.

知识产权案件，或者要么错误地适用外国的知识产权法。[1] 持这一观点主要是基于对一国法院适用外国的知识产权法存在的上述顾虑，主张对于涉外知识产权案件严格的地域适用。2017 年 11 月版本对知识产权的严格地域性限制除了体现在知识产权判决的间接管辖权依据的专门化，还体现在对第 7 条第 1 款第 g 项的修改上。即使在上述情况下适用外国的知识产权法审理标的为外国的知识产权正是知识产权地域性的体现，也不能打消对适用外国知识产权法方面的顾虑。[2]

不过，依据公约第 16 条的规定，此类判决不能依据公约得以流通，但是不影响该判决依据被请求国国内立法请求承认与执行。即便如此，海牙《判决公约（草案）》作为民商事领域跨国判决承认与执行的重要国际公约，其条款无疑会对跨国知识产权案件产生重大的影响。判决项目制定的国际公约规则应当具有一定的前瞻性，本条内容如何规定需要仔细思考。

四、知识产权专属管辖范围问题

在跨国知识产权诉讼的实践中，被告通常会将知识产权的有效性问题作为抗辩事由提出，此时法院除了需要审理主要问题之外，往往还需要对争议权利的有效性问题进行判断。当争议的权利是外国的知识产权时，专属管辖是否适用、如何适用于此类案件成为问题的关键。《判决公约（草案）》将这种情形下知识产权

---

[1] See HCCH，No. 10 of April 2018，“Judgment Convention：Preliminary Explanatory Report，Fourth Meeting of the Special Commission on the Recognition and Enforcement of Foreign Judgments” (24 - 29 May 2018)，p. 205；HCCH，Background document of May 2018，drawn up by Co - Rapporteurs of the draft convention and the Permanent Bureau，“Discussion Document from the European Union on the operation of the future Hague Judgments Convention with regard to Intellectual Property Rights”，p. 30.

[2] 例如：SVANTESSON D J B. MATULIONYTE R. Submission to the Attorney - General's Department on the Recognition and Enforcement of Foreign Judgements [R]. 17 April 2018，26 - 27

有效性问题称为“先决问题”[1]，这不是国际私法中通常理解的先决问题，更准确地说应当是诉讼的前提问题[2]。与此密切相关的是公约第 6 条第 a 款专属管辖和第 8 条第 3 款先决问题的两条规定，本文将其概括为注册性知识产权有效性作为诉讼主要问题和诉讼先决问题的间接管辖权。判决项目重启以来的草案文本对这两条规定从内容上看几乎没有发生变化[3]，但是这一问题涉及的内容非常复杂。引发的问题有：第一，当注册性知识产权有效性作为主要问题时，承认与执行外国判决是否还有发生的实际可能？如果存在，承认此种判决是否违反知识产权地域性原则？第二，注册性知识产权有效性作为诉讼的先决问题的侵权或者合同案件，是否依然适用专属管辖规则？

（一）专属管辖事项作为诉讼的主要问题

在双重公约的直接管辖权模式中，专属管辖权是其中必不可少的部分。成员方在注册性知识产权有效性问题专属管辖方面可以达成共识，因而规定专属管辖条款，1999 年《管辖权和判决承认与执行公约（草案）》第 12 条第 4 款的规定即为例证。此外，采用同时规定管辖权和判决承认与执行问题的《CLIP 原则》和《ALI 原则》示范法规则，也在管辖权部分规定了注册性知识产权

---

[1] 依据公约解释报告，公约中的“先决问题”指的是作为诉讼主要标的或者主要问题的前提或者附带问题。See HCCH，No. 7 of October 2017，“Judgment Convention：Preliminary Explanatory Report，Third Meeting of the Special Commission on the Recognition and Enforcement of Foreign Judgments（13 - 17 November 2017）”，p. 262；HCCH，No. 10 of April 2018，“Judgment Convention：Preliminary Explanatory Report，Fourth Meeting of the Special Commission on the Recognition and Enforcement of Foreign Judgments”（24 - 29 May 2018），p. 279.

[2] 2005 年海牙《法院选择协议公约》也采用这一概念，对这一概念的理解见何其生.《海牙排他性法院选择协议公约（草案）》有关知识产权问题的建议［J］. 武汉大学学报（哲学社会科学版），2005（1）：67.

[3] 如前所述，公约对第 6 条的规定有一些细微的变化，但是主体内容没有变，所以此处将其概括为不变。

的专属管辖。欧盟范围内管辖权与判决承认与执行的布鲁塞尔体系[1]亦有类似规定。这些规定均是地域性原则导致的专属管辖在直接管辖权方面的体现。对知识产权进行专属管辖的理论依据主要是知识产权具有一定的公法属性[2]，例如决定专属权利的存在以及涉及公共注册性的问题。而专属管辖的范围的必须限制在实现这个目标的必要性的基础之上。[3] 其是否需要受到限制，在哪些方面进行限制较为合理，是专属管辖所关注的焦点。对此目前基本形成共识：一是将范围限制在注册性知识产权上；二是将争议类型限制在知识产权的有效性问题上。[4]《判决公约（草案）》第 6 条也是这一主张的体现，规定对于注册性知识产权有效性问题，有且只有在注册国作出的判决才能够在其他国家得以承认与执行。此即通过间接管辖权的方式确认了注册性知识产权问题的专属管辖。结合第 8 条的内容可知，第 6 条的规定适用于知识产权专属管辖事项作为诉讼主要问题的判决的承认与执行。

然而，对于外国知识产权有效性问题作为诉讼主要问题的判决的承认与执行，国内知识产权学者提出质疑，主要观点是承认与执行此类判决或有违反知识产权地域性原则之虞，或会造成承认与执行流于形式没有实际意义的结果。[5] 此外在公约谈判中，巴

---

[1] 1968 年《布鲁塞尔公约》第 16 条第 4 款；2001 年《布鲁塞尔条例一》第 22 条第 4 款；2012 年《布鲁塞尔条例一（重订）》第 24 条第 4 款。

[2] European Max Planck Group on Conflict of Laws in Intellectual Property. Conflict of Laws in Intellectual Property：The CLIP Principles and Commentary ［M］. Oxford：Oxford University，2013：98.

[3] Recognition and Enforcement under the CLIP Principles ［G］ //BASEDOW J，KONO T，METZGER A. Intellectual Property in the Global Arena，Jurisdiction，Applicable Law，and the Recognition of Judgement in Europe，Japan and the US. Tübingen：Mohr Siebeck，2010：278.

[4] European Max Planck Group on Conflict of Laws in Intellectual Property. Conflict of Laws in Intellectual Property：The CLIP Principles and Commentary ［M］. Oxford：Oxford University，2013：416.

[5] 详见：王迁.《承认与执行外国判决公约》（草案）中知识产权条款研究 ［J］. 中国法学，2018（1）：121 - 127.

西和以色列代表团也提出这类判决承认与执行的可能性是否存在的问题。❶ 那么，上述疑问是如何产生的？是否承认此类判决违反知识产权地域性原则？

判决项目2016年成立的知识产权非正式的工作组对此予以说明，认为执行此类判决是不可想象，但是具有承认的可能性。成员方举例认为，一个在Z国注册的专利，Z国法院认定专利无效，在这个案件中，只有Z国的相关机构能够变更这一决定。此种情况下何来在Z国之外的其他国家承认与执行这一判决？工作组的观点是，如果在X国进行侵犯Z国的专利权的诉讼中止，Z国法院同时在其国内判决中宣称专利无效，则X国的法院在作出专利是否被侵犯的判决时承认这一无效裁定。❷ 此时X国法院在侵权诉讼中对Z国法院作出的关于知识产权有效性问题的判决的承认，即第6条规定的注册性知识产权有效性问题作为诉讼主要问题的判决的承认情形。1987年《瑞士联邦国际私法》对知识产权承认与执行的规定也可以证明这一观点。依据第111条第2款，“外国法院作出的有关知识产权有效性和注册事项的判决，只有当这些判决由向其提起保护请求的国家作出或被该国所承认时，瑞士才予以承认。”❸ 这说明，即使是针对外国知识产权有效性和注册事项，也具有在另一国请求承认的可能性。此种情况下由于并不涉及执行问题，因而不会影响知识产权的地域性原则。

对注册性知识产权有效性作为主要问题时的专属管辖规则予以规定，可能正如公约草案解释说明的那样：基于实践中各国家的立法和相关国际条约都规定了注册产生的知识产权有效性问题

❶❷ See HCCH, Info. Doc. No. 6 of January 2017, “the Report drawn up by the Permanent Bureau on Intersessional Work on IP matters”, p. vii.

❸ 中译本参见：邹国勇. 外国国际私法立法选择［M］武汉：武汉大学出版社，2017：400.

的专属管辖的事实，判决公约此条规定旨在确定并强化这一原则。❶ 因此，公约规定该条实际上是出于强调以地域性为基础的注册性知识产权有效性问题的专属管辖。此外，《判决公约（草案）》还通过第 16 条的规定加强了对知识产权地域性的确认。依据第 16 条，除了第 6 条专属管辖的规定之外，不符合公约规定的判决不能依据公约得到流通，但是可以依据请求国的国内法判断是否能够承认与执行。也就是说，当某一判决不符合知识产权专属管辖的要求时，此判决既不能依据公约规定获得承认，也不能依据请求国的国内法规则得到承认。结合公约的这两条规定可以看出，公约对知识产权问题的规定是建立在地域性原则的基础之上，一直在确认乃至强调知识产权的地域性原则。公约的条文及其解释报告，也没有将公约中知识产权相关条款阐述为王迁教授所指出的"实体性影响解释"的情形。❷

不过，依据 2017 年 11 月文本，由于知识产权管辖权标准进行专门限定之后，权利注册国与原判决国重合，导致上述假设中的情形不需要依据公约得到承认。但是在合同案件中仍有适用的可能。

（二）专属管辖事项作为诉讼的先决问题

诚如判决公约的谈判历史所呈现的，各国代表团对注册性知识产权的有效性问题进行专属管辖，基本达成一致。但是对涉及知识产权有效性问题的专属管辖是否及于其作为先决问题时的判决，一直存在较大的争议。❸

从目前国内立法、区域性国际条约、判决公约草案以及示范

---

❶ Discussion Document from the European Union on the Operation of the Future Hague Judgments Convention with regard to Intellectual Property Rights, p 17. Treatment of IP Judgements under the November 2017 Draft Convention, p. 42.

❷ 王迁.《承认与执行外国判决公约》（草案）中知识产权条款研究［J］. 中国法学，2018（1）：121－134.

❸ SCHULZ A. The Hague Project of a Global Judgements Convention and IP Rights: Recent Developments［G］//BASEDOW J，DREXL J，KUR A，et al. Intellectual Property in the Conflict of Laws. Tübingen：Mohr Siebeck，2005：41－44.

法的规定来看，对此问题的规定分为两种态度、三种主张。[1] 第一种态度是将此情况纳入专属管辖的范围，不论其作为诉讼的主要问题还是先决问题被提出。2012 年修订后的欧盟《布鲁塞尔条例一（重订）》第 24 条第 4 款即是代表；第二种态度是不要求权利注册地专属管辖，但是对其作出一定的限制。判决公约和示范法即采此种态度，不过在具体的规定方面存在差别。由此而延伸的三种主张分别是：

1. 适用专属管辖规则

在欧盟的立法和实践中，以 GAT 案[2]为标志，欧洲法院对《布鲁塞尔公约》第 16 条第 4 款采取宽泛解释，认为凡是涉及专利的注册或者有效性有关的诉讼只能专属管辖，不论该问题是如何被提出的。尽管欧洲法院对此案的解释是一种“重返地域主义”的趋势[3]，受到学者的广泛批评。[4] 但是《布鲁塞尔条例一》在修改中不顾反对的声音，也采纳了这一方法。依据欧盟修订后的《布鲁塞尔条例一（重订）》第 24 条第 4 款的规定，“以专利、商标、外观设计或者其他需要备案或者注册的知识产权的注册和有效性为标的的诉讼，不论该问题是以起诉还是抗辩的方式被提出，由权利备案或注册的发生地或依据欧盟或者国际条约被认为是权利备案或注册的发生地国的法院专属管辖。”因此，在知识产权侵权案例中，只要知识产权有效性问题被提出，则需要适用专属管

---

[1] 需要注意的是，这里的总结既包括对直接管辖权的规定，也包括对间接管辖权的规定。

[2] ECJ judgement of 13 July 2006，C-4/03，GAT.

[3] 钟丽. 欧盟知识产权跨境侵权案件的司法管辖问题［J］. 欧洲研究，2010（6）：124.

[4] 例如：TORREMANS P L C. The Way Forward for Cross-Border Intellectual Property Litigation：Why GAT Cannot Be the Answer［G］//LEIBLE S，OHLY A. Intellectual Property and Private International Law. Tübingen：Mohr Siebeck，2009：191-211；UBERTAZZI B. Infringement and Exclusive Jurisdiction in Intellectual Property：A Comparison for the International Law Association［J］. JIPITEC，2012，3（3）：213-249.

辖的规定。

2. 示范法的效力及于当事人之间模式

示范法规定的模式是管辖侵权问题的法院可以对知识产权有效性问题作出判决，不过将此种判决的效力限定在当事人之间，示范法对直接管辖权和间接管辖权都是如此规定。

对于直接管辖权规则而言，不同于欧盟《布鲁塞尔条例一(重订)》，《CLIP 原则》提供了另外一种选择。[1] 尽管有观点认为，基于知识产权有效性问题与侵权问题的不可分割性，侵权问题也须由权利注册国专属管辖，但是《CLIP 原则》在制定的过程中并未采纳这一观点，而是选择了与 1999 年判决公约文本相一致的主张。[2]《CLIP 原则》第 2：401 条第 2 款规定，专属管辖的规则不适用于注册和有效性问题作为诉讼的主要问题以外或者反诉被提出的情况。并且此种情况下作出针对权利的有效性或者注册的判决的效力不针对第三人。《ALI 原则》第 211 条也有类似的规定，对知识产权有效性问题的效力仅及于当事人之间。正如有学者评论所言，尽管两大法系规定管辖权的传统方式有差异，但是至少在知识产权案件中，两大法系的差别更多的是一种形式上而不是实质上的差别。[3]

---

[1] DE MIGUEL ASENSIO P A. Recognition and Enforcement of Judgement in Intellectual Property Litigation：The CLIP Principles［G］//BASEDOW J，KONO T，METZGER A. Intellectual Property in the Global Arena，Jurisdiction，Applicable Law，and the Recognition of Judgement in Europe，Japan and the US. Tübingen：Mohr Siebeck，2010：277.

[2] KUR A. Jurisdiction and enforcement of foreign judgements – the general structure of the MPI Proposal［G］//DREXL J，KUR A. Intellectual Property and Private International Law. Oxford and Portland：Hart Publishing，2005：30 – 34.

[3] KUR A，UBERTAZZI B. The ALI Principles and the CLIP Project：A Comparison［G］//BARIATTI S. Litigating intellectual property rights disputes cross – border – EU regulations，ALI principles，CLIP project. Milan：CEDAM，2010：92.

对于间接管辖权规则而言，《CLIP 原则》第 4：202 条[1]是针对有效性和注册问题规定的管辖审查依据，即涉及间接管辖权中与专属管辖有关的规定。据此，在原判决国以外的其他国家注册的知识产权的有效性或者注册问题的判决，也可能会承认与执行，只要在原判决国的诉讼中关于有效性或者注册问题的效力仅仅及于争议的当事人之间。

3.《判决公约（草案）》的先决问题模式

不同于示范法规定的效力及于当事人之间的模式，目前采用单一公约和间接管辖权模式的判决公约文本对此问题的规定是通过第 8 条先决问题的方式予以呈现。依第 8 条第 2 款，如果一个判决是建立在对一个公约所排除的事项的裁决上，或者建立在不是公约第 6 条规定的法院作出的裁定上，则该判决可以被拒绝承认或执行。但是其第 3 款规定了针对上述情形的例外，如果该裁定是针对第 6 条第 a 款所涉权利的注册性知识产权有效性问题，则建立在此事项基础上的判决仅在如下情形下才可以推迟或拒绝承认或执行：一是该裁决与第 6 条第 a 款规定的具有管辖权的国家的主管机关对该问题的裁决不一致；二是关于该问题在该国尚处于待决诉讼中，此时作出的拒绝不影响之后申请承认和执行该判决。

依据第一个条件，对于一项包括了注册性知识产权有效性事项的侵权或合同判决，如果原审法院非权利注册地法院，且对注册性知识产权有效性事项一并作出裁定，只要这一裁定与权利注册地法院或其他有权机关所作的裁定或决定一致，则该侵权或合同判决可以依据公约请求承认与执行。但是结合第 8 条第 1 款的规定可知，该法院作出的关于注册性知识产权有效性事项的裁定不能依据公约获得承认。依据第二个条件，如果专属管辖事项在权

---

[1] 第 4：201 条，外国法院的管辖权如果一个外国知识产权判决的管辖权依据不符合第 2 章的规定，则该判决不能得到承认与执行。

第 4：202 条，有效性和注册涉及在原判决国以外的其他国家注册的知识产权的有效性或者注册问题的判决，也可能不会被拒绝承认与执行，只要在原判决国的诉讼中关于有效性或者注册问题的效力仅仅及于争议的当事人之间。

利注册地法院提起诉讼并正在进行，则该侵权或合同判决能被推迟或拒绝承认与执行。这一规定对被请求承认与执行人意味着，如果其在主要问题判决作出国提出的有效性抗辩没有获得支持，其可以在权利注册国法院提出申请权利无效的诉讼，这一诉讼可以暂时阻止主要问题判决的承认与执行。同时为了防止该条规定被滥用，公约明确了拒绝承认与执行不影响后续再次请求的规定。此种规定保证了知识产权注册国对知识产权有效性的认定在一定条件下的优先性❶，值得肯定。

《判决公约（草案）》第 8 条对先决问题的规定旨在限制知识产权侵权诉讼中有效性问题作为诉讼策略被滥用的可能性，是出于对被告提出有效性抗辩的合理限制，代表了对知识产权进行跨境司法救济的趋势，这与示范法对此问题的立法目标一致。同时，该规定提供的解决方案较为有效地兼顾了请求承认与执行人与被请求承认与执行人之间的利益平衡，以及权利注册国法院与主要问题判决作出国法院之间的利益平衡，保障了上述目标的实现，可以说为成员方在有效性问题作为先决问题的判决的承认与执行问题上的争议提供了一个较为合理和可行的解决方法。

不过，由于 2017 年 11 月文本第 5 条第 3 款对注册性知识产权侵权案件的管辖权严格限定，判决作出地和权利注册地重合，因而原审法院是权利注册地法院。在此种情况下，该条不再适用于知识产权侵权判决，极大地缩小了该条适用情形。但是，若在知识产权合同案件中涉及注册性知识产权的有效性问题，该条还是

---

❶ See HCCH, No. 7 of October 2017, "Judgment Convention: Preliminary Explanatory Report, Third Meeting of the Special Commission on the Recognition and Enforcement of Foreign Judgments" (13 - 17 November 2017), p. 273; HCCH, No. 10 of April 2018, "Judgment Convention: Preliminary Explanatory Report, Fourth Meeting of the Special Commission on the Recognition and Enforcement of Foreign Judgments" (24 - 29 May 2018), p. 290.

有适用的空间。[1]

五、海牙判决项目中知识产权间接管辖权问题的中国立场

在判决项目的历史上，关于是否该将知识产权问题纳入其中的争议一直存在，支持的理由主要基于知识产权问题在当今经济交往中重要性的增强，以及知识产权问题与合同等问题的关联性，若排除将会给公约的适用带来困难。[2] 一些知识产权有关的国际组织也支持将知识产权问题纳入公约的范围。[3] 而反对知识产权纳入公约范围的理由之一是目前司法实践中请求承认与执行外国专利判决的数量非常少。[4] 不可否认，知识产权的跨国利用在当今知识经济和全球化的时代背景下已经愈加频繁，加之各国对知识产权专属管辖范围的限制，知识产权判决跨国承认与执行的需求在未

---

[1] See HCCH，No. 1 of December 2018，"Judgment Convention：Revised Preliminary Explanatory Report，Twenty - Second Session Recognition and Enforcement of Foreign Judgments"，pp. 327 - 328.

[2] See HCCH，Prel. Doc. No 13 of April 2001，"Report of the Experts Meeting on the Intellectual Property Aspects of the Future Convention on Jurisdiction and Foreign Judgments in Civil and Commercial Matters"，p. 9.

[3] 例如国际商标协会和国际律师协会。其理由是，具有跨国因素的知识产权侵权行为十分常见。有效的知识产权判决的承认与执行制度是对知识产权进行保护的需要。地域性原则不意味着受诉国法院的实体法适用于知识产权案件。对于非注册性知识产权来说，例如著作权，尽管是自动保护原则，不需要履行注册手续，但是由于每个国家对著作权的保护规定均有所不同，因而一个国家的著作权在《伯尔尼公约》等知识产权国际公约的规定下，尽管受到各个成员国的保护，但仍然是每个国家的著作权，而不是世界性的著作权。因此也存在承认与执行的问题。See HCCH，Info. Doc. No. 15 of November 2017，"Second Report to The HCCH Special Commission on The Recognition and Enforcement of Foreign Judgments"，p. 10.

[4] See United States Non - Paper for Discussion：Treatment of Intellectual Property in the Draft Convention on the Recognition and Enforcement of Foreign Judgments，July 2017. 转引自：何其生. 现实主义与理想主义之争：《海牙判决公约》（草案）谈判中的知识产权问题［C］. 中国国际私法学会 2018 年年会论文集，2018：884.

来只会越来越普遍。[1] 目前在一些国家的司法实践中也已经出现要求承认与执行外国知识产权判决的案件。[2] 实际上，由于知识产权问题既涉及巨大的经济利益，又在一定程度上与一国公共利益相关，成员方对此问题的立场难免存在诸多分歧。作为世界上致力于国际私法规则统一最有影响力的政府间国际组织，海牙国际私法会议[3]制定的全球性公约应当具有前瞻性和中立性，判决项目对知识产权问题的关注正是这一主旨的体现。

尽管海牙判决项目目前采取的单边公约和间接管辖权模式的公约文本不符合初创者的设计，在科学合理性和解决国际民商事争议的效果上也不如之前双重公约和混合公约。[4] 但是这一模式下成员方仍然可以适用其国内管辖权规则，即使其管辖权的依据不符合公约的标准，结果也是该判决无法依据公约获得承认。[5] 因而这一模式更有利于成员方达成一致，不失为判决项目谈判困局下的一个解决之道。由于《判决公约（草案）》中间接管辖权的规则不会直接影响成员方的国内管辖权规则。相比判决项目之前双重公约模式下成员方在知识产权管辖权问题上立场分歧难以调和导致的重重困难[6]，目前的公约中分歧和冲突尽管依然存在，但是具

---

[1] FAWCETT J J，TORREMANS P. Intellectual Property and Private International Law [M]. 2nd ed. Oxford：Oxford University Press，2010：943-946.

[2] E. g. Lucasfilm Ltd v. Ainsworth [2011] UKSC 39（UK）.

[3] VAN LOON H. the Global Horizon of Private International Law：Volume 380 [M]. Leiden/Boston：Brill Nijhoff，2016：30.

[4] 沈涓. 存异以求同 他石可攻玉：海牙《民商事管辖权和外国判决公约》（草案）与中国相关法律之比较研究 [G] //中国国际私法与比较法年刊. 北京：法律出版社，2001：245-246；沈涓. 再论海牙《民商事管辖权和外国判决的承认与执行公约》草案及中国的考量 [J]. 国际法研究，2016（6）：83.

[5] BONOMI A. Courage or Caution? A Critical Overview of the Hague Preliminary Draft on Judgements [J]. Yearbook of Private International Law，2015/2016：26.

[6] 英国认为知识产权有效性问题与侵权问题密不可分，若在此问题上无法达成一致则支持将知识产权问题排除出公约范围之外。See HCCH，Prel. Doc. No. 13 of April 2001，"Report of The Experts Meeting On the Intellectual Property Aspects of the Future Convention On Jurisdiction and Foreign Judgments in Civil and Commercial Matters"，p. 9.

有更大的达成一致的可能性。因而笔者认为，利用目前《判决公约（草案）》将知识产权问题纳入其中并以间接管辖权的方式规定，是解决知识产权判决承认与执行问题的一个很好的解决思路，具有一定的必要性和可行性。在此前提下，知识产权问题如何规定成为关注的重点。本部分着眼于中国立场对以下几个问题进行分析。

（一）知识产权专门管辖权条款的必要性问题

2017 年 11 月文本在间接管辖权部分变化最大的是对知识产权规定了专门的管辖权依据，这一版本对知识产权的规定被总结为"强化型六重限制机制"，被认为"充分保障了知识产权的地域性"。[1] 但是笔者基于对涉及国家利益最为密切的知识产权侵权纠纷的理论分析，认为 2017 年 11 月版本的规定尽管对地域性的限制最为严格，但是并不能够对我国利益给予更多的保障。本部分立足于中国目前知识产权发展的实际情况，以当事人为视角，分情况分析公约规定对我国当事人利益究竟会造成何种影响。多法域侵权的情况是建立在此问题的基础上，因而分开讨论。

1. 单法域侵权

（1）中国当事人作为被告侵权

a. 基于权利标准的分析

基于知识产权的地域性原则，注册性知识产权只能在权利注册地或登记地产生，对注册性知识产权的侵犯也只能发生在权利存在之地。从这个意义上说，在一个国家注册的知识产权，不能产生侵犯另一个国家注册或登记的权利的效果。对中国当事人作为被告而言，其在中国和外国的知识产权，分别侵犯外国当事人（或中国当事人）在外国（或在中国）的知识产权，理论上可能存在图 1 中所示的 8 种情形。

对于第 1、第 3、第 6、第 8 种情形，无论是中国当事人在中国注册的知识产权侵犯在外国注册（或登记）的知识产权，还是中国当事

---

[1] 何其生．现实主义与理想主义之争：《海牙判决公约》（草案）谈判中的知识产权问题［C］．中国国际私法学会 2018 年年会论文集，2018：886．

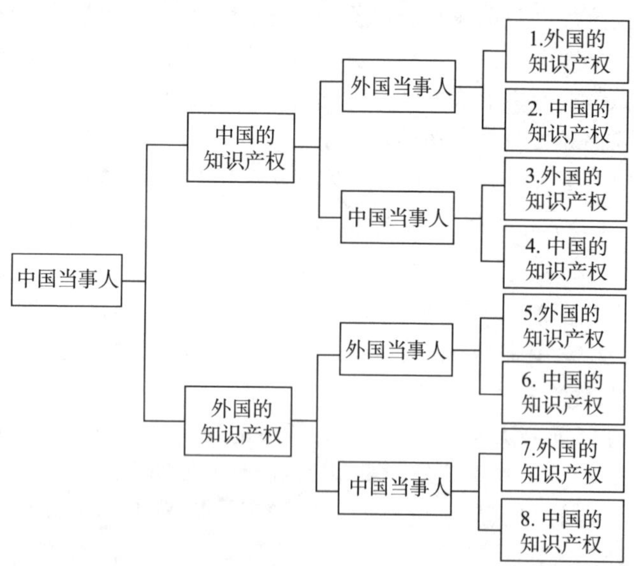

图 1 中国当事人知识产权侵犯他人知识产权的理论可能情形

人在外国注册（或登记）的知识产权侵犯在中国注册的知识产权，如前所述，属于违反知识产权地域性原则的情况，因而不可能在实践中发生。

对于第 4 种情形，中国当事人在中国注册的知识产权侵犯另一个中国当事人在中国注册的知识产权，由于没有涉外因素，因而不属于本文的讨论范围。

存在判决跨境承认与执行可能性的是：第 2 种——中国当事人在中国注册的知识产权，侵犯外国当事人在中国注册的知识产权；第 5 种——中国当事人在外国注册（或登记）的知识产权，侵犯外国当事人在外国注册（或登记）的知识产权；第 7 种——中国当事人在外国注册（或登记）的知识产权，侵犯中国当事人在外国注册（或登记）的知识产权这 3 种情形。尽管第 7 种情形也具有涉外因素，属于涉外知识产权案件的范围，但是此处讨论是以国家利益为出发点，因而真正需要讨论的是第 2 种和第 5 种情形。

b. 基于行为标准的分析（见图 2）

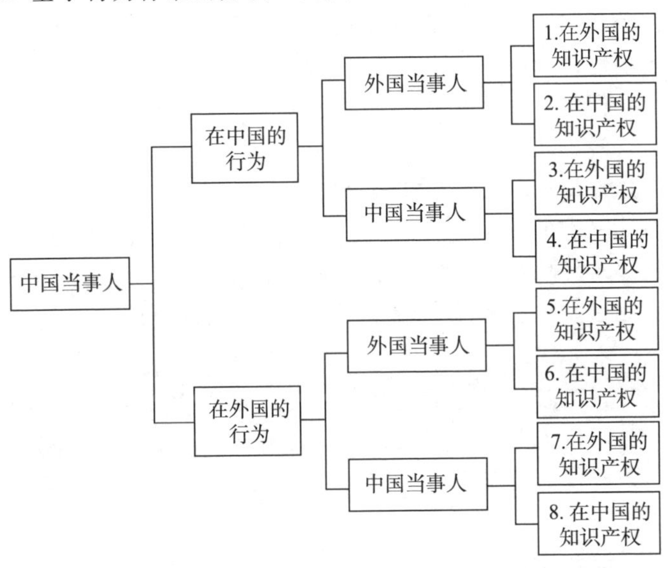

图 2　中国当事人行为侵犯他人知识产权的理论可能情形

同前述分析思路，第 3、第 4、第 7、第 8 种情形属于中国当事人之间的纠纷，暂时不予讨论。

在这里还需要指出，基于知识产权地域性原则，对于第 1、第 3、第 6、第 8 种情形，发生在我国的知识产权侵权行为侵犯外国的知识产权（或者反之）的情况能否存在。对此，理论上有两种不同的观点。一种认为，知识产权侵权不同于一般侵权案件，区分行为实施地和结果发生地是不适当的。对于发生在一国的知识产权侵权行为在其他国家造成损害的结果，例如制造侵犯他人知识产权并将该产品销售到其他国家市场，此时不能将此看作是一个单一的侵权行为造成的结果，而应当依据知识产权的地域性原

则，对发生在不同国家内的行为适用不同的国内法来衡量是否侵权。[1] 另一种则将此情形看作是一个单一的侵权行为造成的结果。笔者同意第一种观点，因而侵权行为必须发生在权利存在之地，二者合一。因而这四种情形不属于分析范围。同前一分析，这里真正需要讨论的也是第 2 种和第 5 种情形，即：中国当事人在中国的行为，侵犯外国当事人在中国的知识产权；中国当事人在外国的行为，侵犯外国当事人在外国注册（或登记）的知识产权。

（2）外国当事人作为被告侵权

当外国当事人作为被告时，其在中国和外国的知识产权（或行为），分别侵犯中国当事人（或外国当事人）在外国（或在中国）的知识产权的情形，理论上可能存在的情形，同前述分析思路，此处不详述。

此时真正需要讨论的情形是：外国当事人在中国的知识产权（或行为），侵犯中国当事人在中国的知识产权；外国当事人在外国的知识产权（或行为），侵犯中国当事人在外国注册（或登记）的知识产权。

（3）综合分析

综合上述，中国当事人和外国当事人作为被告的两种情形，真正与我国有关的是四种情形：一是中国当事人在中国的知识产权（或行为）侵犯外国当事人在中国的知识产权；二是中国当事人在外国的知识产权（或行为）侵犯外国当事人在外国的知识产权（或行为）；三是外国当事人在中国的知识产权（或行为）侵犯中国当事人在中国的知识产权；四是外国当事人在外国的知识产权（或行为）侵犯中国当事人在外国注册（或登记）的知识产权。

几个公约文本的管辖权标准，差别在于权利注册地或被视为

---

[1] European Max Planck Group on Conflict of Laws in Intellectual Property. Conflict of Laws in Intellectual Property: The CLIP Principles and Commentary [M]. Oxford: Oxford University, 2013: 7; 钟丽. 欧盟知识产权跨境侵权案件的司法管辖问题 [J]. 欧洲研究，2010 (6): 114.

权利注册地作为知识产权专门管辖权标准之外，第 5 条规定的一般管辖权标准是否适用于知识产权判决。一般管辖权标准中与知识产权侵犯判决可能产生联系的是被告惯常居所地、侵权行为地。

在第 1 种情形下，我国法院既是被告惯常居所地，也是权利注册地、侵权行为地。外国当事人在我国提起诉讼作出的判决一般不涉及判决承认与执行。但是假如被告在我国的财产不够执行，还有涉及承认与执行问题的可能性，此时无论是依据 2017 年 2 月公约文本，还是依据 2017 年 11 月公约文本的间接管辖权标准，由我国法院行使管辖权均符合公约规定，结果并无差别。

在第 2 种情形下，作为原告的外国当事人有两种选择途径：第一，根据我国《民事诉讼法》规定的管辖权依据，由于被告住所地在我国，外国当事人直接在中国提起诉讼。此时一般不涉及判决承认与执行问题，也就无须讨论 2017 年 2 月文本和 2017 年 11 月文本的差别。第二，依据公约的管辖权依据，在权利注册地提起诉讼，由外国法院审理并作出的判决，需要在中国申请执行我国当事人的财产。此时依据公约承认与执行的间接管辖权标准，作为权利注册地的外国法院作出的判决，无论是 2017 年 2 月公约文本还是地域性限制更严格的 2017 年 11 月公约文本，均符合公约规定的间接管辖权标准，结果并无差别。

在第 3 种情形下，作为原告的中国当事人可以在作为权利注册地和侵权行为地的中国法院提起诉讼，依据公约请求承认与执行该判决。此时均符合 2017 年 2 月公约文本和 2017 年 11 月公约文本规定的间接管辖权标准，结果并无差别。反而若依据 2017 年 2 月公约文本，中国当事人直接在被告住所地起诉获得的判决，此时判决一般不涉及承认与执行。若存在承认与执行的可能性，反而就中国当事人而言多了一种选择。

在第 4 种情形下，外国被告所在国既是权利注册地，也是被告所在地和侵权行为地。因此作为原告的我国当事人只能在该外国提起诉讼，作出的判决一般不涉及承认与执行，但还是存在承

认与执行的可能性，此时无论是依据 2017 年 2 月公约文本还是依据 2017 年 11 月公约文本，由外国法院行使管辖权均符合公约规定的间接管辖权标准，结果并无差别。

综上，在单法域侵权的情况下，不能得出 2017 年 11 月文本能够更好地保护我国的当事人的利益的结论。

2. 多法域侵权

对于多法域侵权判决的情况，对我国当事人来说，适用 2017 年 2 月文本和 2017 年 11 月文本的后果实际也差别不大。举例来说，假如中国甲公司在中国注册的专利 A1、在瑞士注册的专利 A2、在美国注册的专利 A3，侵犯了美国乙公司在在中国注册的专利 B1、在瑞士注册的专利 B2、在美国注册的专利 B3。在 2017 年 2 月文本草案的语境下，基于被告惯常居所地的法院管辖原则，原告美国乙公司可以在我国法院提起诉讼请求其在中国、瑞士、美国的专利权受到保护。依据我国《涉外民事关系法律适用法》第 50 条的规定的选法依据，被请求保护地法应当得到适用。依据该系属公式的应有之义❶，此案中的被请求保护地法分别是中国法、瑞士法、美国法，我国法院应当分别依据中国法律、瑞士法律、美国法律作出判决。此种情况下不涉及判决的跨国承认与执行问题。实际上，此时就算是依据 2017 年 11 月公约草案专门的管辖权规则，也不能阻却中国当事人在中国被诉。原告可以依据我国《民事诉讼法》中被告住所地的管辖权依据，在我国提起诉讼。

---

❶ Basedow 教授在对 Lex protectionis 进行解释时，将其定义为“the law of the country for which the protection is sought”，并专门指出，这不是“the law of the country where the protection is sought”。这两种表达方式有时候会混用，但是必须对二者进行明确区分。Lex protectionis 并不是指提起诉讼请求的国家的法律，否则其会与法院地法（lex fori）等同，因为照此理解的话，法院地国的法律与 Lex protectionis 应当一致。但是，当一个位于请求保护国以外的法院对某个涉外知识产权诉讼具有管辖权时，那个法院适用的法律不应当是其本国法，而应该是寻求保护的那个国家的法律。See European Max Planck Group on Conflict of Laws in Intellectual Property. Conflict of Laws in Intellectual Property: The CLIP Principles and Commentary [M]. Oxford: Oxford University, 2013: 232.

而此时无论是依据 2017 年 2 月公约文本草案的管辖权依据，还是依据 2017 年 11 月公约文本草案的专门管辖权依据，权利注册地的法院管辖并作出的判决可以依据公约请求承认与执行。此案中作为当事人的外国原告分别在权利注册地中国、美国、瑞士提起诉讼并获得判决，若三个判决若符合公约规定的其他条件，这三份判决仍然可以依据公约在我国得到承认与执行。

由此看出，尽管 2017 年 11 月文本采取更加严格的地域性方法，但是实际上此种变化带来的实际影响对我国当事人来说差别并不大。笔者基于上述分析认为，甚至在有些情况下 2017 年 2 月文本的规定可能对我国当事人更为有利。因而 2017 年 11 月版本的专门管辖权规定是否确有必要存在讨论的空间。实际上，这一规定也遭到国际上一些学者的质疑和批评。❶

从公约制定的层面来说，调和不同成员方之间的矛盾，在最大范围内达成共识，应当是海牙判决项目在引导《判决公约（草案）》谈判时的基本出发点。就知识产权的间接管辖权问题来说，在管辖权标准问题上，需要正确理解知识产权的地域性特征对具有涉外因素的知识产权案件的影响，地域性特征是否意味着知识产权领域不存在涉外民商事法律关系的冲突；地域性特征和知识产权领域国际公约的存在是否意味着涉外知识产权领域无须法律选择的间接调整方式解决涉外知识产权冲突；知识产权的地域性特征是如何影响管辖权问题、法律适用问题，又是如何影响判决的承认与执行问题。基于此，间接管辖权的标准应当如何确定，地域性原则在多大的程度上影响间接管辖权标准的选择，在多大程度上影响间接管辖权条款的拟定，是否有必要设计独立的专门管辖标准，应当成为考虑的重点问题。从这一角度来看，笔者更

---

❶ 例如：SVANTESSOND J B，MATULIONYTE R. Submission to the Attorney-General's Department on the Recognition and Enforcement of Foreign Judgements [R]. 17 April 2018：26-27.

支持 2017 年 2 月文本规定的知识产权间接管辖权条款。

从我国立场来说，知识产权领域的学者认为基于我国知识产权发展现状，现阶段承认与执行外国知识产权侵权判决可能对我国造成利益失衡，[1] 这一顾虑不无道理。但是此问题的解决不能通过 2017 年 11 月版本的规定实现，可以通过我国加入公约时对侵权判决作出保留的途径实现。不过，无论如何，对于在外国注册知识产权的中国企业而言，提高知识产权意识、遵守当地法律应当是其开展海外经营的基本要求。加强企业自身的知识产权意识，提高我国企业的核心竞争力，才是符合国家知识产权战略根本宗旨的长久之计。

（二）专属管辖的范围问题

在专属管辖的范围问题上，关键在于专属管辖事项作为先决问题的案件是否适用专属管辖规则及其解决方法。一种观点主张知识产权案件专属管辖，坚持知识产权案件有效性问题与知识产权案件中主要问题的不可分割性；一种观点主张专属管辖范围的严格地域性限制，将其限定在注册性知识产权案件的有效性问题上。但是考虑到知识产权诉讼实践中经常出现的被告提出有效性问题抗辩，如果一味规定此类案件适用于专属管辖，基于有效性问题作为抗辩提出的现实可能性，此种做法在实践中基本等同于回归到对知识产权案件专属管辖的立场，则前述对专属管辖进行限制的主张的目标无法达成，也增加了被告挑选法院的可能性，对知识产权权利人来说是不利的；但是如果允许非注册国对权利有效性问题进行审理，则与知识产权地域性原则相违背。因而以《CLIP 原则》和《ALI 原则》为代表的示范法对这一两难境地提出了解决方案，即非注册国对知识产权专属管辖事项作出的判决或裁定的效力仅及于当事人之间。这些尽管是直接管辖权的规定，

---

[1] 王迁.《承认与执行外国判决公约》（草案）中知识产权条款研究［J］. 中国法学，2018（1）：138－141.

但是基于直接管辖权和间接管辖权标准的一致性，对《判决公约（草案）》亦有参考作用。应当说，《判决公约（草案）》采取折中方法，一方面对专属管辖的范围予以限制，另一方面赋予原判决国对有效性问题判决的优先性，解决了上述困境，平衡了两种不同主张，有利于实现促进知识产品全球利用和保护知识产权权利人权利的目标，符合海牙国际私法会议的主旨和《判决公约（草案）》作为国际公约的制定立场。并且由于间接管辖权的规定不影响成员方的管辖权规则，从公约的立场来说，成员方具有较高达成一致的可行性。

就我国而言，需要注意的是注册性知识产权有效性问题的主管机关。

在我国，基于知识产权保护的双轨制，注册性知识产权有效性问题是属于知识产权主管机关行政管辖的范畴，对决定不服的，当事人可以向人民法院提起诉讼。这表明在我国，尽管在民事诉讼法中没有规定注册性知识产权有效性问题的专属管辖，但是是将此类问题作为行政诉讼对待的。为了加大知识产权保护力度，我国法院推行知识产权审判二合一甚至三合一方式，设立了北京上海广州知识产权法院，并在各个地方法院设立知识产权庭，解决知识产权行政性和专业性之间的矛盾。知识产权行政案件或是知识产权民商事案件，统一由知识产权法院或者地方法院的知识产权庭审判。但是，这并没有改变知识产权有效性问题由行政主管机关进行决定的事实，也没有改变行政诉讼的性质。我国的这一情况涉及公约第2条将行政性事项予以排除的规定和第8条先决问题的规定。

在之前双边公约草案讨论的过程中，我国代表团曾提出有关知识产权登记注册的有效性问题的争议涉及主管行政机关授予知识产权的效力，其诉讼性质属于行政诉讼，应当排除在公约适用

范围之外。[1] 依据目前的《判决公约（草案）》，尽管公约成立的知识产权小组讨论是否有必要将专利办公室作出的有关注册性知识产权有效性问题的决定包括在公约的范围中[2]，但是依据目前的规则行政性的事项不能够被承认与执行。据此，我国专利和商标主管机构作出的专利或商标有效或无效的决定，不属于公约规定的“判决”的范畴，不能够在其他国家得到承认与执行。但是司法实践中出现的需要承认与执行有效性判决或决定的情形通常是在有效性问题作为先决问题的案件中，依据第 8 条第 3 款先决问题的规定，此时我国专利或者商标办公室等主管机关作出的决定需要被考量。

基于上述原因，公约第 6 条对注册性知识产权专属管辖的规定属于间接管辖权规则，不影响我国国内的知识产权管辖权规则；尽管公约的第 2 条规定的范围中排除了行政事项，但是考虑到知识产权判决承认与执行的现实问题，第 8 条第 3 款先决问题的规定包括主管机关作出的决定，因而从这一点来说目前公约的规定对我国的实际状况来说是合理的。

六、结语

中国加入海牙国际私法会议以来，从一名旁观者迅速成为重要的参与方，在判决项目中作为核心方发挥了积极作用。[3] 我国在公约的谈判中当然应当以国家利益为出发点，例如我国代表团在第三次特别委员会的谈判中主张删除“同等效果”条款以避免对

---

[1] 徐宏，郭晓梅．海牙国际私法会议关于民商事管辖权和判决承认与执行问题特委会会议情况［G］//中国国际私法学会．中国国际私法与比较法年刊：1998（创刊号）．北京：法律出版社，1998：545.

[2] See HCCH，Info. Doc. No 6 of January 2017，“the Report drawn up by the Permanent Bureau on Intersessional Work on IP matters”，p. 3.

[3] 徐宏．当前国际法形势和我国外交条法工作：外交部条法司徐宏司长在中国国际法学会 2018 年学术年会上的主旨报告［R/OL］．［2019－01－02］．http：//law. uibe. edu. cn/OutListContent/index. aspx? nodeid＝9&page＝ContentPage& contentid＝4870.

外国判决的承认与执行影响国内有关知识产权立法和司法实践。[1]但与此同时，我国在公约谈判的过程中也要适时承担引领者的角色，从更全面的视角和更广泛利益的角度思考问题，因而国际民商事争议的合理解决和促进知识产权的跨国利用也应当是我国在公约谈判立场上的重要考量因素。这也是中国国际私法以人类命运共同体为统领，参与并引领国际私法规则制定的体现和要求。2017 年 11 月和 2018 年草案对知识产权间接管辖权的规定被认为是基于严格的地域性，最能够维护我国的国家利益，但实际上其结果不尽然如此。就我国参与公约谈判的立场来说，我国主张制定知识产权间接管辖权规则的内容应当基于知识产权地域性特征的本意和知识产权国际私法的基本理论。就我国加入公约的立场来说，对于公约中暂时不符合我国目前知识产权发展现状的内容，可以通过声明保留的方式实现保护国家利益的目标，这一方式也为未来我国知识产权未来的发展留下空间。

---

[1] See Special Commission on the Recognition and Enforcement of Foreign Judgments（13－17 November 2017），WORK. DOC. No 221 E. 转引自：何其生. 现实主义与理想主义之争：《海牙判决公约》（草案）谈判中的知识产权问题［C］. 中国国际私法学会 2018 年年会论文集，2018：892.